利在一己勿谋也，利在天下必谋之。

——钱氏家训

面对当今刑辩界：知我者，谓我心忧；不知我者，谓我何求。

——钱列阳

三思而行

钱律师与青年刑辩律师的交谈

钱列阳 著

法律出版社
LAW PRESS · CHINA

内容简介

60 后钱列阳,进入人生和事业成熟季节。

作为踏着中国刑事法律制度逐渐完善和庭审制度变革的“历史足迹”走来的法律人,携“独家订制”的法律服务,成为站在当今刑事辩护业金字塔顶端的一员。

他自刘晓庆税案以来的十几年一直“当红”,自有道理。道理之一,从警校毕业生一路读到法学硕士,把该读的书都读过之后,从“书中”走了出来——比如,拿法律功底来解读立法本意。这叫“悟透了”;道理之二,他抓住了刑辩律师的职业本质是“读人”,是“做‘人和人’的工作,而不是做‘案和人’的工作”。这叫“参透了”。

“悟透了”加上“参透了”,钱列阳有了“他自己”。

这些“参”来与“悟”来的“道”与“术”,被钱列阳和盘托出,装进了《三思而行 钱律师与青年刑辩律师的交谈》。

序/

为他人作序，尚属首次。唯籍列阳大作《三思而行》即将付梓，确有感而发。

中国人民大学律师学院悬挂着一铜匾，这是第一届刑辩班学员送给母校的纪念，上书“170000:32”，其寓意是2010年我院第一届刑辩班开班时，全国拥有17万律师，却只有32人报名。那时，恰逢李庄事件发生，被人称为刑辩的冬天，律师学院办的上市班、房地产班如火如荼，许多律师都放弃了刑辩加入非诉的大军之中。这时，钱列阳提出要办刑辩班，我认为不合时宜。在他的坚持下，我答应试办一期。没想到，15天后他从美国回来，一下飞机就问我招了几个人。我说只报了两人，算了吧。他说，刑辩是律师业务皇冠上的明珠，也应该是律师学院这顶军帽上的五星。我一定发动全国刑委，办起这个班。最后，来了32名学员。在钱列阳的精心策划下，刑辩班取得了意想不到的成功。2015年9月，刑辩班要开第六期，预报人数已达200人。同学们说，钱列阳为刑辩班付出太多的精力，太多的心血，太多的关怀！我说，刑辩班是所有班中最有活力、最有凝聚力、最具有含金量的班，已经成为律师学院这顶军帽上的红五星。如果能多几个钱列阳教授这样的教研室主任，我这个院长多惬意啊！

钱列阳律师曾被称为北京刑辩界“京城四少”之一，与其说他是一名睿智的律师，不如说他是一位儒雅的学者；与其说他是一名儒雅的学者，不如说他是一名严谨的哲人。他思维敏捷，风趣幽默，满腹经纶，优雅高贵，是一位复杂而又简单的性情中人。讲台上，他阐述法条，明析法理，论述技巧；法庭上他引经据典，出口成章，辩口利辞；交谈中，他慧心妙舌，妙语连珠，语惊四座。

我知道，钱列阳是个大忙人，尤其是在当前反腐的形势下，更是忙得不亦乐乎。难能可贵的是,他居然能在繁忙的工作之余,把自己20多年的诉讼业务的学习、训练、实操与磨难进行了自外而内的梳理和体悟,厚积薄发,水到渠成,毫不藏私地写出此书与大家分享。通读此书,我感到从头到尾都是实务的提炼和智慧的结晶,不仅有辩护的技巧,还有刑辩律师的职责定位,以及操作技能等秘籍真传,弥补了我国刑辩律师界一方空白,不但对年轻律师有启蒙引领作用,对资深律师也有启发参考价值。加上以例喻理的著述风格,使人读起来毫不生涩,是一本内容生动、引人入胜、可以引发思想风暴的好书。

钱列阳律师对刑辩事业的酷爱,也深深地感染了我。我在大学毕业的时候就曾经发誓,一辈子不做刑案。其心结源自1980年,我发表《反革命罪名科学吗?》一文,差点被打成反革命;1982年,我发表毕业论文《论法人犯罪》,又因与刑法泰斗的观点相左,差点没拿到学位。毕业后分配到最高检,我拒绝报到,以致我执业30多年,从没办过刑案,直到与钱列阳亲密接触,刑辩班的3位同学一定要加入我的团队,我才开始办了第一宗刑案。我虽然是个刑辩新兵,但办开了刑案却一发而不可收拾。对人权的保护、对公权力的制约,使我感到大牌律师绝不应该退出刑辩。在法庭上,应更多地看到他们的身影。大律师们像钱列阳律师一样做出表率,国家的法治才有希望。

中国刑辩律师的培训任重而道远,中国刑辩律师的前途是光明的,道路是曲折的。你想做一名好的刑辩律师吗?此书不可不读。

中国人民大学律师学院院长　徐建

2015年8月1日

自序/

这本小册子,在我心里已经酝酿很久了。

思职业伦理,思职业定位,思职业基本技能。这“三思”,对我的工作可谓“如影随形”。

在专业从事刑事辩护早期,我针对个案的思考较多。思考“成果”选择性地集纳在出版于2008年的《道与术》一书中。

近年来,特别是最近5年以来,我的思考经常会超越“个案”,着眼于刑事辩护业务和整个律师行业。具体而言,思考的落点集中在“律师行业的职业伦理”、“刑辩律师的职业定位”和“刑辩律师的职业技能”三大方面。

思考积累的过程,和一次次讲座和授课有关。这个过程,是我将一些想法从不同方面进行表达阐述的过程,也是个思想成果发展变化的过程。随着思考范围的扩大,朋友们便敦促我把思考结果集中成一本书表达出来。一切似乎是必然结果。

由于思考范围主要集中在职业伦理、职业定位和职业技能三个方面,书名早就有了,就叫《三思而行》。提倡“三思而行”的主要原因在于,刑事辩护律师“驾驭案件的能力”和“控制风险的意识”只有从经验教训和不断思考中获取。

基于上述原因和对案例集的“偏见”,虽然许多青年律师想通过看我的案例了解“具体操作实例”,但是我不想再写一本《道与术》那样的案例集了。

我总觉得,自己再出版一本“案例集”的意义和价值不大。再说,同行已出版了很多案例集,我不想再凑热闹。

在我看来,世界上没有两个完全相同的案件,也没有两个完全相同的律师,更没有两个完全相同的司法环境。最主要的是,办案如做算术题,与其背例题不如记公式,“乘法口诀”其实更重要。但刑辩界还没有出现大家公认的“乘法口诀表”、“勾股定理”。所以,作为一名执业 24 年的老律师,随着这些年自己办案和看到同行办案中遇到的各种问题,我逐渐形成了上述这些方面仍然不成熟的想法。

三思而行对刑辩律师来说是战略性问题。对战略问题提供答案,哪怕是不成熟的答案,也比个案中的具体办案技巧对整个行业的发展更有借鉴和参考意义。

在这些年办案之余,接受了一些授课邀请。在全国各地讲课时,我一次次对自己思考的问题进行归纳、整理、补充、完整,其实每次都有小变化,每年都有大变化。在这个不断地否定和扬弃一些不成熟的、偏颇的观点和结论的过程中修正自己,当然也有可能自己又从正确走到谬误中去了。因此,总不敢说自己的看法就是自己内心确信的最终的结论,看来印证了邓小平同志的这句话:“发展才是硬道理!”

有鉴于此,本书的内容有一半是我在全国各地,特别是在中国人民大学律师学院(简称人大律师学院)刑辩班历年授课的讲稿。以刑辩班的讲稿为例,这些观点递进的过程也是自己的一个思考脉络的发展过程。走过的脚印不完美,但至少是脚踏实地的,所以就把它们全部纳入此书。

我也希望刑辩界更多的优秀律师能从自己的执业感悟中提炼出一些有益的东西,大家达成某些共识,作为“乘法口诀”归纳出来留给年轻律师,让他们少走弯路,减少职业风险,并在此基础上不断发展完善。

作为一个曾经从事了 10 年公安工作又干了 20 多年律师的法律人,我有幸参与进了改革开放 30 多年来“依法治国”的践行之中。从历史的发展看,法治前行的每一小步都是我们这个东方古老民族接受并融入先进的世界法治文明潮流的一大步。我们这一代人也可以说是参与了法治开拓的一代,因此天然地被赋予了传承法治文明成果的责任。回眸当今律师行业,一大批年轻勇敢的律师不畏执业风险涌入刑事辩护行业,使我在感动之余,总觉得该给他们这个在这一历史节点出现的群体做点什么?

正值重庆打黑案风起云涌、李庄案的发生令刑辩领域风声鹤唳之时,2010 年 4 月 26 日,由徐建大律师牵头创办的中国人民大学律师学院正式成立。作为第一批受聘担任客座教授的成员之一，我在荣幸之余感到这是一个在著名高等学府之下培养青年律师的平台。因此，在徐建院长的统一安排领导下，第一次以中国人民大学律师学院的名义向全国招收刑事辩护高级培训班，时间定在了 9 月 11 日这个世界反恐最敏感的日子。虽然第一期只招到 32 名学员，得以勉强开班，但因师资力量云集了全国高校最顶尖的学者、大律师，办得还算成功。由于学员、学院各方还算满意，于是就开创了每年 9 月 11 日举办一期刑辩班的惯例，学员人数从第一期的 32 人到第二期的 69 人、第三期的 74 人、第四期的 120 人、第五期的 140 人，来自全国各地的刑辩律师以井喷的方式抱团涌入这个业务培训班。在此要特别感谢刑辩班的高明班长。他不仅辛勤地组织每一期刑辩班的相关活动，而且大度地包容刑辩律师的各种性格和棱角。

这种情景令人惊讶，令人感动，更令人深思。我们的律师行业，我们广大年轻律师最需要什么？我们这些老律师更该为他们做点什么？承蒙学院信任，我担任了人民大学律师学院刑事辩护教研室主任。为此，我在组织历次授课师资的同时，还抛砖引玉地做每期开篇第一讲的教师。我给自己定的规矩是，内容绝对不能重复，绝对要结合最新刑辩行业的新变化、新发展。这一高要求也成为了每年几十次授课中最大的难点和挑战，故把它们完整收入本书，也是有点不忍摒弃的意思。

这本书中的内容，只是我个人的一点思考和一家之言，作为对年轻律师的一点提示和参考，定有许多偏颇不足之处，欢迎年轻人直接拍砖（网络语言）。如能多少有点启发作用，已然欣慰之至。

是为序。

钱列阳

2015 年 7 月 28 日

于北京

目 录 /

叁　刑辩律师的职业技能

引子 /

盘点钱列阳 20 年律师生涯

钱列阳从事律师职业已满 20 年，专职从事刑事辩护也已有 15 个年头。

从最初代理各类案件到只办理刑事案件，钱列阳的律师职业生涯轨迹与北京律师业的专业化路线高度吻合。

在成为专业刑辩律师的十几年间，钱列阳代理过大大小小各类刑事案件。难能可贵的是，在代理案件的过程中，他并没有只顾“埋头拉车”，而是同时在“抬头看路”，即一直对刑事辩护律师这一职业进行观察与思考。因而，通过代理那些大大小小的个案的实践，钱列阳产生了一系列独特的感受。

有媒体人在描述钱列阳时用了“语速快，但吐字清晰。反应快，情绪控制得好”的文字。这应该是善于思考者的共性特征。

从散见于各处的文字和报道看，钱列阳对刑事辩护这个江湖和个案的思考一直没有停止过。甚至可以说，他针对刑事司法领域的思考“无处不在”。也许正是因为“边行动、边思考”之故，他成了“律师里的稳健派”。难能可贵的是，对这些独家秘籍式的经验和感悟，钱列阳没有“捂”起来独享，而是不断与年轻律师同行分享。

这种“分享”，发生在各种场合。大学教室、律协讲堂、人大律师学院课堂……都是他分享的场所。近年来，与所需人群分享经验和感悟，钱列阳律师花出去三分之一时间。

由于能将颇需要脑力的法律问题用精准传神的妙喻通俗易懂地“说出来”，钱列阳律师的课堂常常是掌声和笑声齐飞。

钱列阳讲课有个特点，就是从不用稿子。换句话说，这些颇受欢迎的内容,他随时讲随时就“丢掉”了。为了把那些精彩的内容“还原”,我们一方面把他的讲座内容由声音转化为文字(如在人民大学律师学院的7次授课内容);另一方面让他坐下来进行“回忆”和“补充”。

“回忆”和“补充”的方式,是一次又一次“三人谈”。

“三人谈”的三个人,分别是钱列阳、优秀青年刑事辩护律师陈海阳、《法律与生活》杂志社社长兼主编李秀平。三人之间,陈海阳代表刑事辩护律师发问,李秀平代表公众发问,通过发问把“埋藏”在钱列阳律师脑海深处的宝藏发掘出来。

“三人谈”围绕刑辩律师的职业定位、刑辩律师的职业素养、刑辩律师的职业技能、钱列阳律师对刑事法律的解读与常识的品读等内容展开。他的一系列相关感悟,则通过收录其在人大律师学院的7次讲课内容中传递。

“你想知道我是怎么辩护的,仅看我的辩护词是看不出来的。”钱列阳说。为了和想知道自己怎么辩护的同行——特别是年轻律师分享自己的“想法”和“做法”,钱列阳把自己关于刑事辩护的所思所想、所作所为和盘托出。用他的话说:“在这本书里,不想把任何一个案例完整地摆进去,就想放一些‘干货’。”

这些被称为“干货”的语言和文字,既有个案的办案经验,又有对刑事法律和政策关键点的解读,更有对整个“刑事案件流水线上每个关键环节”的完整演练。

这些“干货”,被钱列阳称为“鸡精”——他把与刑事案件相关的内容比作一只鸡,在本书中,我们会把通过完整个案说法律、谈体会的“鸡毛”、“鸡肉”一类的内容放弃,只提取思想和智慧的精华。

这些“干货”,是善战者的实战经验、是善思者的思想、是善悟者的智慧……是教科书上不可能有的内容。

上编　谈心录

提问人:李秀平(《法律与生活》杂志主编)

提问人:陈海阳(刑事专业律师,人大律师学院教师)

答问人:钱列阳

壹 刑辩律师的职业定位

作为一名资深刑辩律师，钱列阳把三分之一的时间用于和全国各地律师分享自己的执业经验和思考。

在大大小小的讲坛上,他分享经验,也分析教训。谈到原因,钱列阳说:“为了让年轻律师少走弯路,我愿意给年轻律师做铺路石和垫脚石。”

关于年轻律师普遍关心的“职业定位”,他给出哪些建议?

问题1 刑辩律师的“理想”

李秀平:在专业化已成为趋势的当下,不少年轻律师普遍面临“是否做一名专业刑辩律师”的选择难题。你对他们有哪些忠告?

钱列阳:我刚当律师的时候,你就开始采访我。到现在将近 20 年了,没想到 20 年了,大家还都没改行。

那时候,我们就谈到了刑事业务的发展。到今天,我只办理刑事案件、不办理其他案件已经坚持了 15 年。我走的路,也体现出了北京律师事务所律师的专业化发展道路。如今, 不少律师也已经走上了专业化的道路。

在专业化道路上走了这么多年,也有一些感受。

我作为老一点儿的律师,我的律师之路走到今天,更多的是想给年轻律师做一个铺路石、垫脚石——而不要做绊脚石。

实际上,我想更多地把一些教训讲出来,可能也有一些经验——实际上是为了让年轻律师少走弯路。有很多年轻律师跟我说, 要是早点儿听到这些话,可能会少走很多弯路。我相信,很多年轻律师到了我这个年龄一定比我干得更出色,我们的法治也会往前更健全地发展。

说到底,一茬人有一茬人的任务和使命,每茬人有每茬人的职责。我们这茬人和年轻律师这茬人,有一个共同的职责,就是强化我们社会的法治意识。如果仅仅为了挣点儿钱养家糊口,其实不必这么辛苦。那样的话,我们接个案子,收笔钱,找个提成高的律师事务所一挂名,就可以了。这种是“匠人”的做法,那是为了填饱肚子,那不是有理想的律师。

律师这个行业,尤其是涉及刑事辩护,如果不带有一些理想主义的色彩,纯粹为了挣钱而工作的话,那么刑事辩护这个行业实在太苦了。

你会发现你所付出的劳动、你所经历的风险、你所经受的煎熬和收到的那一点点律师费简直就不成比例。

在我们国家，律师在其他专业领域可能没那么痛苦。在国外，干刑事辩护也没有那么痛苦。但是，我们今天做刑事辩护既有艰难，又有险阻，一名律师如果要想办好一个刑事案件，需要思考很多方面的问题，也要处理好办案机关和当事人之间的关系。

我们以法律为职业的人，一定要有理想。尤其是做刑事辩护的人，一个走到刑事辩护里头的人，一定带有理想主义色彩。但是，这种理想以什么样的方式表现出来、宣泄出来，决定了你是受到伤害还是一种正常的发泄。

就是说，方式方法很重要。

陈海阳：刑事律师是一个承载着巨大压力的职业，在表达情感和发泄情绪时需要把握技巧，讲究方法，具体应当怎么做呢？

钱列阳：我作为一名律师，当我以一种理性的思维来看的时候，我的理想、激情是通过理性的管道发泄出来的。而如果没有理性的管道，是随意地迸发，这就如同丰富的水源没有水渠会泛滥，这两种情况是不一样的。

激情的水，一定通过理性的管道发泄出来。

那么，这个管道如何设计？我们向往美好，选择合理。我们理想中的刑事司法的环境架构是什么？说句实话，我们大家没有太大的争议。大家都知道理想的司法环境应该如何，这方面不用讨论。在这方面，我们是有共识的，因为大家都受过高等教育。

但是，如何向这个目标前进，是一步到位还是两步到位，还是立足于现在一步一步往前走？我们更多地要选择把力量用在脚踏实地上。

李秀平：钱律师今天被称为“刑辩大律师”，但你也是从“小律师”一步步走过来的。

钱列阳：我走上律师道路到今年是第 24 个年头，自从 15 年前开始，我的业务 100%都是办刑案，现在代理重大案件也比较多。但最初肯定不是这样，20 年前，为了生存，我也是骑个自行车，车把上挂个包，腰上别个 BP 机——那时候还没手机呢，到处奔波。谁呼我，我就拿个磁卡找地儿回电话。

从那时一步步走到今天，我觉得自己一直行走在美好和合理之中。我们作为法律人，我向往美好，但我不得不选择合理。换句话说，我是一个理想主义者，但我不能做 100%的理想主义者。为什么？因为我还要为客户服务。处在我专业的角度、经验的角度，人家客户花钱是来买我的服务，这个服务里包括了我的经验，包括了我的专业知识，包括了我综合的素质，也包括了我的敬业精神。他花钱买的是我的这些东西，这个时候我必须为他利益的最大化服务。比方说，在审查起诉阶段，我去跟公诉人沟通，是为了我的当事人在这个时候要么就被释放，要么就尽可能地比起诉意见书中的罪刑减少一大截。

我认为，一个好律师的品格是认真、诚实、善良。一个个案一个个案认认真真做下来，客户就会认可你。

问题2 律师是法律市场“服务人员”

李秀平：你多次讲到，律师应该对自己准确定位，包括进行“市场定位”、“心理定位”、“社会定位”。如果一位年轻人已经选择做刑事辩护律师，他(她)对这个职业应有一个什么样的定位?

钱列阳：我认为律师业属于第三产业。在法律服务这个市场，律师首先应该在心理上把自己定位为一个“服务人员”。我们通过付出劳动来获得报酬。当事人和律师之间是合同的甲方和乙方，这是最正常的一个概念。这个时候，我们收了当事人的钱，为人家的利益的最大化服务，这是基本的市场游戏规则。

在这个过程中，我们服务的过程其实分为三个阶段。那就是“产品”的生产、“产品”的销售和“产品”的使用。

作为刑辩律师，第一个阶段是“产品”的生产，讲的是案与法的关系，也就是说，这个案子是有罪还是无罪、应该适用什么法律条文、应该运用怎样的证据规则、最后应该怎么样来做。这就是一个法律服务“产品”生产的过程。法学院教的就是这个。人大律师学院和我们经常在探讨的也是这个“产品”的生产问题。

接下来，第二个阶段，就是“产品”的销售。你提供了法律服务，人家不一定领这个情。比如说，你认为这个案子最终是有罪的，客户可能就不买账——客户要买的是那个无罪的“产品”，那你这个有罪的“产品”就没卖出去。

如何才能把这个“产品”卖出去?换一个律师可能就能说服委托人，让当事人明白“这个案子只能做罪轻辩护，无法做无罪辩护”的道理，从而使客户愿意花钱来购买你的法律服务。

这就涉及律师跟客户之间的沟通问题。你的客户可能有他自己固有的见解,也可能他对法律茫然不知,也可能他见到你以前已经被相关人员误导。这些情况,都可能影响到你这单买卖做得成还是做不成。这单买卖做得成做不成,那就要看甲乙双方能不能通过谈判达成一致意见。所以说,律师的工作是一个法律服务的过程。

等到客户决定买下你的"产品"以后,第三个阶段是"产品"的使用,让"产品"发挥出它的效力。

你的"产品"在这个时候如何使用？表现为律师根据《刑事诉讼法》的规定和警察如何沟通、和检察官如何沟通、和法官如何沟通、和媒体如何沟通。也就是这个"产品"在使用过程中要具有多方面的功能,最终体现出它的价值。

所以,面对一个案件,律师仅有一个对该案件的是与非、有罪无罪的价值判断是不够的。作为律师,我们要跟社会上方方面面的人打交道——跟他们沟通,需要针对同一个案件和不同的人用完全不同的方式沟通。以当事人为例,他可能是个高级知识分子,是个海归派,是个没有文化的家庭妇女,也可能是个普通的草根阶层,还可能是个有犯罪前科的对社会憎恶的人……他们的背景是完全不一样的。

问题3 律师是一个“读人”的职业

李秀平：在你看来，律师是在做“人和人”的工作，不是在做“人和案”的工作。为什么？

钱列阳：我们绝大部分律师都是从中学校门走入大学校门，走入法学院读研究生，最后毕业通过司法考试走上社会。大家读书的能力很强，读人的能力不一定很强，法学院的教授们也不会教你这样的一些能力。《红楼梦》里说的“世事洞明皆学问，人情练达即文章”这句话，其实就是告诉我们，在这个社会上要跟形形色色的人打交道，要讲他们听得懂的话，而不是只讲自己听得懂的话，这是一门更高深的学问。

法学院的教授是做“人和案”的工作的。他们讲授的内容是，这边是法律条文、证据，那边是犯罪事实、被告人，两边的东西往一起“对”，能对上“罪轻辩护”，对不上“无罪辩护”。这个够罪不够罪，判断起来很简单。但是，做律师一定明白，我们这个“专业”不是一个读书的专业，而是一个读人的专业。

律师是通过法律这个“手套”、案件这个工具，去做人的工作，而不是书的工作。这里的“人与人”的工作，是指律师和当事人的工作、律师和法官的工作、律师和委托人的工作、律师和公诉人的工作。所以，人家“戴着手套”打了你一拳，不是手套打了你一拳，是人家的手打了你一拳。“戴着一副手套”，我们和法官、公诉人的较力不是人和人的较力，是透过一个案件进行较力。所以，律师实际上做的是人性的工作。如果你把眼光只盯在法条上，只盯在案件上，你就错了，因为案子背后是人。

同一个犯罪，不同的被告人的性格决定了律师操作方法不一样。

案子赶上不同的法官,操作方法也不一样。所以,每个案件既有它的共性,也有它的个性。但是,法学院的老师不会讲这些。比如法学院的老师直接告诉你,这一类是高官受贿案件,它的受贿构成、证据;这一类是杀人罪,杀人罪是什么。而一旦你当了律师,在实际案件中遇到的、解读的是不同的人。所以,最后你会发现,每个案件各不相同。

陈海阳:钱律师的总结非常精辟。如你所说,律师是一个“读人、阅人”的工作,那么我们应该如何做到“懂人、识人”呢?

钱列阳:如果你简单地做,你做得越简单,案件的共同点越多,你就越粗线条。反正这一类案件规范化操作,那一类案件按照另一个模式走,也可以。但是,你这样做等于客户并没有得到你的真正的法律服务。如果你满足于此,你踏踏实实把律师费收了就得了。但是,如果你要真的融进一个案子里去,仔细研究每一个案件的情况,你就会发现每个案件各不相同。

案件与案件最终的区别点,不在“案子上”,而在“人上”——而在每一个人的个性上。所以,做教授是读书的工作,做律师是读人的工作——是对与案件有关的每一个人的人性的解读。在这种人性的解读过程中,你就会慢慢地发现,当你和当事人进行人性上的沟通的时候,你不占什么优势,甚至处于劣势。

因为被告人,他今天虽然是阶下囚,他只是需要得到你在刑事法律方面的帮助,但他的综合的文化素质、综合的社会阅历、他的脑力、他的天赋、他的才华,很可能我们不如人家。他只是在特定的刑事法律领域不如我们而已,今天有求于我们。但他的综合素质真的很多时候,远远在我们律师之上。

这个时候,你会发现通过一个案子的解读最后能够得到对人性的解读,你会发现刑事案件其实办得挺有意思。除非你不爱读人。

说句实话,如果你对人不感兴趣,你做律师做到后来,你会越做越累,越做越烦。但如果你真的喜欢读人,通过一个一个的案件读人,会觉得非常好。

有的时候,我给那些高官辩护,但最后我觉得我们之间不能说成了朋友,但在很多时候,尤其是等案子结束以后“回访”他们的时候,和对方聊聊天的时候,我真的是一种虚心请教的心态。真的希望从他那里学些什么。他的社会经验,他的阅历,他今天的身份也可无所顾忌了,他看问题可以直奔实质。

打个比方,我们爬山只爬过东坡,没有爬过西坡,那个人是爬西坡的。和他聊天的时候,他给你讲西坡的风景。他原来很忙,现在他也空了,也闲了。这是何等宝贵的财富呀。我们只有机会爬东坡,没有机会怕西坡呀。所以,很多刑事辩护律师,像我一样,那么苦,那么累,我们走到后来为什么就不想离开了,是因为我们"痛并快乐着"。抓住了刑事辩护的核心,这个核心实际上是人心的解读。

这和简单的一个合同纠纷,一个欠款纠纷,我给你打赢官司了,一笔钱拿来,我提成 30%,风险代理,我挣一笔钱,是两个味道。

走刑事辩护这条路,是直指人心。

在民事案件中,可以与刑事案件相比较的、相媲美的,可能也就是离婚案件。离婚案件也是直指人心,也是人性中,丑的、恶的全都暴露出来了。

问题4 律师是医生，不是艺术家

李秀平：在一次座谈会上，北京奕明律师事务所律师刘波说，他执业将近10年，主要做婚姻家庭案件和刑事案件，所以对你说的人性问题深有感触。无论是刑事辩护中遇到的确实穷凶极恶的不法分子，或是值得同情的被告人，还是离婚诉讼中千奇百怪的家庭破裂、财产纷争，他感到都是对人性的考验。在代理这些案件的过程中，像刘波这样的年轻律师接触了大量阴暗面。钱律师能否和他们分享一下你的认识论、方法论和价值观？换句话说，面对当事人的物质利益纷争时，年轻律师往往会同情某一个吃了亏的当事人并因此很痛苦纠结，你能给年轻律师一些指引吗？

钱列阳：其实，我们这些年龄大一点儿的律师，也都是从年轻律师走过来的。当初，都是很热血沸腾，都是很敏感，很感性，有的时候甚至很冲动。这在年轻律师身上，是一个必然要经历的过程。

面对一些事情时，虽然过后很后悔，但当时往往抑制不住冲动，会拍桌子、跳脚。因为，我们都是年轻人。但是，随着经历这样一个过程之后，我们回过头来就觉得可能做律师这个职业，需要一个很理性的思维方式。

律师和艺术家不一样。艺术家是要在无拘无束的状况下，迸发出艺术的火花、跳跃的火花，产生一种很美的效果。但我们作为律师，是需要非常理性地，非常冷静、客观地来看待问题。

在这种情况下，随着年龄的增长，自己的思维就会逐渐理性了、逐渐冷静了。当事人在你面前哭，在你面前闹——我经常见到这种情况，所以，我总是在接待室的桌子上放一盒纸巾，给当事人家属擦眼泪用。

这样的一种状况下，我觉得“心在案里、情在案外”。就是说，你面对案件的时候，用心不用情。因为你是律师，你不是当事人。

当事人戴着感情的有色眼镜，恰恰是这副“有色眼镜”会影响律师对一个案件的客观判断。所以，这个时候，当你恢复到理性以后，你脑子里出现一个“理性的司令部”后，这个“理性的司令部”会经常给你下命令。

“理性司令部”下的命令是：第一，你把感情的“有色眼镜”拿掉。当事人或家属在那里哇哇哭，你要是掉眼泪，那你就不对了。你要很冷静、很客观地来处理他们交给你的事情。每当冲动了以后，你的“理性司令部”就会告诉你“把冲动放下”。第二，就是好恶感的问题。你觉得一个人很好。说这个人太好了，我太佩服了、太崇拜了，或者说“这个人太可怜了”、太让人不舍了……或者，你这个人太令人厌恶了、太讨厌了，我恶心这种人的人品，就被好恶感控制了。

我遇到过一个当事人，他是南方人，在北京被监视居住的时候，觉得空气太干燥。他怎么办呢，他在房间里居住的时候，就把卫生间水龙头的水开一夜，24 小时开着，水龙头里的水出来的时候，能让房间里的空气湿润一点，而他丝毫不考虑这是浪费水。

面对这样一种人，对他的价值观，我觉得难以接受。我心里很不舒服：“怎么是这样的人呢？”但是，我得克制住。然后，把律师个人对当事人的评价的善恶好坏这种感性的东西压住，不说“压没了”，至少也得压到 10%以内。腾出理性的空间，来判断这个案子。

总之，这样做是为了自己能够很理性地、很客观地看待一个案件。

其实，我们律师这个行业和医生特别像。医生给病人做手术，医院是怎么做的？第一，你作为家属再爱这个病人，也请你待在手术室外，你别跟着进来帮着做手术。让你进手术室，你帮的是倒忙。第二，病人干吗？全身麻醉，不能清醒。就是在这种情况下，在无影灯下，在无菌室里，这是给医生发挥自己的专业特长的最好的条件，给他一个不受任何干扰地发挥他的专业能力的空间。

我们律师要给自己的当事人做最好的服务，我们也需要营造一个空间。这个空间中，没有家属的干扰，没有病人的干扰，没有自己主观的善恶喜好的干扰。我们这样理性地、冷静地、客观地把这个案件做好。所以,要给自己营造一个手术室主刀医师做手术的空间。

营造这个环境,营造这个“场”,是需要自己有点儿本事才能做出来的。不然,大家齐抓共管,集体讨论,那就没办法“做手术”了。所以,律师要学会给自己安排一个好的环境。

要安排到这样一个环境下,家属说话,我们律师耐心地听,全听完后,屏蔽掉。被告人说吗?让他说。等他全说了,律师该知道的都知道了,然后把没用的屏蔽掉。当然,这种“屏蔽掉”是需要策略的——然后,自己静下来,面对这个案子。“用心不用情”、理性、客观地把它做出来。

在接下来面对案子的操作过程中,律师要面对 5 个方面的问题(*编辑注:后面专门回答*)。把这 5 个方面的内容综合地揉进法条里,量体裁衣做出一个“客户利益最大化”的辩护思路和判断、一个工作方案。

李秀平:从刘波律师提的问题来看,社会公众以为律师是一个高收入的职业,把这层内容剥离掉之后看,律师也是一个让人痛苦和压抑的职业。在某种意义上,律师这个职业和记者有些相似,这两种职业常常会接触一些负面的人和事。另外,在面对一个案件的时候,我们需要的东西可能只有 5%或者 10%,但是,当事人讲起来大水漫灌,什么感情的、不准确的、片面的东西给你一大堆。这就需要律师用一种强大的内心和冷静的思考、还有证据的佐证等,把不必要的东西都排除掉,留下我们需要的内容。

钱列阳:对。我年轻时也热血沸腾过、激动过,也犯过一堆错误、长了一堆教训,后来才慢慢变得老实了,变得慢慢地静下来了。因为肯定有过热血澎湃,有过激情燃烧的岁月。然后,吃了苦头了,吃了哑巴亏了,这才“断翅方识沧桑道,舔血抚痕痛何如”。

问题5 刑辩律师的“换位思考”

陈海阳：在刑事案件中存在几方主体，公诉人、被害人、被告人、法官都在案件中充当重要角色。钱老师一直强调，作为辩护律师，我们要懂得“换位思考”。可以说得具体一点吗？

钱列阳：对刑事辩护律师来说，一定要懂得“换位思考”。

首先，我们要从公诉人的角度来考虑问题。

有的时候，公诉人是真的认为被告人有罪，所以做有罪指控。但也有的公诉人是迫于无奈，他自己都认为无罪，人已经关了这么长时间了，或者上面的人强制性地要求这个案子必须公诉，赶鸭子上架他也要公诉。所以，对这两种情况，我们作为辩护人，在审查起诉阶段必须通过跟公诉人的沟通基本得出一个结论。那就是要弄明白，这个公诉人内心确认的是有罪还是内心确认的是无罪而被迫起诉。这是涉及我们采取完全不同的辩护策略的问题。

其次，我们要从被害人的角度看案情。

一个是被害人本身有没有过错，另一个是被害人本身有没有正当性。这个时候，你设身处地站在被害人的位置考虑，不要把自己放在辩护律师的角度考虑。换位思考指的就是，如果你是这个案件的被害人你会怎么样，你的合理性在哪里，你的错误在哪里，你的本能又表现在哪里，感情上的情有可原在哪里。

最后，我们要从被告人的角度考虑。

从被告人的角度看，最主要的有这样一些问题：被告人在案件突发被抓起来以后脑子是乱的，而公安往往在最初的 24 小时之内拿下他一堂口供或二堂口供，有可能这个时候他说的是真话。在他脑子里头还没有形成一个防御体系的时候说的恰恰是真话，而这个过程中有可能被刑讯逼供了，也可能没有被刑讯逼供。在他脑子乱的时候，所作的供述是在一种原始的、真实的状态下作出的，有时往往说的是真话。

然后过了若干时间，他跟同监号的人沟通后，反应过来了，觉得自己应该有所防卫了，见到律师他未必讲真话了。他怀有侥幸心理希望律师能救他，所以他跟律师讲的和他跟警察讲的笔录差异很大甚至截然相反，他寄希望你能帮他脱罪。

在这种情况下，我们不能相信被告人讲的完全是真话。最主要的是，如果没有证据表明他被刑讯逼供或者当事人也证实自己没有被刑讯逼供。这个时候，法律事实决定了一切，而客观事实已经无考了。所以，换位到被告人角度考虑，他被羁押了一段时间有了自我防御体系以后，他因这种侥幸心理，有时候跟律师讲的不一定都是真话，他寄希望于通过他的假话使你能救他一下，使他能够脱罪。我们还是要从最原始的笔录看起，在无法排除的情况下，它就是有效的。

那么，还会出现这么一个情况：被告人当初面对这个事情，他如果往左边说实际上他是无罪的，但是他没有经验，被警察一引领，他就往右边说了，而警察是很有经验的，不仅引领你往右边说，还把左边的口给封死了，然后这份笔录拿下来了以后被告人签字了，我们又没有在侦查阶段及时看到案卷，而这位被告人过了一段时间脑子反应过来了，同监号的人帮他参谋，于是他发觉如果当初这件事往左解释就是无罪的。当他内心有了这个确认以后，他给律师讲的恰恰是往左走的这条路，然后你律师就信以为真，听完了想这绝对是无罪啊。你忽略了他当初往右讲的笔录已经白纸黑字地“趴”在案卷里，并且不是非法证据，没法排除。当初是可以两者都行，两种不同的解释可能正好一个无罪，一个有罪，可恰恰是公安局预审把他已经引到右边去了，并且你拿不出否定的理由。

所以，我们律师时常会发现做了很多无用功，这是因为我们完全建立在被告人说的是往左的那条路上，然后我们在这个上面修建了一座完整的辩护体系大楼，认为被告人无罪，忽略了“根上”这个地方已经被封死了。原始的这份笔录没办法排除，因为不是刑讯逼供，被告人当初确实就是这样讲的。

陈海阳：辩护人最重要的任务就是说服法官，我们要怎样做到“想法官之所想”呢？

钱列阳：这就需要从法官角度考虑问题。从法官角度考虑，我个人认为一个是在量刑上。最近听了一个法官的讲座，他讲到对于量刑问题的辩护，我们律师往往是这样表述“他有自首情节，减刑百分之多少；基准刑是多少，建议判两年，然后缓刑”。他讲得非常细，实际上挤压掉了法官自由裁量的空间。你要是法官，你也不喜欢听他这样的量刑建议的辩护。

所以量刑辩护这一条，实际上我个人理解不是在刑期上的辩论，而是在减刑条款是否存在上的辩论。有没有投案自首，有没有退赃，有没有立功表现，是不是坦白，有没有揭发检举等这些方面。至于说每一个条款只要站住了，他减多少刑是法官的裁量行为，如果你把数字全说出来是对法官的不尊重，这是他的裁量权。你就说由于各种情节，我们就认为 3 年以下有期徒刑，就 OK 了。而别说判二缓三、判一缓二，不必说得这么细，这是一个。

还有一个，你处在法官的位置想，他要是采信你的意见，可能性在哪里。那就是刚才说的非法证据排除的理由，或者他不采信某一个证据的理由，他有没有足够的台阶下。我们的辩护律师经常是说了前半句不要后半句，“这个无效，这个不充分”，但不充分在哪？你的前半句说出来了，你没能让后半句话落地，落到一个具体的点上。

北京市第一中级人民法院刑一庭周军庭长在人大律师学院刑辩班讲得非常到位，周军庭长说：“你们提出的所有建议，如果是具体的、详细的、有可操作性的、能落实的再提，而不是提就提了，剩下是你法官的事了，我律师不管了。”

证据不充分，怎么不充分？于法无据，怎么于法无据不往下说了。我觉得这些问题，恰恰是我们律师在操作的过程中，容易走入的一个误区。我们提的要少而精，具体、细致、有可操作性，不能笼统宽泛。

最后，我们回归到辩护人的位置来判断问题、分析问题。

认清楚一个案件以后，原始的口供笔录如果无法排除，那就是我们必须尊重的法律事实。

问题6 如何让当事人信服自己

陈海阳：我是钱律师忠实的粉丝。我想请教一个问题，你在20多年律师职业生涯中，接触了各种各样的刑事案件当事人，他们当中既有普通百姓，也有众多高官或者巨富的代表——后面这些人，曾在商界或政界有很大影响，他们在为人方面可能比较强悍或者强势。尽管在目前是阶下囚，你作为律师是私权代表，同他们沟通、同他们会见之后，你是如何通过自身的影响、自身的知识，甚至自身的技巧使他们信服于你，进而达到充分沟通的目的的？

钱列阳：首先，你跟被告人接触。他当初无论是"龙"是"凤"，今天都是"凤凰落架不如鸡"。他穿着黄马甲，戴着手铐，隔着铁栅栏和你见面。从表面上看，你有足够的心理优势，可以居高临下地看他。他当年无论多高，对一个隔着铁窗看他的人，他都得仰视人家。阶下囚嘛。这是第一。

第二，他的内心是受伤的。这就像一个人胳膊、腿断了一样，是受伤的。这个时候，一个受伤的人到医院去，医生给他的伤口用柔软的棉花、纱布包扎，不去刺激他。而不是用粗粗的麻袋片、使劲儿拍到伤口上去了，让人家疼得要死。对方是弱势，人家心理上是受伤的。作为律师和这种人交往的时候，首先要有一种很平易、很亲切、很平等的态度。这是对他的一种尊重。

当这个坎儿跨过去之后，这一类人往往容易走向极端。有的很硬，但被生活折腾一下以后呀，断了。这种"断了"的人往往一点儿骨头都没有了。别人想怎么弄就怎么弄。当年被抬得很高，结果如今一头栽倒了以后，一下子走到了另一个极端了。用个不太恰当的比方，他真的就像一个扶不起来的阿斗。有的人,会哇哇地哭。这种情况是有的。这说明,这个人,无论他当年如何,就像一棵树,树下的根比较浅。一场大风来了,连根拔起。换句话说,他没有做人的底蕴和内涵。这个时候,往往就很脆弱。很硬,但被用力一撅,一下子就断了。

还有一类人,他很有内涵。他表面看来很软、很柔、很克己,但是他的内功很强。他的内力很强。就跟练武术似的,一搭手,他有没有功力,马上就能知道,是能感觉出来的。他表面对你依然很谦和、很克己,实际上,他很有自己的主见。以他的社会阅历、社会关系,让他接受你的法律的观点,是要花点功夫的。

前者是你说什么是什么,他就不走了,你得抱着他、背着他、拉着他。他就不打算用两只脚站在地上了,你只能拖着他、抱着他走。后者呢,他们是很强硬的。我不知道李贵方律师跟薄熙来是怎么沟通的,但是薄熙来一定是后者。薄熙来对李贵方一定很尊重,但他很难撼动薄熙来的主见。

这类人,也包括我遇到的刘志军。他和薄熙来这类人都属于树大根深的类型。当年枝繁叶茂,如今树杈被打得七零八落了,但在地下树根依然根深很牢。他们的阅历、经验、主见支撑着他,他绝对不是书呆子,也不是一个油子,他是有他自己的思想的。

跟这种人碰撞,是很吃力的,是需要外柔内刚的,是不能光跟他们耍滑头的。换句话说,在某些方面,我们首先是要迎合他,如果一上来就跟他硬硬地对撞,是会出问题的。要么合作就吹了,要么就出其他问题。实际上,这个时候,当他是拳头的时候,我们要做布,要懂得“包”,要有个迎合他的姿态。这方面的功夫有点儿像太极拳,打过来,揉过来,一转身再给他递出去,这样螺旋式走一个圆的力量。有了这样几个回合以后,就有变化了。这种人欣赏有内功的人,他看不起只会讲表面文章的人。大家都在江湖上行走,交流几句话就感觉出来了。

我给一个部级干部做过辩护,他的太太也是个高级干部。她到我们律师事务所来,她往沙发上一坐,二郎腿一翘,说:“我需要找一个和我的丈夫对得上话的律师。”她不是寻找刑事法律、法条那样一种简单的帮助,她需要的是一个律师的综合素质,而且是过硬的综合素质。

跟这种很有内容的人沟通,你跟他们对撞会出现两个结果:一个结果是谈崩了,他不用你做律师了;另一个结果是,他把你“制服了”,你成了他的法律奴隶。他告诉你,你每礼拜三下午两点来看我啊,每个礼拜都得来啊,你找谁谁谁去调查取证啊,他会把你指挥得滴溜溜转。你如果不干,他辞掉你,他不要你给他当律师了。你要干,就按他说的干。

你如果降不住他,被他打败了,成为他的俘虏了,就表现为他把你指挥得滴溜溜转。其实,对刑事法律的专业知识,他并不懂。就像病人在指挥着医生给他开刀、给他自己做手术一样。那怎么行呢?开刀是个专业活儿。被他指挥的话,我们的专业优势发挥不出来。

给这种高素质的人辩护,就是像我说的,每个律师在不同的阶段遇到不同的案件,它实际上涉及能力和案件的难易程度的配套问题。我能挑一个800斤的担子,给我一个500斤、600斤的,我可以健步如飞;给我一个1200斤的担子,我走不了几步,腿扭了,腰闪了,最后担子还砸了一地。

实际上,李天一案件就是律师托不住案件,没有承受住,最后的结果是撒了一地。你让一个小孩子去端一个大锅,小孩子的力量达不到。最后的结果是什么,是他劲儿不够,最后锅也砸了,汤也洒了,弄了一地,还得找一帮人给他扫地,给他收拾残局,他自己可能还把脚给烫了、手给烫了。

这就是律师自身的能力,能不能承接得了这个案子。这个能力不是一个简单的刑法的能力。律师确实是个“读人”的工作。

陈海阳:那么,刑辩律师在承办案件的过程中都需要哪些综合素质呢?又应当怎样提高这些素质?

钱列阳:一方面是司法实践经验,一方面是综合的社会经验,另一方面是文史哲。文史哲是法学的重要滋养成分。社会阅历和社会经验是案件操作中对社会认识非常有用的东西,或者说是认识论、方法论的一个重要环节。

这几个综合素养,决定了这个律师的综合实力。这个综合实力是他办一个案子能不能做得到、能不能托得住的关键。因为你的“对手”曾经是局长、是部长,甚至是更高级别的干部。所以,我为什么总在说,律师是做人的工作。

如果你只是做法条的工作,把司法解释、法条,一对照,告诉他:

“你这个案子 10 年以上，我保证不让你死。”他说：“你废话，因为这类案子最重就是无期徒刑。”你相信吗？所有关于这个案子的法条、司法解释，他比你还熟悉。

我们律师是要透过这样的法条、司法解释来和当事人进行沟通。其实，这是很难的一件事情。所以，我跟刘志军会谈，我带着我的同事娄秋琴律师去跟他谈，去的时候都是我开车，谈完两三个小时出来之后，都是娄律师开车，我要休息一会儿。

我们双方从头到尾都是用太极拳的内功。从头到尾，我们双方都非常克己、非常礼貌。但是，他不要我辩护，我一定要给他辩护。因为作为法律人，我如果不为他辩护，我就会受到处分，因为法律援助是义务，不能推辞，不能不作为。如果是收费的，你不要辩护的话，我写个东西，你签个字，我回去一退费就可以了，告诉委托人说：“你们家人不要辩护。”我很好解释。

所以，我认为在案子里面，人和人的沟通很重要，不要低估一个人。如果一个人在企业界、商界、政坛，他能够走到高位，我们不能说他只是运气好，他一定有他的长处。而这些长处往往体现在他的综合素质上。我们和他们的沟通，绝不局限于大家看到的表面。更多的是相互的理解、欣赏、赞赏。

李秀平：刚才，陈律师提了一个好问题，钱律师回答得非常精彩。我的理解是律师的服务对象里面有各种各样的人，钱律师现在更多地服务于一些原来身居高位的人。我们如何来胜任这样一种法律服务工作。用钱律师的话说，需要具有强大的内功。

问题7 如何和当事人“跨行业沟通案件”

李秀平：讲到沟通的问题，我觉得律师和当事人沟通案件，是进行“跨行业沟通”。因为大量当事人和被告人对法律很不了解，而律师是法律专业人士。钱律师在这方面有丰富经验，能和年轻律师分享一下你的“跨行业的沟通”经验吗？

钱列阳：我们律师经常会发现，我们跟律师同行沟通交流是非常简单容易的。一个案件，我们听了客户两个小时的描述，同行之间交流的时候，10分钟就全说清楚了。那是因为我们有共同的话语体系，有共同的知识背景。而客户、社会上的人不在这个体系里，所以你会发现，你说出去的话，他可能听不懂，他更多的时候会问一些我们完全想象不到的问题。所以，这就需要我们律师能读懂各行各业的人。

你首先要对当事人有一个定位，看他是哪一类人、他是什么样的文化程度、什么样的背景以及有什么样一种心态。他是紧张焦虑的心态还是报复社会的心态？他的脑子里是一张白纸还是早已先入为主地有了其他内容？

还有一些客户，他实际上有自己的难言之隐，当他告诉你2加3等于8的时候，实际上不是他算术不好，而是他无法告诉你那剩下的“3”的真实原因。这个时候，我们律师就只能往后退，或者仅就他所提的问题进行回答。

有的时候，当事人会有意无意地向我们隐瞒一些其实在我们看来至关重要的东西。所以，不是每个当事人都对律师完全坦荡，能毫无保留地把所有的秘密和隐私说出来。

李秀平：这也可能是出于人的一种趋利避害的本能吧？

钱列阳：对。当事人为了保护自己。比如说，他可能还有其他的漏罪或者还有其他涉及私生活的事情。这个时候，我们要想到他给我们的描述不一定有我们希望的那样坦诚。他给我们讲了10点，这10点就是全部？不一定！可能他有15点、20点，后面的那部分他不讲，但是司法机关有可能已经掌握了。

所以，我们提出法律意见时，要永远记住一条，要留有回旋余地，要给自己留出空间，不能把话说绝。因为，当事人给我们的素材就不一定全。

李秀平：在刑辩律师和当事人打交道的过程当中，我们发现一个现象，大量委托人会认为自己的亲人或其他需要律师服务的对象是无罪的。其实，他们对这个案子本身可能不一定了解，这样的例子很多，比如，复旦投毒案中林森浩的父亲就一直不相信儿子会投毒。而有的律师会有这样一种观念，认为自己所有的当事人都是冤枉的。这样的情况你遇到的多吗？你是怎么样看待的？

钱列阳：我遇到过不少当事人，他来就是想让律师为他提供能证明无罪的理由、证据和结论。他并没有实事求是、冷静客观地看待家里的亲人、家庭成员可能构成犯罪这件事，他从心理上无法接受。所以，他就是来寻求一个符合他要求的答案，而且我们往往发现他在来到我们面前之前，已经听到了许许多多的反馈到他耳朵里的他希望听到的话。

这是我们中国的特色，大家谁都不好意思讲别人不爱听的话，所以都喜欢顺着对方讲，哪怕10条里有9条不利的，只有1条有利，也就说了这1条有利的。于是乎，家属、当事人就听信了这1条，把这1条概括为10条这么大，认为这就是全部，而没有客观冷静地去看剩下那9条。这个时候，有的律师就会偏听偏信，然后顺着这被放大了的有利的这1条讲下去。但是，在这个基础上得出法律结论，如同在冰面上盖房子，禁不起温度的考验。

这样的一种法律关系的建立和分析，由于基础不扎实，实际上是很危险的——将来有一天，你的法律架构轰然倒塌的时候，被告人、委托人和律师之间会相互推诿责任。

律师说："你没有把当时的情况全告诉我。"

委托人说:"我不知道你需要什么。"

事实上,形成这个结果就是因为当初放大了1条有利的,忽略了那9条不利的。这些都是我做律师,在与当事人打交道的过程中,逐渐归纳出来的经验教训。我觉得我们律师确确实实必须讲真话,必须把案情了解得尽可能全面并且如实地以我们的专业知识进行分析。只有这样,才能让家属得到一个真实的结论。

李秀平:就是你常说的,律师不能成为"第二个当事人"?

钱列阳:对。我们应该更冷静一点儿、更客观一点儿看待案件,以我们的专业知识对案件进行法律上的解剖、分析,结合当今的司法环境做出一个预测。

我觉得,只有这样做才是认真的、实事求是的法律服务。

当然,这样做会承担一个风险,就是客户不找你了,去找别的律师了,去找那个拍胸脯的律师。而那个"拍胸脯的律师"对案件顾头不顾尾,他只需把案件拿过来把钱挣到,然后提供了一堆让委托人无可辩驳的法律服务,每一个都做到但是不疼不痒。我觉得,这样的法律服务就如同做一个菜,我给你做熟了,油盐酱醋我也都放全了,你能够吃饱不会饿死,也不会吃了拉肚子,就结束了。大锅饭不就是这样吗?而真正的、好的、优秀的特级厨师绝不会是这样,他会看人下菜碟儿,他会依据食客的不同需要而相应地调整每个菜的做法,包括是微辣的还是浓辣的,是酸甜口的还是咸的。

我们律师最高的法律服务的境界,是对每个案件的每个客户提供"量体裁衣"的法律服务,是个性化的服装,而不是制式服装。客户不懂,拿来了以后,觉得反正这衣服能保暖就行,扣子也不缺,兜也都有。因为他没有比较,不懂真正贴切的高档服装没有两件一模一样的。

我们最优质的法律服务,没有两个案件是一模一样的。不管外人看来多么相像,我们所提供的服务方式、过程都是不一样的。我觉得,这就是法律服务要走向个性化的一种提升。

陈海阳:和当事人沟通还有一个问题,刚才我们提到的案件沟通的问题。趋利避害是人的本能,作为当事人,他可能只注重案件中对他有利的一面，只顾及有利于自己的事实和证据。作为律师，我们如何让他接受对他不利的一面？

钱列阳：让当事人听进自己不想听的话，确实是一个难题。这首先涉及一个法治理念的普及问题，得让他回到法律这个平台上来对话。既然是一个法治理念的普及问题，那么我认为这里最核心的一条，就是你的说服能力。律师的这项重要的技能就应该如同吃饭使用筷子一样熟练，律师的技能就是“说服”这两个字。你能说服你的当事人，你能用这双“筷子”，这顿饭你就能吃到嘴里。所以，这个说服能力又回到了因势利导，从对方的角度想问题看问题，体会人家的心情，然后说出对方能够听得进的话，而这些听得进的话里又放进了你要说的内容。

我们这个靠嘴吃饭的行业的最基本的技能——我们律师的“筷子”就是“说服”这两个字。这个能力，等待着年轻律师的是一连串的教训和跟头，这只有靠自己去感受、去学习，因为我们的对手往往社会经验、社会阅历、能力远在我们之上，我们根本就把握不了对方的心态。而老律师实际上是不仅能想对方所想，而且知道对方怎么想，还知道对方未来将怎么想。

真正的让别人降服的“武器”，是你对人家的关心和体贴超过他自己对他自己的关心和体贴。他认为他需要 3 项服务，他直接得到了 5 项。当他得到 5 项之后才发现，原来第四项、第五项是他没有想到但同样很需要的。这个时候，对方立即就服你了。你为客户着想的周到度，超过客户为自己着想的周到度。等你做完了，人家接受你的服务了，才发现“原来这真是我需要的”。

律师这个行业，说到底是透过法律这个镜片，读的是人，而不是法条。

问题8 如何跟警察、公诉人、法官“换位”

李秀平：在钱律师执业20周年的座谈会上，北京两高律师事务所律师李云道出了自己的苦衷：“在刑事辩护过程中，公检法都排斥律师的介入，他们会刁难律师。”她想知道，钱律师执业这么多年，是否遇到过类似问题。遇到的话，是如何处理的？

钱列阳：当然，公检法会觉得律师“碍事儿”。这个“碍事儿”，首先是公安侦查部门。比如，他们口供本来就拿不下来，被你律师和当事人一说，就更拿不下来了。所以，在侦查阶段，办案机关千方百计阻挠律师会见，最主要的原因是“嫌疑人不认罪”。如果他坦坦荡荡让你会见，那就是嫌疑人已经认罪了。所有笔录都已经锁定了，你再翻供也翻不了。这时，警察就不会在乎你律师去会见了。如果这个嫌疑人死顶着——坚决不认罪，零口供，公安就会千方百计不让你见当事人。

这个时候，我们该会见肯定要按照《刑事诉讼法》的规定提出来。要很严正地和办案机关交涉，比如，向上级机关反映。这些都有。

还有一种情况，是在检察院阶段。公诉人对“起诉意见书”里把握不住的案件，其实很想和律师沟通。沟通的结果是，对某些把握不牢靠的罪行，通过退回补充侦查的方式就把自己解放掉了。对他来说，既减轻了工作量，又保证了自己工作的正常进行。在这种情况下，他就会配合律师。

到了法院阶段，同样，如果律师提出的辩护意见只是“事实不清，证据不足”，这样泛泛地去讲，法官会从根儿上看不起你。法官会觉得，你就是在“糊弄事儿”。你能不能讲出具体哪个证据不足？什么环节出了问题？你要说得具体一点。

我们一方面说“法院判决不讲理”，对律师的意见不采信；另一方面，我们的辩护意见提得不到位，辩护意见不到位，法官就不会采信我们的意见。打个比方，一个案子，被告人做建筑装修，说他受贿。装修公司向司法机关出了一个证明，证明公司装修花了 12 万元。这个时候，如果律师对这张 12 万元的证明提出疑问。你尽可以这样说，但法官不会按照你说的来判。法官要你举证。如果你找一个建筑装修方面的鉴定机构，对房间的地板、吊顶、墙壁打开进行破坏性检验，最后做出一个鉴定：这里面的木头用的是什么木料，当时什么价格，木头的费用是多少，工本费是多少，电线布线是不是带封套、墙壁是不是刷了防火漆、地板是不是做了防水处理——所有这些工作如果你都做到了，最后让鉴定机构做了一个鉴定——鉴定部门的装修鉴定要写四五十页。如果你拿到的结论是，他只用 6 万元。你拿出厚厚一摞鉴定意见，说明装修实际成本是多少，放在法官面前；那边是公诉人提供的一张盖了图章的纸，说我花了 12 万元装修。你说，法官会采信谁的？

当法官看到一摞子鉴定意见，他就有足够的理由采信你律师的意见。而我们很多律师，没有做鉴定报告这项工作，而是直接针对 12 万元那份材料说“证据不足”、“理由不充分”。那你说是多少？你不给出一个具体的结论，让法官怎么说？

现在，法院是“消极”办案，法官不做调查工作。在这种情况下，律师工作到位了，法官判决起来就简单了。他会直截了当采信律师的意见。

陈海阳：要想得到法官的尊重，律师还是应该拿出真本事，用“干活”使他们信服。

李秀平：前面你介绍了警察、公诉人和法官怎么想问题，接下来能介绍一下律师和他们沟通的切入点吗？

钱列阳：实际上，律师跟法官、跟检察官、跟警官进行沟通的切入点是“利益的共同点”。

我们跟公诉人的“利益共同点”在于减轻被告人的某些罪责。我们把疑问提出来，使得公诉人在写起诉书的时候，比起“起诉意见书”来，可能把“三个罪名、五个罪行”改成“两个罪名、三个罪行”。以至于到法庭上，律师的工作量会减少，公诉人的工作量也会减少。我们双方的利益共同点就出来了。这就是跟公诉人沟通的结果。

和法官沟通,还是举刚才那个装修的例子。当我们把工作做到这个份儿上,法官案头放着的这个装修公司的出价证明和律师的鉴定意见,两样东西摆在一起的时候,法官自然会知道依据什么出判决。

这就是律师工作"到位"与"不到位"的区别。

一个律师,不要简单地认为自己和公检法之间"一切都是对立的"。其实,"对立统一"规律也存在于律师和法官之间。双方之间有对立,也有统一。我们作为律师不能只看到"对立"的一面,看不到"统一"的一面。统一的一面是什么?是搞清事实、简单化、疑罪从无、减轻大家的工作量、节省诉讼资源。

当然,也包括在侦查阶段。如果律师得到某些嫌疑人"罪轻"或者"无罪"的证明,就可以直接去跟侦查人员沟通。

你不要抱着非要对抗的心态。你真正的对抗不在侦查阶段,不在审查起诉阶段。这个时候不要对抗。真正对抗,是到法庭上对抗。在侦查和审查起诉阶段,大家要求同存异。律师跟公诉人沟通,更要求同存异。我们把有争议的放在一边,把有共同点的提出来。大家都想减轻工作量,疑罪从无。你把理由对他说出来。这种沟通是可以的。

陈海阳:*在诉讼的不同阶段运用不同的办案技巧,在不同的环境下采取不同的策略,这非常值得广大青年律师学习。*

钱列阳:我觉得律师和公检法之间不是简单的、对立的、死掐的这种状态。年轻律师在看这个问题时,要学会换位思考。我们把自己换成法官,我会怎么判;换成检察官,我会怎么诉;换成警官,我会怎么侦查。

我觉得,这是很重要的一条。

问题9 格外注意留住对方的面子

李秀平:刚才钱律师谈到了沟通的技巧和内容问题。像李云那样的年轻律师,很关心沟通的效率和效果。比方说,在和公检法的沟通中,如何处于主导地位?

钱列阳:跟公检法沟通,我们不要老想着自己站在主导地位。你不一定主导得了。你老想着和对方的沟通是一种占上风的、居高临下的姿态,这种心态就不对。

沟通,应该是平等的,是求同存异的,是实事求是的,很实在的。在沟通中,首先找到双方利益的共同点。把共同点找到,这是谈判中的基础。两国外交官谈判,就是找共同点。什么共同点?就是“我们两国历史悠久,两国关系一贯良好”。其实,为了钓鱼岛的事,中日今天都快打起来了。但是,见面的时候,一定要先说历史。就是首先要找到一个共同点。这样一来,感情就拉近了。

在找到“共同点”的基础上,逐渐地推出一个“不同点”。当然,当你说出话的时候,一定要换位思考。想到这个话,对方能够接受。如果判断对方不能接受,这个话你还是不要说为好。

跟对方进行沟通时,比说理更重要的,是保住对方的尊严。人有脸、树有皮。如果你一上来就居高临下,以教训对方的口吻来说话,根本不顾及对方的尊严,你后面的话再有道理,人家也听不进去。

同样,我们今天的谈话,如果我换一种居高临下、教训人的口吻在讲,你心理上马上会产生一种逆反心理。你在心里会很反感:“你有什么了不起的,你凭什么这么说?”因为,我剥夺了你的尊严。

记住跟对方提不同意见的时候,格外要注意留住对方的面子。无论在谈判桌上,还是在私下沟通,还是在刑事法庭的对抗中,都要保住对方的尊严。

我们有位律师以在法庭上“撕破公诉人的脸”为荣,以让公诉人和法官下不来台为“能”。其实,这样做的结果,你后面的意见再有道理,人家因为反感了,听不进去了。最终,受害的是你自己的当事人。第一,你得不到法官和检察官对你的敬重;第二,你的当事人受害。这个时候,无论你后面的意见多么有道理,多么扎实,没用了。

我们可以看看前几年流行的卡内基的关于营销策略的书,书中的一些内容非常有道理。他讲到,自己始终会照顾到谈判对手的颜面。

陈海阳:尊重对方是所有沟通的基础,律师在与法官、检察官沟通时也必须时刻提醒自己。

钱列阳:如果一位律师心里在想:“我非让你小子下不来台,我要在众人面前把你驳得体无完肤。”你以为这是解决问题的方法吗?这是激化矛盾的捷径。所以,当彼此之间因为不同意见发生冲突的时候,第一,保住对方颜面;第二,对事不对人。我坚决反对你的意见,但是我坚决维护你自由表达意见的权利。至于你的家庭住址、你的私生活怎么样,那是你自己事情,我坚决予以保护,我绝对不会在网上“人肉”你。我绝不会把你的私人情况在网上抖搂出来。

我们律师,应该是社交礼仪中的贵族。我们应该是懂得尊重别人的绅士。

李秀平:讲到沟通,我觉得在任何沟通中都存在一个重要问题,就是钱律师刚才所说的保住对方的尊严。然后“对事不对人”。我还想到了另外一个点,也许不是太恰当,钱律师的好朋友张青松律师,他是刘汉的辩护人。在一个研讨会上,很多律师都在说做律师多么难、公检法的人多么可恶,他们为律师设置了多少障碍,《刑法》第306条怎么着……但张青松律师却说,现在公诉人和刑事庭法官的素质大大提高,对律师群体带来很大的压力。律师应该提升自己的素养,用我们自身的能力和公诉人、法官真正在一个平面上对话,让他们尊重我们。

陈海阳:刑事辩护律师与公检法之间沟通,某种意义上,可以理解为一种实力的较量。在承办案件的过程中,刑辩律师是同几方"较劲"。我们应该怎样把握其中的火候?

钱列阳:律师和公检法之间沟通也是,表面上非常礼貌、非常客气,但是内在功力上的掰腕子也是客观存在的。这个时候,是法学功底的较量。

检察官、法官最看不起的人,是花钱找领导,托人情,给自己传话的律师;最看得起的,是什么人都不找,来了以后,就谈专业,就拿证据,就跟自己在法律领域里头摆一二三。最后,你摆过他了,他很尊重你,心服口服,然后,检察官在"起诉意见书"里把某一条拿掉,这个时候,这个腕子你就掰赢了。这种掰赢了又留住了他的面子,所以他对你就非常尊重。这种尊重来自于你法学功底和你的敬业精神,认真看案卷,比他看得还细。

如果你的这种敬业精神和法学功底让他服,你们之间的单独沟通还不存在面子问题。你们俩单独沟通,而且你对这种单独沟通不上网、不宣传、不炒作,他就更加敬重你。司法人员最讨厌的是网上炒作,我跟你说了两句话,你马上就到网上说出来了,某某检察官说、某某法官私下说什么,领导就会找他谈话,他就会很恼火。

我想说的是,如果你跟司法人员的交往是低调的,不宣传炒作的;你是实实在在地亮出你的法学功底和你看案卷的认真仔细的程度,让他从专业上折服你的,你就赢了。对警官呢,第一尊重,第二法律上点到为止。他更注重的是他的面子,你跟他不用有太多的沟通,就是我们尊重,不要把关系闹僵就好了。而对于检察官,是要靠专业实力的。现在的检察官,专业化非常强,大量的都是刑法学、刑诉法学的硕士、博士,而且是其中的佼佼者才进入公诉部门,所以,你专业上不行,他从根上看不起你;你专业上比他强,他就服你。所以,我觉得这个腕子是这么个掰法。

问题10 律师如何突破“成长瓶颈”

李秀平：现在律师行业的竞争和压力很大，对年轻律师来讲可以说是特别大。我接触过不少年轻律师，能感觉到他们时刻处在焦虑状态。你说过律师成长要经历三个阶段，就像树一样要经过几个阶段成长才能成为栋梁之材。在此，能给年轻律师一些建议吗？

钱列阳：律师成长，一般要经过的三个阶段是：基础化阶段、专业化阶段、个性化阶段。

先说基础化阶段。我认为，作为一名职业律师，在最初的三五年内，应该什么案件都办，应该什么钱都挣。既是为了在短期内解决家庭经济生活的生存问题，更重要的是锻炼自己的办案手法和技能。在这个阶段栽一连串的跟头，说得难听一点就是拿客户练手。因此，你不可能接手大案要案，不可能办收费很高的案件，因为收费的高低程度跟客户对你的要求的高低成正比。出两三千块钱的客户和出二三十万块钱的客户，对律师的法律服务的要求肯定是不一样的。我认为，作为职业律师，基础化的训练应该在最初的三五年完成。

然后，进入第二个阶段就是专业化阶段。在专业化的领域里头，其实是要走 8 到 10 年，才能在这个专业领域里让别人记住你，让别人来认可你。不是光做一两个名案然后出名了就可以了。其实，如果你没有真才实学，没有真正的实力，出一次名容易，但保持长时间的出名，始终保持在一个很有名的状态并不是一件容易的事。更多的律师，在办了一些名案后如流星一闪，过了就过了。所以，始终要保持“很有名”的状态话，就需要专业上的理论基础，专业上的实战训练，专业上的研究，包括写各种论文，参加各种研讨会。经历这个过程，才能进入个性化阶段。

个性化阶段的问题和后面的订制式服务一起谈。

李秀平：和任何职业一样，律师成长也会遇到职业的瓶颈。有的律师很快就能独立办案子了，但过一段时间之后，感觉自己被卡在一个瓶颈里很难突破，有的人可能在瓶颈里卡了很长时间。我接触过的一些律师已经40多岁了，还被卡在瓶颈里。你是怎么突破瓶颈的？

钱列阳：法律人成长的过程也像葫芦一样，有瓶颈的地方，有困惑的地方，这好像也是个规律性的事情。确确实实有过一段时候，会感到迷茫和彷徨，做到后来都是一个简单的重复，越着急越突破不了，越突破不了越着急。这是人之常情。

这个时候，第一，别着急，反而要静下心来；第二，反思自己办案中的不足。其实，做什么事情都一样，"胜在敌，不胜在己"，敌人的疏漏被你抓住了，把敌人打败，所以这个胜是胜在敌。不胜，无论怎么样，你内在一定有自己的弱点，包括有些该抓住的对手的疏漏，你没抓住，包括你自己的疏漏被人家抓住。回过头来想，当你感觉到无法突破的时候，反思一下，看自己失误失策在什么地方。

我个人始终认为，遇到瓶颈从正面意义上讲是正常的，是量的积累到质的飞跃之间的黎明前的黑暗。所以，年轻律师在这个时候要有耐心，同时有韧性，更要反思。当今社会弥漫着一种杀人的方式叫"捧杀"，就是夸你、迎合你、说你爱听的话，最后一步步把你送上了绝路。这样的事例在周围发生了很多。真正逆耳的忠言现在听到的越来越少，都是恭维，都是吹捧。我个人认为，清醒地认识自己，是年轻律师必备的一种素质。

李秀平：大部分年轻律师在为案源发愁。我们知道钱律师参加了很多的社会活动，他们是不是也可以通过参加一些社会活动，来拓展一下案源？社会活动是否有助于年轻律师突破成长瓶颈？

钱列阳：参加社会活动呢，第一，劳心；第二，费力；第三，费钱；第四，不落好。这四条你都认了，豁得出去了，放得下了，那你就可以参加社会活动，就是说，这就是一种奉献，甚至还被误解，被埋怨，还怎么样，累得贼死，不仅没挣到钱，还倒贴钱了，当所有这些心态你都能接受的时候，你就可以去参加社会活动，这个时候你心里是平衡的。

我参加社会活动,第一,没有为了出名;第二,没有为了挣钱;第三,也没有人来替我辛苦;第四,也没人领我的情;第五,我还准备了被人家埋怨,被人家骂一通。OK,我都能接受,我就可以去参加公益活动。如果每次你要有所得,要计算一下,我付出了这个,我得到了什么,那你就会很累,而且会很失落,最后你会觉得越干公益活动越没劲,跟大家一块干,干五件事,而且是其中最苦最累的事。

你要有个定位,认为这事天经地义就该我干,哪天不该我干我倒是觉得很意外;如果就该我干,我干了以后,所有人都落好,就我不落好,这就该我不落好,我就认了。这个时候,你一定要把自己的心态放到这种程度,我觉得就 OK 了。

李秀平:律师成长的终极目标,是对当事人负责任的律师。对当事人来说,如何鉴别"负责任的律师"?

钱列阳:我们可以通过几种收费情况,来鉴别"负责任的律师"。

一般来说,律师收费分三种情况:高收费、低收费、风险代理。

第一种情况,是"高收费"。出现这种情况,可能是因为律师特别认真,也可能是律师"心黑"。在西方国家,律师"高收费"的情况都是前者。有时,一个律师出一份《法律意见书》就收 2000 美元,是因为他做得非常专业到位。

第二种情况,是"低收费"。出现这种情况,可能是一个律师很认真却不够自信。这种情况多出现在一些年轻律师身上;还有一种可能,是律师没把案子当回事。

第三种情况,是"风险代理"。在刑事案件方面,为了防止腐败,各国都不允许律师进行风险代理。在民商事案件中,律师走风险代理的路,可能是相关律师案源不足,他愿意"赌一把",打赢了有收益,打不赢就算了;还有一种情况是,他把案子接下来,没打算好好做。

这三种形式中,都有优秀律师和差律师。

李秀平:既然把律师定位于"法律服务提供者",那就有"服务标准"。钱律师把服务分为"制式服务"和"订制服务"。由于不满足于前一种服务,你认为"每一个刑事案件都值得深加工"并进行个性化处理。

钱列阳：我们律师是“用案和法的‘手套’来握案件的‘手’”。

说到律师的服务标准，我拿厨师打个比方，厨师给人做饭，“做熟喂饱”是“制式服务”，按客人的口味做是“订制服务”。比如，我是江浙人吃不了麻辣的，你别给我做最高档次的川菜；我是东北人，我喜欢吃咸的，你给我是最好的潮州菜，我可能会觉得没味儿。

很多律师给客户提供的是“制式服务”，我则提倡提供“订制服务”。接手案件后，如果拿出一个“答辩状的模板”来套用，那案件不可能符合客人的口味；我主张每个案件都玩出花样来。我对自己接手的每个案子，都在“精心研制”。

我代理过一个职务侵占的案件。6000 万元的数额量刑应该在 10 年。我在开庭时注意到同案被告提到“回扣”的问题后，意识到“回扣”是商业贿赂问题……后来，法院以挪用资金罪，判处我的当事人 6 年徒刑。对我的当事人非常有利——这就是“订制服务”（编辑注：此案本书其他章节有详细介绍）。

法律服务的标准是可以提高的，我提出“订制服务”的标准，就是希望我们不要满足于“制式服务”，要通过提供个性化的“订制服务”更上一层楼。

贰 刑辩律师的职业素养和伦理

把“当事人利益最大化”这一“国际惯例”引入中国律师业，是钱列阳的“中国梦”。

为此，他倡导年轻律师修炼内功、视法官为法庭王国的国王。这些充满“正能量”的理念，那些接受过其“布道”的年轻律师为何欣然接受？

“心在案里，情在案外”这条办案金律，道出什么天机？

问题1　收了律师费，卖给当事人啥

李秀平：如何对待当事人，也是律师的素养之一。那么，律师和当事人之间到底一种什么关系？或者说，律师拿到律师费之后，对当事人付出什么？

钱列阳：我们律师卖出的法律服务到底是什么？

我们收了律师费，"卖给"当事人的是两样东西：敬业精神和执业经验。客户需要我们的法律服务，就像病人需要医生的是一个成熟的对病情适用的药方。这个药方是律师的经验。如果给病人一本医疗书，那是卖书，不是卖服务。我们律师业不是卖法律书籍，不是卖法条的，卖法条的话，我给你一本书好了。我给你一本《刑法》法条，再给你一本法学理论书籍——张明楷、陈兴良的教科书就好了。那是卖书的，不是卖服务的。

执业经验又是由什么组成的？执业经验是"专业知识的功底+办案的积累+自己的悟性"。这三样东西，我个人理解加起来就是我们的执业经验。我们通过法学院的学习，然后我们辛勤地干了几十年的案子，干完了以后理论实践相结合以后，还有一条，感悟一下。每个人的悟性不一样，有的人举一反三，有的人就一论一，所以我们律师其实也分出了经验型律师、知识型律师、学者型律师。经验型律师就是干一个是一个，掌握一套经验，干十个我掌握十个经验。知识型律师能够举一反三，我干十个案子我能够归纳总结出三十个经验。学者型律师是在实践和经验基础上提炼出思想，提炼出自己的思想体系，提炼出自己的独立的观点。所以我们律师实际上如果要分层次是分这样三个层次：经验型、知识型、学者型。

也有的律师，是收了你客户的钱，做了你客户的奴仆。你叫我干啥我就干啥，你叫我每个礼拜去看守所见一次你们家的人，我就去见一次。反正我也有空，我就拎着包，老往看守所跑。因为家属永远希望知道看守所里亲人的情况，你律师作为唯一“渠道”，恨不得让你天天去。而我们有些律师就天天去看守所，去了就陪着被告人聊天，东拉西扯，恨不得连天气都聊完了。

我们律师真正的法律服务不是这些，是敬业精神，但不是被人家牵着鼻子走。我们有自己的主意，有自己的主见。也正因如此，我们律师首先是有认真负责的敬业精神。每一个案件都有它的共同点，也有它的不同点——对每一个案件的“不同点”，我们在经验——对共同点了如指掌的基础上量体裁衣地对每一个案件进行“如何辩护”的法律设计。

这样的一种关于辩护的法律设计，实际上就是我们的敬业精神和执业经验的结合体。

以我们的经验，有时是刚从上一个案件得来的教训，就成了下一个案件的经验——在下一个案件中，马上就用上了。所以，我们卖给客户的敬业精神基础上的执业经验。

陈海阳：说到经验，不少老律师都有，他们在律师行业摸爬滚打了多年，不可谓没有经验，但是对于如何获得“执业经验”却常常不得要领。普通的经验和执业经验又有什么差别呢？哪些方面能够体现律师的执业经验呢？

钱列阳：执业经验是通过这个经验，对法条、司法实践、国家的大政策和大背景、现在的司法环境等这些内容进行归纳和总结，进而提炼出这个案件今天怎么样、明天将会怎么样、后天很可能会怎么样的预判。你的预判越准确，客户越满意。所以，当你第一次和客户谈案件时就能把这些说出来，当案件走到结案的时候，甚至才走到一半的时候，他就会跟你说：“哎呀，张律师，王律师，一切都在你的意料之中，你说的全对。当初，你第一次跟我们讲的时候，留下的这些经验，我们当时听的话，今天都应验了。”针对这件事情，实际上后来将会发生什么，包括某些证人可能不会出庭、某些证言可能会有所改动、同案犯的有些口供可能会翻供——别看今天白纸黑字说了这么些东西，很可能他到了法庭上之后会改口。

就是有这么些预判。

这个时候，当事人就会对我们律师的工作特别满意。他觉得“好像这一切都在你律师的掌控中”。而这个掌控来自于经验，经验这个东西是需要大量实践——是在大量实践的基础上提炼出来的。提炼出来以后，再用到实践中去。

然而，经验这个东西稍有不慎，就会成为故步自封的“电阻”。所以，经验这个东西，有些该扔的就要及时扔掉。只有及时扔掉一些旧的经验，才能及时提炼出新的经验——再归纳总结，再试用。所以，经验是个活的东西，绝对不是个死的东西。

举个例子，《刑事诉讼法》一修改，十几年积累的经验就过时了，没用了。这个时候又有新的经验。事实上，每个老律师，一类案件干多了，都会形成自己的经验。但是，如果对这种经验不懂得扬弃，不懂得及时更新，它就会成为办理新的案件的羁绊，就会犯错误，这个错误就是经验主义的错误。所以，经验虽然是宝贵的，但是不能让它成为犯错误的根源，要不断地归纳、总结、吐故纳新。在这方面做得如何，会体现律师这个职业的差别。

李秀平：“提炼”和“预测”能力，是律师的核心价值。钱律师能详细解释一下吗？

钱列阳：客户真正需要我们的两个能力，第一提炼，第二预测。

第一，提炼，就是复杂问题简单化。我们听完当事人的介绍，看完案卷后，把这个案子最基本的骨头架子提炼出来，核心问题提炼出来。就如同面前是一只鸡，我们把鸡毛、鸡皮、鸡肉都拿掉，一把拎出来的是鸡骨头架子。我们作为律师，不是把简单问题复杂化，而是复杂问题简单化。把长话短说，几分钟说完，而且说得通俗易懂，让没学过法律的人一下子就能听懂，这是我们律师的功底。我们不必在客户面前炫耀一大堆专业术语，听得人家觉得你好有学问，好有水平，好有本事，但是他没懂，客户没懂，这个没有用。

第二，预测。事儿走到了今天，明天将会怎么样？后天还可能怎么样？接下来可能会发生哪几种变化？每种变化将会带来什么样的后果？我们该怎么预防？这些是办案经验的总结。哲学上讲认识论、方法论，其实提炼和预测,提炼是解决认识论的,预测就是解决方法论的。

从哲学角度来讲,办理一个案件,为客户提供法律服务,我觉得主要就是在这几个方面让客户满意。你换位考虑一下,你是客户,是公司老板,公司出事了,最后律师来了。如果我们律师不仅拎了个包,而且还拿着一包书,最后还打开电脑,说着还敲着电脑,把电脑里说的念给老板听。你是老板的话,你爱听吗? 老板非常忙,没有那么多时间听的时候,你就给他简单化。考验我们基本功的就是这个。

陈海阳:"比上不足,比下有余"是很多律师的困境,大的案子接不到,小的案子看不上,中间的案子又办不好。如果陷入这种困境,如何定位自己的案件市场?

钱列阳:对于这个问题,我想起之前时常提起的一个比喻:有一次,我特别高兴地跟别人聊了起来,就说吃饭,我老喜欢说律师和厨师差不多,我们律师就是做饭的,客户就是吃饭的。说那个郭林家常菜,全国生意这么多年来一直这么火,他没有做高大上,就是做家常菜,但它那个醋熘白菜,它那个京酱肉丝,别的地方都没法比。一去品尝,果然如此。这是什么?这就是劳动大众的口味,正因为这样,别的餐饮都会倒,郭林家常菜倒不了,因为它的客户群体是枣核的中间段,是家常菜,既不是最高大上的顶尖的,也不是最基层弱势的,而是中间那一段。就是说,郭林家常菜这个"口味",中间的工薪阶层中产阶级爱吃,上层的人有时候也想吃,下层的凑点钱也买得起。

我们法律服务最主要的效力对象就是我们社会的"枣核"的中间段,因为中间段的市场最大。这才是我们真的应该关注的,而不要总想着高大上,我今天找世界500强了,明天你再怎么样。走到枣核的尖上,它就是一小段,它没有市场,没有真正意义的市场,有广告效益,没有真正意义上的市场。所以,我们广大律师实际上仍然要定位自己的学术、业务、修养,客户群仍然是我们社会中间段或中间段偏点儿上。我认为这是一个比较客观的定位。

陈海阳:一般法律人都知道,存在两个事实:客观事实和法律事实。但是,钱律师认为有三个事实,他在客观事实、法律事实之外,增加了情理事实。

钱列阳：香港有一句名言："法庭从来不是追究客观事实的地方。"当然，法庭是追究法律事实的地方。司法人员只需要"以事实为依据、以法律为准绳"，最后做出一个客观正确的判决就可以了，他们追求的是"法律事实"。但是，我们的当事人是怎么想的？我们和当事人之间的"打官司的点"在哪里？在两个字——事实。

我说的事实，分三个事实，情理事实、客观事实、法律事实。当事人满脑子是他的"情理事实"，就是他是怎么想的，然后再引申到他是怎么做的。

情理事实、客观事实、法律事实之间是一个递进的过程。作为司法机关，法官只需要追求法律事实，你爱怎么想就怎么想，至于你当事人做的什么事儿，你拿证据说话，没证据别跟我说，司法机关完全可以这样潇洒。但咱们律师不行，我们面对当事人的时候，我们要静下心来，耐心听他们的情理事实。

看清楚这个"情理事实"的存在，我们律师的思路会更加清晰。

我们作为律师，不是把简单问题复杂化，而是复杂问题简单化。把话长话短说、说到几分钟说完，而且说得通俗易懂，让没学过法律的一耳朵就听懂，这是我们律师的功底，而不必在客户面前炫耀一大堆专业术语，听得人家觉得你好有学问，好有水平，好有本事，但是我没懂，客户没懂，这个没有用。

问题2 “当事人利益最大化”的职业伦理

李秀平:北京炜衡律师事务所吴剑婷律师用“理想很丰满,现实很骨感”来形容刑事辩护律师这个职业。她想知道是什么力量支撑你走过来的。

钱列阳:我从法治进步和当事人利益最大化的关系说起。

个案,有的时候是可以推进我国法治健全的,但不是每个案件都能这样。当一个案件不具备这个作用的时候,律师硬要去“撞”,就把自己的当事人给“撞死了”。你的理想是你法治的理想,当事人给你钱不是让你来推进法治的,是让你来为我的利益最大化服务的。

没有一个当事人说:“我给你10万块钱,我弟弟宁愿把牢底坐穿,也要为中国法治做贡献。”没有这样的当事人。当事人说:“你不要给我说大话,我关心的是,给你10万块钱,你能不能让我弟弟取保候审,能不能缓刑,让他快点出来。我老爹老妈血压高,都快急死了。”

这就是当事人的诉求。

我们经常会发现,从司法公正的角度来讲,一个案子应该做无罪辩护,因为当事人真的无罪或者我们内心认为他无罪。但是,在我们今天的司法实践中,确实发现这种案子判无罪的可能性很小,比较大的可能性是律师做罪轻辩护,法院判缓刑。这个时候,“人早点出来”,就是客户利益最大化。

我相信很多律师在工作中都遇到过这样的问题,心里很纠结。如果这个案子拿到法学院的课堂上,毫无疑问大家讨论的结果就是无罪。但是,在实践中,能不能做到?

我觉得,我们应该给客户提供一个实用的方案。这个时候,有一个问题很重要，那就是我们律师还担负着实现社会司法公正、宣传法治的责任。

当推动法治进步和当事人的利益发生冲突的时候，我们该选择什么？什么是第一位的？从理论上讲，这个案子完全应该做无罪辩护，但是实践中这个案子没法做，做无罪可以，舍弃了罪轻辩护这条路，舍弃了罪轻辩护的情节，最后会判的比较重。

当然，我们律师谁都喜欢自己在法庭上做无罪辩护，那多滔滔雄辩、那多潇洒，说不定还能赢得观众的掌声呢。但是，这真的是把当事人利益最大化放在第一位了吗？

在你有法治理想的同时，你必须正视一个现实："我们是受当事人之托。"律师承担着法治责任吗？当然承担法治责任，但是，我们更承担着当事人利益最大化的责任。

所以，个案推动法治，是不能以牺牲当事人利益为前提的。有的律师以牺牲当事人的利益来推进法治、来树立自己的形象。这就如同一个医生遇到一个稀有的疑难病，说我要把这个病例研究透，对人类医学发展都有巨大贡献。为此，我就把你这个病人活体解剖了吧，你就别活了。医学道德、医生的职业伦理是不允许这样做的。哪怕错过了得诺贝尔医学奖的机会，医生也要把治病救人放在第一位，其次才是推进医疗科技的发展。

我们律师也一样。有的时候，我们的理想是受到个案的"当事人利益最大化"的阻碍的。你不能单纯地去追求司法公平、公正，因为，我们今天的司法环境达不到你的要求。在这种情况下，你为当事人设计辩护方案时，必须考虑到现实的利益。

陈海阳：刑辩律师是一个虐心的职业，我们常常会陷入一系列的纠结和无奈之中，这是我们每天面对的现实，也是我们必须面对的困难。

钱列阳：同样一个案件，它可能客观事实是无罪，法律实事实是有罪。面对这样一个案件，你必须跟当事人讲清楚，我坚决给你做无罪辩护，按客观事实来辩护，你一定听得很舒服，他的家属也听得很舒服，但是，以我的经验和预判，法官不会判你无罪的。因为，以今天的法律事实和法律证据，只能判你有罪。原因很简单，因为法庭追求的不是客观事实,法庭追求的是法律事实。

有这样的案件:证明你无罪的那个人,可能正是举报你的那个人。

两个人单独说过话,沟通过,没有电话录音、没有电话记录。现在,能证明你无罪的那个人,恰恰在举报你。法官不能凭直觉和良心做判决,他要凭证据做判决。他的自由裁量权不在"定性"上,而在"定量"上。

在这样的情况下,你的理想必须围绕你的"当事人利益最大化"。在这个基础上,你再实现你追求的司法公正、法治文明进步的梦想。这是相辅相成的。绝对不是任何一个案件拿过来,直接都可以推进法治。它是一个量的积累,不是质的飞跃。压死骆驼的,可能是最后一根稻草,但其他那么多稻草都起量的积累的作用。

上面这类案件,年轻律师会慢慢遇到。就是"客观事实的无罪"和"法律事实的有罪",会让我们觉得很纠结。

香港法律界有句名言:"法庭从来不是搞清客观事实的地方。"相信这句话在我们法律人心中是有共识的。"客观事实+证据=法律事实"。没有证据,就没有办法证明当事人无罪。有时,凭良心讲,有的人真的不是罪犯,可法律事实上——今天这几个证据"锁死了",推不翻。那个证人明明是胡说八道,他当庭作证时,明明知道他胡说八道,我却没有能力推翻他这个昧着良心做假证的行为。其实,现在这种情况并不少见。

作伪证是要负法律责任的,对这点谁都明白,但是你证明他作伪证的证据在哪里?当你没有这方面证据的时候,"假作真时真亦假"。这是我们律师很纠结的情况。

这种情况不仅会出现在刑事案件中,还会出现在所有案件中。这就是客观事实和法律事实的距离。不懂法律的人不理解,他们认为:"法庭当然应该搞清法律事实了。"但我们律师知道在法庭上是要靠证据说话的。

李秀平:我理解吴剑婷律师提出这个问题,是因为作为一名入行不久的律师,在工作过程中,会感觉到碰到公检法强大的壁垒,相对而言会感到自己处于弱势地位。遇到了困惑,让钱律师来指点一下方向。钱律师讲了两个层面的意思:第一个层面的意思,是一条律师的职业伦理:就是当事人利益最大化;第二个层面,是带有励志色彩的道理。法治的进步,是我们年轻律师和一些资深律师做了很多案件和很多其他事情共同推着往前走。可能我做了100个案子,对法治进步没有显著的推动,但是这是一种“滴水穿石”的功力。每个人都在作点滴贡献。最大的贡献可能就是钱律师说的“最后一根稻草”,可能不是你亲自加上去的,但是里面一定有你的贡献。

钱列阳:不可能每一个事情都立竿见影。

陈海阳:我记得钱律师多次讲过,当事人利益最大化,既是我们的职业良心,也是我们的执业伦理。律师、检察官、法官是刑事案件法庭上三个重要角色,三者既有共性,又有特性。我们作为律师,跟他们都有什么差别呢?

钱列阳:检察官和法官只要搞清事实、正确适用法律这两条就够了。而我们律师不仅要搞清事实,正确适用法律,还要维护当事人的合法权益。

当一个案子的“起诉意见书”写出来后,律师可以看全部案卷,发现指控了5个罪名和8个罪行。对“起诉意见书”里的内容,我们经过调查取证、会见被告、阅卷研究,最后,我们跟检察官说,有2个罪名和3个罪行应该拿掉,检察官通过两次退回补充侦查,最后采信了我们的意见,“起诉意见书” 里的5个罪名、8个罪行变成了3个罪名、5个罪行。减掉了两个罪,减掉了三档事儿,这其实就意味着我们在审查起诉阶段无罪辩护成功。

但是,对律师来说一点儿都“不光彩”,媒体也不会报道,我们也少了在法庭上很潇洒地把公诉人给压下去的机会,以至于在法庭上我们只能对剩下3个罪做罪轻辩护。我们这样做,甚至连客户都不理解。但实际上,大家都知道,在审查起诉阶段,5个罪变成3个罪远远比在法庭上把5个罪变成3个罪容易。因为检察院丢面子, 公诉人的业绩不佳,所以公诉人非常希望律师辩无罪的时候,在审查起诉阶段就告诉他,双方达成一致,我就把该拿掉的罪行拿掉,这样我的面子就保住了,反正剩下3个罪对他来说,只要判刑就行了。但是对我们来讲,实现了当事人利益最大化的目的。这是我们的执业良心,这是我们的执业伦理。

真正好的优秀的律师,客户利益至上的律师,是把很多功夫下在审查起诉阶段与公诉人的沟通交流，最后达成共识，拿掉一些罪行上。这就是在考验我们的执业良心。换句话说，我也可以不这么做，我把所有的都藏着掖着，然后到法庭上我抖出来，然后滔滔不绝地做无罪辩护。我个人觉得，这是对我们律师执业伦理的一个很大的考验。

我个人认为，在司法公正、实现司法、宣传法治的问题上，我们律师确实有责任、有义务，但是不要忘记我们是个案的法律服务的承担者，我们不是案外律师，不是案外学者。你是当事律师的时候，这个案子你就必须围绕当事人利益最大化工作，而你是案外律师，是旁观者，你站着说话不腰疼，你尽可以指点江山。那做大学教授就更潇洒了，他不承担律师的责任，他就更可以用课堂的方式来指点一二，博得一番掌声。我们律师不一样。

你看无论是美国的德肖维茨，还是其他西方国家著名的律师，他们在职业定位上，客户利益永远是第一位的，主观为客户，客观为社会、为法治。因为客户不会说，我掏钱让你宣传法治，我掏钱是为了让你通过我这个案子完善社会法治的。没有一个病人跟医生说，我愿意为人民医学做贡献，你把我活体解剖做实验吧！

正因为如此，我个人始终认为，我们今天在走向法治的时候，在这方面不妨向西方律师学一学。此时无声胜有声，与其接了一个案子为了提高知名度或者在法庭抖潇洒，不如低头弯腰把客户利益最大化放在第一位。所以，有的时候，社会对你的案子评价来评价去，你不要去理他们。为什么？因为有一个基本理念冲突。他们认为司法公正第一，而你却要为客户利益最大化服务，双方不在一个评价体系上，这个时候是没法争论的。

当然，有些律师或者持不同意见的人，希望一个敏感案件、一个大的案件成为打击政府、打击法庭的一个带尖儿的石头。我觉得，在这方面，每个律师应该懂得自己应该站在哪一个立场、哪一个位置上。

我把自己的观点简单归纳起来：第一，客户利益；第二，社会的公平正义；第三，法治宣传；第四，自己的名和利。顺序应该这样排，这是我们应该有的执业伦理。

问题3 年轻律师如何修炼内功

李秀平：北京炜衡律师事务所的毕宝胜律师在工作中发现，很多被告人和当事人的素养比律师优秀，因此，他迫切地希望修炼好内功。而修炼内功也是很多年轻律师的追求，请钱律师给年轻律师一些建议，告诉他们如何“把综合素质提高起来，去服务好当事人”。

钱列阳：我还是喜欢打比方，我把律师比成一棵树。这棵树要生活在贫瘠一点儿的土壤中，这个时候，为了获得水分和营养，它的根就会往深处扎。如果这棵树种在河边，它生长的地方水源非常丰沛，它的根会长得很宽但不会很深。因为它没必要深，因为面儿上就有足够的水。

那么，作为一名律师，他在最初的时候，应该在“贫瘠”一点的土壤里，把根扎得深一点。不要急于在意“树冠方面的枝繁叶茂”，而要把根扎深。这是第一个阶段。

到了第二个阶段，律师进入了一个专业领域——要高速发展。这个阶段，要变窄、要变细、要变尖。这个时候，就像一棵树的主干在拔高。拔到一定程度，就进入了第三个阶段。

第三个阶段，就是要把树冠打开，枝繁叶茂。

如果你没有经过第二个阶段，你扎完根就在方方面面把自己张开，就会长成一个低矮的灌木丛。没有高度，只有宽度。什么案子都接，营养分散了。你可能确实赚到钱了，可你收获的是“苹果”，你没有种活“果树”。

我得到一筐苹果，今天是鲜苹果，明天就是蔫儿苹果，后天就是烂苹果。但是，如果我种活的是一棵果树，今年结3个果，明年结5个果，后年可能就是10个果，我以后每年都会有果子吃。

这个时候，走进一个专业，在一个专业领域拔高自己。这是第二个阶段。

第三个阶段，你在专业领域要想真正站住脚，达到高度之后，还要有宽度。这个宽度就是社会阅历、司法实践经验、文史哲的文化涵养。这几个方面会让你变得很丰满。为什么？因为实际上这些东西之间是融会贯通的。法学，在社科中只是一个支脉。文学给了我们色彩。哲学给了我们方法。史学给了我们镜子。文史哲都是对法学知识融会贯通的滋养。

另外，作为律师，司法实践的经验、社会综合阅历的积累归纳提炼、升华到理论，同样是对你在做律师职业过程中，"读人"的问题上的一个很好的辅助。对很多问题的判断，是需要社会综合阅历的思想内涵来判断的。

陈海阳：律师是一个对人的综合能力要求极高的职业，少不了多年的积累和总结提高。

陈海阳：很多年轻律师认为承办案件给自己带来的好处只有通过律师费体现，因此不乐意承办收费低、事情烦、任务重、费时间的案件。案件的价值真的只在于能够从中收入多少钱吗？除了律师费之外，案件还能给我们带来什么？

钱列阳：我不知道如何让你成为优秀律师，但是我有一个办法让你这辈子都成不了优秀律师。我送给你一个案子，只需要忙一个礼拜，让你挣 200 万元。然后，你后面接的所有案子都不自觉地把你付出的劳动和得到的收益相比较。

你忙一个礼拜挣 200 万元和你忙 6 个月挣 2000 块。哪个收益大？我告诉你，很可能是后者的收益大。因为从后者中，你得到了一堆经验教训。社会阅历、办案经验等一堆教训。你没有得到 200 万元这么一大筐"苹果"，可是，你得到的是种"苹果树"的经验。

你忙活了半年，收了 3000 块钱，还退给客户 1000 块，还有 1000 块交了税和管理费，自己只剩了 1000 块。当你事倍功半，累得要死的时候，正是你积累办案经验、办案教训的时候。这个时候，你最大的收益不是挣来了钱，而是学会了挣钱的办法。可是，你花了一个礼拜就挣了 200 万元，这 200 万元纯粹是钱。这个钱买房、买车花完了，没了就真没了。最关键的是，这个经历会成为你后面学习的障碍——你本能地会去比，你会觉得这个半年挣 2000 块和一个礼拜挣 200 万元的差距太悬殊了。

你有过守株待兔的经验后，就只能守株待兔了。所以，我觉得年轻律师在艰苦的环境下，实际上就像职业的春天，它是吸收水分和各种营养让你扎根的时期。我们今天的所有成果，秋天的所有收获都来自于春天的播种。没有一个成果和春天无关。春天是最苦的季节，你勤快一点儿、勤奋一点儿，就掌握了这些经验和教训。

我觉得最重要的一条，是性格中的隐忍。因为你还弱小，你会受各种委屈。被各种冤枉，被各种羞辱，甚至司法人员对你侮辱、羞辱，鄙视你、瞧不起你，把你不当回事儿。这个时候，隐忍是一种自我修养。

这种修养，不仅是你在面对失败时的隐忍，在面对成功时的狂喜的时候，你的隐忍更重要。所谓喜怒不形于色。有的人成功后，抑制不住地叫啊、跳啊，实际上，是他在年轻时候的隐忍度不够。对痛苦要懂得隐忍，对快乐也要懂得隐忍。不然，就会失态了。

隐忍，是一个弱者的法宝。当你有一天走向成功了，隐忍仍然是你最重要的法宝。

很多错误是由很多原因造成的，但回过头来看，其中必有一条是“当时不忍”。有人经常会冲动地脱口就说了、就骂了、就做了，事情往往不能成功；回头看成功的事情，其中必有一条是你在特定的情形下懂得隐忍。你忍住了，当时要发作，很可能前功尽弃。你事后想，幸亏忍住了，顾全大局，这件事一步一步最后做成了。

李秀平：钱律师在前面说到，年轻律师不仅要具备很好的法律素养，还要具备人文素养。我觉得作为一名律师，尤其是刑辩律师，也要有强大的心理素质，不然的话，工作内容会成为“不能承受之重”。哪怕是一个简单的小案子，对当事人来讲，对不是法律圈里的人来讲，其实都是非常大的事情，是人生的重大变故、身体的重大损害、财产的损失这些很大的事情。一个律师每天都要面对这样的事情，还要处理和面对各种各样的矛盾，我觉得一个内心特别强大的人才能够驾驭好这些。你对律师在修炼强大的内心这方面有什么心得？

钱列阳：我还是打一个比方吧，就是小孩子端一盆水和大人端一盆水的差别。小孩子端完一盆水之后往往水洒了一半，大多数水都洒在自己身上了，而大人端水一般不会洒。原因在于，大人的胳膊比较长，比较有力,端一盆水的时候是两个胳膊悬空地端,自己怎么走路,盆里的水都不会洒出来。原因在于,小孩子力量弱胳膊短,他在端一个脸盆的时候,盆边是靠在自己的胸口上的,当他的身体晃动的时候,也带动了脸盆的摇摆,盆里的水就会洒出来。

回过头来讲,作为一个职业刑辩律师,你要明白你的工作、你的职责和你的情感是两码事,是要分得很开的。职业行为就是职业行为。外科医生每天切掉多少个胳膊,锯掉多少条腿,如果每次手术都感同身受,那他干不了两天就会崩溃。我们律师要明白,什么是自己的职责所在,什么是自己的感情、人心、人情所在。这两个之间是有界线的,必须很理性地把两者分开。

很多律师告诉我,他办了几个刑案之后就受不了了,精神崩溃了。就是因为他端了一盆"水"把衣服淋湿了,他就再也不愿端第二盆"水"了。我也劝他,如果你是这样的臂力,你就不适宜端满盆的"水"。

陈海阳:适合的人做适合的事,当自己还不具备承办某一类案件的时候就应该多修炼内功,掌握了与之适配的能力之后再承办。

钱列阳:我们作为职业律师,把自己的好恶和自己的工作分开,就是我常说的"用心,不用情"——"心在案里,情在案外",不要戴着个人感情色彩的有色眼镜去看问题。如果你戴着个人感情的有色眼镜去看工作的话,那么,你为十恶不赦的罪犯辩护时,你为他提供的法律服务的质量一定打折。但作为职业律师,作为甲方乙方中的乙方,你接受了委托就要给他尽心竭力提供服务,不可该说 5 项,你只说 3 项。虽然你很讨厌他,也不可以偷工减料。再讨厌他,也是在办完案之后,人家对你感激地伸过手来,你可以傲慢地不握。但是,就工作内容本身,绝不能在提供法律服务时偷工减料。

同样,我很喜欢这个人了,就全力以赴地为他提供服务,殚精竭虑,肝脑涂地,最后的结果是,你为他提供的服务未必就是恰到好处的,你可能画蛇添足了。所以,法律服务要"进得去出得来,拿得起放得下",开得了头还要收得了尾。就像合同有始有终一样,你为他提供的法律服务也要开好头结好尾。

这个人你再喜欢,人间也没有不散的宴席;这个人你再讨厌,你该接待人家还是要接待人家。这就叫职业律师。

问题4 律师读谁写的书

李秀平：有一位年轻律师听过钱律师的讲座，听你讲过律师的综合素养问题。他希望你给年轻律师提一些读书的建议，也希望你推荐几本法律或者文史哲方面的对年轻律师比较有益的图书。

钱列阳：当今的法律学者和律师写的书很多。但这些书，从总体来说，是在“术”的层面——纯技术层面的一家之言。看这类书的时候，要懂得借鉴，要有一种批判的意识，不要受一些书的错误引领。

任何一本书，都不要当万能宝典。

年轻人增长知识和智慧，最终是靠纳百家之言。就像你不管吃猪肉、羊肉、鸡肉还是牛肉，最终长的是人肉。你一定是把所有这些东西拿来，吸收成对自己有益的东西。

在这里，我把书分成两类：一类解决你的认识论问题，另一类解决你的方法论问题。

认识论的问题是：“这个世界是怎么回事、人与人之间的关系是怎么回事、中国社会是怎么回事、中国的官场是怎么回事、在现阶段的中国人与人之间的游戏规则是什么、司法实践的规则是什么……”你在选择这些书的时候，要明白它是解决你的认识论问题，让你看清事情是怎么回事。当你的认识论错误的时候，什么方法都是错误的；当你的认识论是正确的时候，你的方法论既可能是对的，也可能是错的。所以，他山之石可以攻玉，你在“品读”书籍的时候，要把70%的精力用来解决认识论问题。

解决认识论问题靠的是端正的态度，靠的是仔细的思考，靠的是对现实生活的提炼。

方法论是经验。比如，桌子上放着一杯开水，面对这杯开水，小孩子没有经验，上来就拿，结果被烫着了。有了这次被烫的经历后，他长经验了，知道杯子的把儿不烫，把杯子把儿一拿，再烫的水也烫不着他了。认识论是弄清是什么，面对一个杯子里的液体，要弄清楚这是一杯水、一杯汽油还是别的什么。这个就是解决认识论问题。

如果是一杯汽油，你认识论出了问题，当成水喝下去，就出问题了。所以，最重要的事情还是解决认识论的问题，认识论出了问题不是因为你幼稚，而是因为你经验主义，想当然。

我认为，对失败的事情来说，有70%的问题出在认识论的偏差上了。没看清事物的全部。比如，两个国家的军队打仗，情报机关的工作很重要，情报机关解决什么问题？解决认识论的问题，让你司令在指挥作战的时候知道“山那边还有多少敌人”、“他们用的是什么武器”。情报工作是耳目——耳朵和眼睛的作用是什么？是认识论的作用。拳头的作用是什么？是方法论。拳头的作用是“打他”。

所以，认识论是第一位的。

我们看待一个案件的时候，首先要解决这是一个什么样的案件？这就是为什么说，对一个案件要全方位考虑。我提出的从5个方面全方位考虑，就是在解决认识论的问题。解决了认识论问题，方法上咱们随着岁月的增长会积累。比如，对这样的人我们应该这么谈，对那样的人应该那样谈。这样的人直接拍桌子给他定方向；那样的人先承认他是对的，然后慢慢地给他扭过来。这些具体的“手法”是方法论的问题。

在某种意义上，认识论是“道”的问题，方法论是“术”的问题。“道”与“术”是两个层面的问题。

你在选择书上是这样，你在观察社会的时候，同样是一个认识论和方法论的问题。从这两个角度劈开来看，就够了。比如，李某某案件，对这个案件的结果，所有人都说不好。当一个案件的办理结果是被告人被顶格处罚、律师又被处分的时候，这从哪个角度讲都不是个成功的案子。

他们错在哪里？你处在兰和律师的位置、处在梦鸽的位置，他们失败的结果摆在那里，这个结果绝对不是梦鸽希望的结果。对这样的结果，大家看到的是方法论的问题，说她不该找记者、不该干这不该干那，这都是方法。方法是错的。

同样,认识论问题也没解决好。

在仇官、仇富、仇星二代这样一个社会环境下,法院的判决不是来自于“月球”。海淀公安、海淀法院的办案人员,他们生活在北京,生活在现实环境中。你让他放人、让他取保、让他做无罪,有没有可能。你把你自己换在他的位置考虑一下。

换位思考,就是在今天的司法环境下,你先把案情本身的事实和证据放在一边,先看它周围的环境,执法者有没有可能有台阶下?你要给足对方“下台阶”的机会。

凡事都是必要性和可能性的统一。我们很多律师只讲究“应然性”,不讲究“实然性”。“应然性”是理想,说应该司法独立、新闻自由等,这是理想。现实是什么,你今天这个案子按照你的想法,100 年以后肯定对。那是 100 年以后的事情。在今天这种环境下,司法机关可不可能放人?我们怎么做,能让司法机关尽可能地对当事人从轻处罚,给他们一个台阶下,这是一个方法论的问题。

所以,要先解决认识论,再解决方法论。

现实生活中,有很多失败的教训,供我们去分析、去思考。

书里的东西,有些书中的内容是带有个人炫耀、夸张、宣传的成分,这些可能就是文字垃圾。不要去看这样的东西,也不要去学习这些做法。

虽然不是所有书都值得去看,但是有些书值得看。比如,贝卡利亚的《论犯罪与刑罚》、孟德斯鸠的《论法的精神》等经典的书籍。国外的经过几百年、上千年锤炼的一些经典的法学著作,实际上告诉你的是认识论的问题——就是这个世界通行的一些规则是什么的问题。就像孟德斯鸠在《论法的精神》中讲,君主的国家需要荣誉、民主的国家需要品德、专制的国家需要恐惧。这些都是经典的语言。

这些经典如同“刑罚”的公式。比如,乘法公式“九九八十一”,没有公式的时候,我们要把 9 个 9 加在一起很麻烦,有了乘法公式以后一步到位了。这个圣人一下子把“乘法口诀”编出来了,我们一下子发现自己绕了一大圈,原来捷径在这里。

经典的书籍，不是为了赶时髦的书，帮我们解决的是人类社会法治规则中的认识论问题。方法论的问题，是你结合自己的经验参考一些别人的做法。因为每个人有不同的“打发”。看这些书的时候，想一想。

问题5 尊重法庭，视法官为法庭国王

陈海阳：钱律师特别重视对法庭、法官的尊重，也一直倡导律师同行彼此尊重。钱律师把尊重法庭、法官、律师同行作为律师的基本素养。

钱列阳：首先，法律职业人是高文化的群体。法律最初的起源是宗教、是贵族、是治国之法，不是买卖之诉。它是对国家、对社会秩序的一种规制，所以是掌握在贵族手里的。因为市场经济的原因，律师这个行业才有了商业行为的化学元素。但这一切并不能改变法律是一个上层建筑这样一个很高层面的东西，它和会计学、医学等其实不在一个层面上。

虽然在管理上，有注册会计师协会、律师协会，但实际上法律的内涵是治国之法，不是治人之法。所以从这个意义上讲，这种高素质的群体相互之间的尊重，是法律专业的本质要求。表现为最通俗的一句话："我坚决反对你的观点，我坚决维护你自由表达观点的权利。"这句话体现的就是法律人的素养，把程序和实体分开，程序先行，"请你充分表达你的观点"，我允许你说不等于我同意你的观点，但是我必须让你把观点完整地讲出来。

我们传统的观念是什么呢？大人对小孩常说："闭嘴，哪有你说话的份儿！"这是我们中国传统文化的糟粕，就是剥夺人家的话语权。这种对别人权利的剥夺，是因为他先天地就认为你的实体内容是错的，所以不允许你把错误的话说出来。实际上，这是对别人权利的一种侵犯。所以，在今天的法制文明社会，一定要倾听各种意见。

李秀平：钱律师经常谈到"法官是法庭的国王"这个理念，就是在倡导年轻律师尊重法庭吧？

钱列阳:法官是法庭的国王的提法,不是我的发明。在任何一个成熟的法治国家,法律一定是至高无上的。在法庭上,法官履行的是事关法律精髓的职责,我们对法官的尊重实际上是对法庭的尊重,是对法治理念的遵循,而不是对法官个人的尊重。至于说在法庭的运行过程中出现了问题,出现了冲突,有可能法官是错的,但是他处在了法官的位置,我们就必须听从于他去遵守法庭秩序。这就如同足球比赛,裁判亮出红牌罚球员下场,这时候哪怕他吹哨确实吹错了,事后重播录像发现球员没有踩线不应该被红牌罚下场,但是当时就要遵守规则。因为,对程序的遵守远远重于对实体的是非判断。

在法庭上尊重法官,不管他对和错,只要他坐在法官的位置就必须得到尊重。至于说我怀疑裁决是错的,我这样去判断:第一,我不能保证我绝对就是对的,有可能我也是错的;第二,实体程序的是非对错,可以通过法庭审判之后其他救济手段来解决。但是在当庭之上,如果你对法官不尊重,就如同足球运动员不遵守裁判红牌被罚下场一样。如果球员说,"裁判你是错的,你要我下场我就不下场",那这场比赛就没法进行了。

所以,足球比赛也好,法庭对抗也好,我的一个基本理念是:程序先行,实体滞后。实体的是非放在第二位。遵守程序是保证一切秩序正常运行的基础。不能把实体的是非和程序的对错混为一谈,必须拆开来看。

所以,对法庭秩序的遵守,对法官的尊重是对程序的遵守,而不是对法官个人所说话语对错的认可。我完全不认可你法官这样的判断,但今天你毕竟是法官,你是审判者,我要遵守你的训诫。但是,庭后我提出我的意见,我仍然不同意你对这个案件的某些判断。这是后面的救济手段了。所以,我觉得这是应该在律师的法治理念中讲清楚的问题。庭后投诉法官完全可以,"我认为这个法官不职称,他的水平不达标,他不应该在法官队伍里"这样的话,都可以在投诉书里写出来。

李秀平:律师作为法律职业共同体的成员,也要担当一定的社会责任。你认为,作为一名律师,应该怎样担当自己的一份社会责任?

钱列阳:作为我个人来讲,我是一名刑事辩护律师,我给自己定位的责任就是两个：

第一个是职务上的责任，是实现社会的公平正义，维护被告人的人权。我只是不能容忍我的当事人被冤枉，他罪有应得，那我无话可讲。

第二个是对行业的责任。我们这一代人生逢盛世，接受了比较好的法律教育，这是我们之前的几代人所没有的。所以我们除了完成这一代人应尽的法律使命，还应该为年轻律师当好铺路石，不做绊脚石。铺路石的具体表现为，把自己的经验无私地告诉年轻律师，让他们少犯错误，少走弯路。相信等他们到我们这个年龄的时候，跨过 50 岁的门槛以后，他们会比我们更优秀、更出色、更成功。到那个时候，他们也会承担他们那一代人的任务。所以，我觉得作为职业律师，我们担负着一个社会责任和一个行业责任，应当对年轻律师传帮带。

李秀平：你到各地去讲课，包括去人大律师学院、各地的法学院、律协讲课，也都是出于这样一个心愿吧？

钱列阳：对。

问题6 心在案里，情在案外

李秀平：律师是一个“听一面之词”的职业，因而需要强大的是非分辨能力。或者说，律师需要具备非常好的心理素养。钱律师“心在案里，情在案外”的观点，就是因此产生的吗？

钱列阳：惊涛骇浪啊、感人肺腑啊、声泪俱下啊，刑事案件用这些词来形容一点儿都不为过。当事人到你面前眼泪一把，鼻涕一把，有的是跪到你面前求你，我相信很多律师都遇到过这样的场面。但是，我们律师办案的心理定位是什么？

我认为简单讲，心在案里，情在案外。

换句话说，办案应该是用心不用情，这就像医院的外科医生为了救病人命就得把他的腿给锯掉。这事儿让家里人做，做不到，外科医生能做到。因为外科医生“用心但不用情”，所以医生没法给自己家人治病就是这个道理，因为他用情。

我们律师办案，作为专业人士，需要的同样是用心不用情，心在案里，情一定要在案外。

什么事情，你如果戴上了感情的有色眼镜，表现为工作特认真、特投入、特全力以赴，那么我实话告诉你，结果很伤人，案件办完了以后也很伤身。最后，办完案件以后恨不得想出家了，恨不得我再也不办案件了。

为什么？因为你不自觉地把情也放在案里了。在这方面，我了解过西方欧美国家的一些优秀的刑事律师的情况，人家都是心在案里，情在案外，拿得起来放得下。这才是人家一口气能够办那么多年案件的原因所在。这就是职业人员和非职业人员的差别，或者说职业刑事律师和非职业刑事律师的差别。民商律师偶尔办一个刑案，结果一看这种血里呼啦的，这种感激涕零的，便全力以赴，最后伤得一塌糊涂。所以，我们要保护好自己的身心健康，情不能跟着当事人走。但也正因为情不跟着当事人走，我们的职业素养、我们的心是在案里的。认真办案，反而做得恰到好处，这就是做到"到位不越位"的程度。

做每一个案子知道我的停止线在哪，军事禁止线终止在哪里。

李秀平：你所说的"军事禁止线"如何划定？

钱列阳：我们办一个案子，我们从接案开始就要想好怎么结案。通过跟当事人的接触，通过跟委托人的接触，通过跟家里人对案情的了解，我们要设想好这个案子在我手里脱手的时候应该是怎样的一种情形，从起步就要看到后来。

军事禁止线，就是部队往前冲的时候，命令好，只能冲到哪里，不许再往前多走一步，一切行动听指挥。无论敌人败退到什么程度，我的军队只能冲到预定地点。胜利多往前走一步就可能变成失败，所以军事禁止线非常重要。

陈海阳：年轻律师血气方刚，在刑辩事业上渴望有所建树，因而勇猛有余理智不足。只有油门没有刹车的车子行驶在路上很危险，不知道把握处事尺度的律师同样很危险。

钱列阳：我们办案同样有一个办到什么程度的问题。我们跟检察官、跟警官话说到什么程度不能再多说一句了？我们的军事禁止线在哪？我们去跟客户沟通，话说到什么程度多说一句就满了，就过了？我们做律师的，我们的理性、我们的经验告诉我们，操作一个案子的时候要懂得知止，知道什么时候该停止。所以，当你脑子里一片茫然，面对面前的三条路，不知道该走哪条的时候，你至少要知道哪条路不该走——至少我要知道我不能倒退，倒退回去死路一条，那我就停下来，慢慢分析最终选哪条路。

在执业过程中，当没有师傅带我们，没有人跟我们探讨，我们突然独立面对一个新的案件事实发生新的变化的时候，把心放平，冷静下来，至少要知道什么不该做。我觉得这是一个成熟律师的自我把握基本能力。而相反，客户没有经验，客户家里从来没遇到过人被抓进去这种情况。所以，他永远在告诉你冲冲冲，前进，只要你在工作，只要你在努力，只要你在前进,那就是好的。但是,对我们律师来讲,多走一步是错的。

经验告诉我们,跟当事人的沟通非常重要。当事人只会踩油门,不会踩刹车。他希望你放下手里所有的案子就办我们家这一个人的案子,然后就一口气,连续工作 7 天,每天工作 24 小时,把我们家的案子一口气一个礼拜全办完,我也就从此轻松了。当事人家属是这么想问题的,但是我们律师不行,我手里这么多案子,这么多事,我得有个均衡,最主要的是我们要少犯错误。

我们在把控一个案件的时候,要和当事人之间形成一个非常良好的沟通,这个沟通未必是他帮你做什么,是他不要变成你的法律操作、法律动作的指挥者。

陈海阳:钱律师刚才提到一个律师和当事人关系的禁忌性问题。年轻律师常常会陷入误区,认为自己收人钱财替人办事,理应服从当事人的吩咐,提供他认为需要的法律服务,只有这样才能赢得当事人的尊重和重视。但是,事实真的是这样的吗?

钱列阳:最忌讳的是,律师收了当事人的钱,变成了被人家差来使去的"法律奴仆"。

奴仆是什么?是没主见,是主人说叫你干这个你就干这个,让你干那个你就干那个,你就是个跑腿儿的。你很辛苦还得不到主人的尊重,主人永远不会说你没有功劳也有苦劳。主人只看你的功劳,不看你的苦劳,你的苦劳是应该的。

我们律师如果当了法律奴仆,只有小脑,只靠小脑指挥着四肢到处跑,到处拎着包出差,却没有大脑,大脑被客户拿去了,靠客户在指挥你,最后,你不仅事办不成,而且你也得不到客户的尊重。客户觉得你就是个跑腿儿的,他不会尊重你。如果这个案子办砸了,客户还怪你,说"你看看,我找的这个律师没用"。

我们要占领制高点,要把这个案件的"法律大脑"掌握在我们手里,我们就要跟客户掰腕子,就要有关占领制高点的争夺战。你找我就得听我的,你看我们到医院去看病,有的医生问病人:"你想要什么药啊?"他拿笔给你开药,你仿佛是花钱来买他的处方权。其实,病人真的生病了不是来买处方权的,你要告诉我该吃一三五的药,不该吃二四六的药。

我们律师同样不能把辩护权卖给客户，我们卖给客户的是我们的执业经验。执业经验在我们的大脑里，不在他的大脑里。所以，律师跟委托人之间，主导权的高地争夺战很重要。同样，律师跟被告人也存在主导权的高地争夺战问题。

我做了20年律师，纯刑事案件我做了15年。我认为操作一个案件，法律收集证据、定位、制定辩护方案、辩护策略都不难，真正难的是跟当事人、跟委托人之间掰腕子。这个东西，谁的腕儿粗谁就掰得过对方。所以，咱们律师，尤其是年轻律师“没有金刚钻，别揽瓷器活”。

李秀平：钱律师可以讲讲大家特别关心的刘志军案件。

钱列阳：我跟你说，刘志军案件这个大脑争夺战把我累得快吐血了，因为这个人太厉害了。他刘志军从搬道岔的工人、副科正科、副处正处、副局正局、副部正部，30年把我们国家的干部制度从底层走到顶层。他没有留过洋，没有受过高等教育，不是海归、不是学者型官员，但他有很丰富的经验，很聪明的大脑，很果敢的决断力，很有主见。

这些东西表现为什么？表现为极其的温文尔雅，非常的客气，我们握手隔着铁栅栏，我把手伸进去他都是两个手伸过来握。他虽然非常客气，但是你绝对能感觉到对方“内功了得”。就是说，这棵树不管地面上如何残枝败叶，如果地下树大根深，还有活力，那个残破的树干你其实一推就知道它的力量。

在刘志军这个案件上，我实话讲，在法律主导权的问题上，我只打赢了50%。就是说，对于他被指控的罪名——滥用职权罪和受贿罪，从法律上，我有很多可辩的地方，滥用职权的四档事儿，每档事儿都有可辩的地方；受贿6500万元，绝大部分都有可辩有质疑的地方。我如果有100%的主导权，那么我第一个罪法庭上怎么样来辩，第二个怎么来辩。但是他告诉我不允许，说“我签字的事实你不能做无罪辩护”。这样一来，虽然这个事实我认为不合情理或者法律证据再有瑕疵，我不能动。那么，我就告诉他我认为是什么。

就这样，我们其实每次谈判不是在谈。咱们俩谈，第一个这个证据怎么样，马上就切入这个主题，但他那个不能谈。

我不久前遇到一个律师，他马上要给一个高官辩护，跟我遇到了同样的问题,也是这个高官不许他辩这个,不许他辩那个,什么理由什么原因,我们只能去猜测。

刘志军说:"钱律师,你给我辩,你最好的表现就是法庭不说话。我自己是不找律师的,你既然是法律援助指定来的,最好法庭上不出声,这是最好的辩护。"我觉得必须要辩,他又不让我辩,于是,我们俩一次次"掰腕子"。我和搭档娄秋琴律师一起去会见刘志军,她都插不上话,但她亲眼看到我们两个之间是怎么样一次次太极推手。所以,每次我开车去秦城看守所,回来的时候都把钥匙扔给娄秋琴,我自己要在回来的车上休息一会儿。这种累、这种辛苦只有自己知道,但是整个气氛表现得非常客气,左绕右绕,这就是典型的太极推手,一点儿都没有锋芒毕露。最后,对于案件控制权,我和刘志军达成共识。那就是事实部分不让辩,滥用职权罪那部分我就不动,这个受贿罪6500万元,其中有4900万元丁书苗为他花的那个钱,在"事实不动"的情况下,法律上怎么做无罪辩护,那是我的事。

我们两个最后划出一条"三八线"。我作为辩护律师,辩护本来是空间"0",而我要100%,最后压成了50%。

陈海阳:"接案子和做案子"是两回事。有能力接到案源,但是否有能力把案子做得出彩,做得让当事人心服口服又是另外一回事了。

钱列阳:实际上,医生和病人的关系与我们律师和被告人的关系非常相似。医生非常需要病人的配合,医生说:"我给你做手术的时候,你可能会疼,但你不能跳起来。我得给你打麻药。"医生给病人开的药方再好,病人回家不吃药,病也治不了。所以,病人要跟医生配合,被告人要和我们律师配合。在占领制高点这个问题上,咱们自己想清楚,我们接的案子中,我们今天的执业经验的积累,达没达到今天遇到的这个当事人的当量。掰腕子掰不掰得过,就是能不能占领制高点,能不能说服他,让他信任你,交权于你,服从于你,这时候你才好比划事。说句实话,接一个案子不难,难的是消化以后出手一个案子。出手的时候完美,那才是有本事,而不是出手了以后被投诉了,出手了以后被人家退费了,出手了以后人家又找后账了。

我们很多律师把注意力集中在接了什么案子,却忽视了结束的时候漂亮不漂亮。我们每个人要明白"没有金刚钻,不揽瓷器活"。

陈海阳:有多大本事就做多大的事,承办案件一定要做和自己的能力相当的事。

钱列阳:我今天回过头来,就在想刘志军这样的人,如果10年前让我遇到，那我真只能是站在法庭上不说话。我们遇到的高官、贪官，他的年龄、文化、社会阅历、社会经验，说句实话，应该讲绝大都远在我们律师之上。只是刑法这一个特定的领域他不如我们，但他经过自学、经过感悟、经过了解，以他的个人素质马上就懂了。懂了以后，他就有自己的辩护方案。回过头来再说薄熙来案件，你看看主动权掌握在谁手里？是律师带着被告人走，还是被告人带着律师走？薄熙来不仅带着律师走，整个法庭都被他带着走，看出来了吗？

所以，我们律师跟被告人过招，人家表面上对你特谦和，但综合功力远在你之上。所以，我有个习惯，每一次办完贪官的案件，最后一次回访，我基本本着一个请教的心态。他对当今的时事、政治、官场环境、社会，从专业角度发点儿牢骚，谈点儿看法，这是珍珠啊！小小的一粒，这是钻石啊！这是他这么多年积累东西的超浓缩，这是财富啊！

所以，这个时候，我们律师真的要放低身段去向人家请教。包括铁路规划，我也是向刘志军请教了。中国为什么搞高铁，不搞磁悬浮？磁悬浮国家拨款，高铁国家不拨款。可是磁悬浮是什么啊？得浮起来，浮起来需要很大的能量，换句话说，车不能太重，重了起不来。磁悬浮没法变成货运列车，它只能是客运。而我们中国人客运的时候那大包小裹的不比货运少多少，所以成本造价是不一样的。跟日本学高铁也好，新干线也好，为什么不走磁悬浮啊？人家磁悬浮在日本都是像律师这样拎个小包就上去了，没有那么多大包小包，在中国是连扁担都上去，所以成本不一样。

所以，当我们占领了制高点，再从制高点上冲下来的时候，是以一种很低的姿态跟当事人进行沟通的。法律上的事情他交权给我们，法律以外的事情我们该请教就请教。

但有些问题不能问。私生活问题不要问，他不说的政治问题不要问，他不说的其他人员的犯罪问题我们不要问。“你有没有谁要检举揭发？”我只是例行公事地问一下，他说没有，我说好这件事到此为止。

个人隐私、国家机密、一些商业秘密，我们不问，我特别希望听到的是刘志军的一些人生感悟。他的感悟来自于，他说30多岁的时候，他在李先念的专列上，20世纪80年代李先念告诉他，说人要到60岁才能懂事。刘志军告诉我，你看今年我正好60岁，我也真的才懂事，才明白很多道理。我跟他讲，再过十几年，我也能懂事了。

在这方面，实际上我说的是执业心态。

问题 7 律师如何面对媒体

李秀平:“如何面对媒体”也是律师必备的素养。一位人大律师学院的学员就因这个问题深受困扰。她说:“如果有记者来采访你,他可能采访了你两个小时,但是最后只是从中截取了一句话。这一句话,第二天就见报了。这句话和你所说的意思,一点儿都不一样。为此造成的一些损失,可能我们没有办法去弥补。有些记者是善意的,有些记者可能是恶意的。”她想就“如何跟媒体打交道”,向钱律师取经。

钱列阳:在某种意义上,这是一个难到令人痛苦的问题。因为律师行业需要自律,有管理。最典型的是李某某案件,律师介入,媒体介入。把案件炒作成了电视连续剧、闹剧。结果,社会上这两个很重要的行业——律师行业和记者行业,当这件事结束之后,律师行业协会作出了对几位律师的处分了。可是,哪个记者受处分了?哪家媒体站出来向社会公众道歉了?

李某某案件“闹”成这个样子,律师有律师的问题,媒体是不是也有媒体的问题?但是,没有一家媒体、没有一个记者站出来说“我们错了”。

这说明,我们律师今天面对的记者这个行业虽然有记者协会,但是同样存在一个管理上的无序。

我接受的记者采访特别多。外国记者和中国记者有个很大区别,就是对采访对象很尊重。国外记者和我国港澳台地区的记者采访我时,经常会问我一个问题:“你刚才说的这段话,我可不可以发表?”“你说的那段话,我可不可以发表?”他非常有礼节,对采访对象非常尊重;而我们中国的记者是把录音笔往两个人中间一放,你说的话,我就去记。然后,我断章取义拿出来刊登。如果你反对,我有录音为证。

律师把鼻子、眼睛、嘴巴、眉毛都讲到了,怎么搭配是记者的问题。有时,他把你的眉毛放到胡子的位置了,鼻孔朝天了,是他来搭配。为什么,因为他要吸引眼球。

我办理刘志军案件时,记者采访我,问道:“法庭审理过程中,检察官在讲到量刑建议时,有没有说到对被告人有利的方面。”我说:“公诉人还是很客观的,还讲到了被告人认罪态度比较好,赃款都已经追缴,所以可以从轻处罚。”另外一个记者问我:“刘志军有没有立功表现?”我说:“没有。”确实没有,他无论庭前还是当庭都没有任何检举揭发。

结果,有记者就把这两个回答放在一起。写道,法庭上,律师说被告人没有立功表现。公诉人说“被告人认罪态度较好”。所以,记者得出的结论是“法庭上,控辩双方换位”。

记者这样写,很能吸引眼球。说刘志军案的最大特点是“控辩双方换位”。其实,我根本没有在法庭上说“刘志军没有检举揭发他人”这些话的机会。没有一个语境会让我这样讲。只是,有记者问我“有没有立功”,我回答说“被告人没有检举揭发他人”。这并不是法庭上的语言对抗。

在法庭上,公诉人的量刑意见确实讲到“可以考虑从轻处罚”,是因为被告人退赃和认罪态度表现比较好。这是客观事实。但是,我作为辩护人并没有讲与立功有关的话。而那位记者把我对两个问题的回答往一起一放,以至于凤凰卫视的杨锦麟都在微博上说,居然法庭上还有这样的情况。辩护人说被告人没有立功表现,公诉人说被告人认罪态度较好。你看,控辩双方换位了。

我对此不做任何解释。我只是觉得,这样的记者他很没有职业道德。这就如同,你戴着帽子,也穿着袜子,我把你的一只袜子放在帽子上。所以,你走在大街上,人家都会笑,说:“你看,袜子在帽子顶上。”

对记者这样一种张冠李戴式的搭配,对这种报道,新闻行业没有任何处罚。我可以告他,但我告他,就会掀起另外一个波澜。我只能忍了。但是,这种没有职业道德的记者,把语境给换了。你昨天晚上的话和今天早上的话,我给你往一起捏。这是很遗憾的事情。

陈海阳:媒体的影响越来越多地出现在案件当中,如何处理与媒体之间的关系一直是困扰年轻律师的难题。是应该主动迎合,还是适当疏远?我们知道你因为承办很多大案要案,势必要与媒体打交道,你又是如何处理与他们的关系的呢?

钱列阳:我对接受记者采访是非常慎重的。律师有一个本能,特别是年轻律师,希望通过记者采访给自己做广告、做宣传,让自己成为名律师。这是律师和记者接触的本能——这是律师的第一个欲望;律师的第二个欲望是把案件兜出来,希望通过媒体报道弄个全民公决。潜台词是,法院你如果敢瞎判,我就让媒体给你施加压力。通过媒体铺天盖地的报道,给你法院施加压力。再不行,我微博、微信、互联网,他使用这种媒体和自媒体来给法院施加压力。

律师接触记者往往是这两个目的:一是自己做广告,二是通过媒体给法院施加压力。这两条都是错的。而记者不是这样,他拿对律师的采访写一篇文章,文章转载率高就是业绩。他说:"我就需要有吸引眼球的噱头。让人家听了耳目一新就可以,独家、转载率高。我根本不考虑别的。"因此,他断章取义地来做一些报道。

你这个问题提得特别好。我觉得应该劝告年轻律师,在和媒体的沟通交往中,要慎重。我相信在未来 10 年、20 年,一些年轻律师一定会承办社会关心的、社会热点的、记者追着采访的案件。一定会有这一天,而且会有很多次。这时,记者的心理追求和定位与我们律师是有偏差的。

你既要通过记者达到一个公民的知情权,又不能让舆论对法院施加压力。李某某案件的律师想通过舆论和媒体给法院施加压力,其结果就是 10 年有期徒刑。很清楚,李某某案件是顶格判的。这起强奸罪的刑期应该是 3 年到 10 年,李某某作为未成年人本该被减轻处罚的——努力到这个结果,这个案子做成这个样子,我们是不是该想一想,除了律师的"功劳",是不是媒体也有"功劳"。

所以说,我们这些人,都是经历了一连串"跟头"和"教训"走过来的。我们跟媒体的沟通和交往,也是越来越慎重。不是很熟悉的记者,尤其是街头小报记者的采访,就不接受了。

相比之下,我觉得海外的媒体真的很有素养。每一句都问你"这句话可不可以写",他们至少完整地报道了你所说的话的意思。没有断章取义。

陈海阳：律师与媒体之间需要有互动，也需要互相理解。律师要在了解媒体特性的前提下与之沟通，“捡合适的话说”。

李秀平：钱律师在回答问题的时候，我想到了当时刘晓庆案件开庭之后，采访他的情景。当时，钱律师在另一家律师事务所做合伙人。在我们采访的过程中，钱律师接到好几个电话，其中一些要采访钱律师的记者是娱乐记者。我记得钱律师说过一句话，问对方：“你对法律知道多少？如果你对法律一点儿都不知道的话，我不能从头给你讲起，给你普法。”当时，他拒绝了一些采访。这里面包含一个问题，包括对李某某案，我们也做了报道，我们也在观察其他媒体的报道。

这里面存在一个媒体的专业性的问题，还有一个媒体的职业伦理的问题。刚才，钱律师说到港澳台地区和一些西方媒体，一方面他们很专业，另一方面他们有职业伦理。我的职业伦理的底线是，我的报道不能妨害到公众利益，也不能妨害采访对象的利益。我需要完整地记录我采访的内容，不能做扭曲的报道。

在法律类的报道中，确实存在“不专业”的问题。很多记者不是法律专业出身，他抓不到问题的要害，再就是他“不懂得”。刚才钱律师讲到的把两个问题放到一起写的问题，肯定是非法律专业的媒体所做的报道。再一个就是网络媒体在里面也起了很大的作用：他们更注重博眼球。从法律专业媒体的角度看，我们做报道时要审慎得多。因为我们知道，记者手中的笔，有的时候如同一把刀子。它可能决定一个人的命运，甚至可以决定一家企业的生死。

附录1 浅谈律师职业伦理

每个行业都有自己的职业伦理，作为法律职业，又作为服务行业的律师业更是被赋予了双重的职业伦理。无论是作为法律职业，还是作为一个法律人，追求公平正义、追求司法公正是毫无疑问的第一职业伦理，如掌握审判权的法官、行使公权力的检察官、警官等，都以追求司法的公平正义作为职业的基本伦理。而作为代表私权利去对抗、制衡公权力的刑辩律师，在追求事实真相，依法捍卫公民个人合法权益的同时，还需考虑到每个服务行业都有普遍规则——客户利益最大化，即“当事人合法利益最大化”。

在业外人看来，这是并不矛盾的同一件事情；作为业内人士，大家会看到在绝大多数情况下，追求司法正义和被告人利益最大化的确是一致的，但在一些特殊的司法环境和案情条件下，有时会表现为一种矛盾冲突。如关键无罪证据缺失的情况下，作追求客观真实的无罪辩护与追求法律事实的罪轻辩护，在被告人利益最大化上的选择、取舍。这种选择对被告人来讲可能是违心的，甚至是痛苦的；对律师来讲也是有责任和风险的。但作为律师的职业伦理，必须以其法律素养和职业经验与被告人及家属进行充分的、全方位的沟通和说服，有时甚至良药苦口，忠言逆耳的方式指出现实司法环境存在的弊端与本案的关联性，以及可能产生的结果上的预判。这种经验的积累和执业的耐心，远比迎合当事人及家属，豪言壮语的选择无罪辩护要艰难、困惑许多，而这恰恰是刑辩律师应有的职业素养和职业伦理的体现。因为这一切只是为了在办理个案的现实司法环境中求得被告人利益最大化。

相反，刑辩律师也可以一方面完全迎合当事人、委托人无罪辩护的要求和期许,另一方面不顾及本案证据和事实,高举“司法公正”的大旗,在法庭乃至媒体上广为宣传、散布自己无罪辩护的观点,并不顾及司法现实中个案在证据上无罪判决的可能性,最终宣传了自己知名度,“弘扬”了司法公正,而被告人的实际判决结果,这时就避而不谈为好了,因为这种判决结果律师自己早已预见到了,只是从没有司法经验的家属和当事人蒙在鼓里,未想到罢了。这样的律师职业伦理如何评价呢?

毕竟,绝大多数当事人花钱请律师的目的不是为了追求崇高的全社会的司法进步,而是为了求得自身利益的最大化。这就要求“受人钱财,与人消灾”的律师把个案中追求司法公正,推进法治进步的努力在与当事人在个案中的切身利益有冲突时做出应有的取舍和退让,当然这是在完全合法的范围和限度内操作,如同医生不能为了医学的整体进步而拿病例个体直接作医学活体实验一样。这个基本的社会价值判断在国际同行中是有共识的。

对于律师在个案中工作的成功,为自己当事人争取到了最大的合法权益,宣传一下本也无可厚非,毕竟律师是市场经济的一员,与持铁饭碗的公务员有所不同,但这样的宣传仍然需把握三个底线,即不能与当事人的一切利益有冲突,包括司法中的权益及个人隐私等;不能影响办案机关的工作运作、工作机密和工作形象;不能以贬损同行来抬高自己的执业形象。笔者认为,这仍然是执业律师不可或缺的职业伦理。

附录 2　刑辩律师的克己复礼

说到克己复礼，(20 世纪)50 年代和 60 年代的人比较熟悉，对 90 年代出生的人来说就比较陌生了。这个词源于 70 年代，意思是克制自己，恢复周礼。当然，这里不是说要恢复周礼，而是恢复礼仪、礼节、礼貌。

之所以想到这个词，是因为对近期律师江湖发生很多事情进行了一些思考，也有了一些不成熟的看法。这些年，律师行业一方面蓬勃发展，另一方面(有一些律师)与公权力死磕较真；与此同时，各种门派不断发生各种冲突。总之，近些年的律师业既混乱又充满活力，又感觉有江湖火药味的复杂。我在想，这些现象存在是一种历史的必然。但是，这种现象能不能有所减少、缓解？至少律师内部的内斗、内耗、贬损应该少一点儿。

“律师就是一个好斗、相互倾轧、相互指责的职业吗？”我一直在思考这个问题。所以，我在很多群里潜水，虽然很少说话，但对大家争议的问题，我会静下来思考。今天，被杨大律师(指杨金柱)逼得浮出水面、换一口气，和大家聊一聊我的一些不成熟的想法。

克己“克”什么

克己，是指克制自己内心的冲动、本能、亢奋。这些是人有活力的表现，是天性的东西，但是克制、战胜自己的本能，对律师这样一个理性的行业、法律这样一个理性的专业来说显得尤为重要。复礼，这里当然不是指周礼，是指礼节、礼仪、礼貌，是对规则的遵守。这里的规则，是明规则。对规则的遵守，是底线。

我们律师特别刑辩律师的性格特点比较明显。比较自信、比较自立、比较自主、比较自强，这些都是明显的优点。与此同时，也表现出比较自我、比较自负、比较自尊、比较自以为是的特点，这些特点在某些工作场合是优点，但在生活场合则会表现为缺点。

刑辩律师做了若干年之后，我们形成了自己的思想、价值观、是非标准，比如，言论自由的标准、法治的标准、江湖情义的标准、人与人之间规则的标准。其实，这些标准不是全行业统一的标准，而是每个人从人生经历、性格、履历出发，逐渐、自觉不自觉地形成的每个人差异化的价值评判标准。就如同每个人都会写字，写出来的字里融进了每个人的性格。恰恰是刑辩律师不一样的性格标准，形成了冲突的根源。为什么？这种标准的评判不在同一个坐标系，而每个人都有自己的坐标系。

我观察到，很多律师在争论或讨论的问题，孤立地看，他的观点本身和所依据的理由都是对的，“2+3”谁也不会加出8来。问题出在哪里呢？以对案件争论为例，问题出在所有观点与“本案事实”的嫁接点是错的，有时候是舍本求末的，有时候是自己想当然的，就如同房子建立在虚幻的或者不真实的地基上一样。于是，相互之间形成了冲突。

别人驳他的观点，他在那里反驳，双方都没有咬到契合点，那就存在一个双方争论基础的嫁接点是否合理的问题。如捍卫公民权利、捍卫当事人权利，这些“捍卫”的内容没有一个是错的，但是在什么环境下，捍卫到什么程度，双方对这个环境基础没有达成共识，而是各自想当然地在那里争论，所以出现了不可调和性。这说明，刑辩律师还有一个特点，就是长于思考，长于诉说，弱于包容，弱于反思，弱于倾听。

我认为，有的时候，我们要把“鼓出来”的“凹进去”，听一听别人的观点，“听完整”别人的意见，“看完整”这件事本身的前因后果，再发表观点不迟。而刑辩律师反应太快了，别人给出“1、2、3”，他就知道“4、5、6”，但是“7、8、9、10”还没说到呢。

刑辩律师的这些特点，给我们带来的职业本能会表现为什么样的普遍性呢？

五个容易犯的错误

对刑辩律师的特点，我初步归纳出了以下几条。

第一，天理正义的天然拥有者的道德优越感。我注意到很多刑辩律师，他们自认为无私，他们确实是无私的，以至于他们就站在了道德制高点上，用道德制高点的大棒敲击所有比他矮的人。把自己看成天理正义的天然拥有者，认为做某件事情对自己没有任何好处就可以任意指责他人吗？其实，无私不是做事正确的必要前提。“无私”和“做事正确”完全是两个概念。

第二，实体正确忽略了程序正义。比如，你发现某个律师在办案过程中，有不周到之处甚至有错误，那位律师也许确实“不如你好”或“不如你对”，在这种情况下，你就把自己定位在可以居高临下教导别人的位置，而忽略了沟通的方式和方法的程序，直接就告诉别人、指责别人，就会引起对方心理上的反感，让对方觉得面子上过不去，从而发生冲突。这种注重实体正确而忽略程序正义的问题，在律师发生冲突时是常见的。

第三，目标正义忽略了方法和途径。有很多律师给自己的定位是实现社会的公平正义、实现法治化。这些目标非常崇高，也是发自内心的尊崇，以至于目标的订立者会自认为有一颗善良火热的心，以为别人自然能够理解、接受、宽容自己的一切行为，但是忽略了别人是否能够做到的问题。这种方式方法过于粗糙。

第四，思维敏捷带来的以偏概全，过早地下结论的问题。刑辩律师比普通人的思维更加敏捷、语言反应更快。这时候，往往“聪明敏捷”会导致完整地观察细节的环节，往往会形成以偏概全的观点。这里就不举例了，我相信很多律师会有同感。

第五，以自己的喜好善恶代替对客观事实判断的是非曲直。比如，有些人关系比较近，有些人之间会有各种各样冲突和“互相看不上”。于是乎，在对同一个问题进行讨论的时候，这个人是我哥们，他说的话我必然支持；那个人很讨厌、以前还骂过我，他一张嘴我就讨厌、反对，不管他讲的观点是不是正确。这种戴着感情眼镜所做的判断，我认为是致命的。这种感情的有色眼镜,使得我们在看待每一件事情的时候,本能地把喜好放在第一位,把客观的是非曲直放在第二位,由此引起不必要的争论。

刑辩律师这五个职业特点或者说容易犯的错误,我只是粗略地想了想,还没有完整地归纳出来。这些问题不是人品问题,也不是其他问题,而是本能冲动的不加雕饰的自然错误。就如同一根原木,没有经过去皮去杈,未经加工打磨抛光,就是一根主干,这不是什么大的错误。没经过加工的"粗糙",致使相互之间发生抵触排斥是客观存在的。

说说律师的方法论

今天,我们生活在中国共产党领导下的中国。共产党能打败国民党,是赢在方法论上,就是群众路线战胜精英力量。那么,律师对方法论就不能过于忽视,不能只注意"良心"而不注意方式和方法。我在想,刑辩律师是不是在方法论上犯了一些错误呢。

第一,主观主义。没有换位思考,只从自己的角度看问题,没有站在对方角度想问题。一个案件,能不能判当事人无罪或者减免某些罪行,我们在考虑辩护意见的同时,还要考虑法官是怎么考虑的。如果你是法官,在现有司法体制下,现有环境下,做到极致能做到什么?我们给法官一个裁量的空间,又要理解其局限性。在不突破超越局限性的情况下,能做到极致当然要做到极致。但是,我们的考虑不能主观主义想当然。

第二,经验主义。就是有"1、2、3",我就知道"4、5、6、7、8、9",这时候,我们是不是会忽略"10、11、12"可能是一些细节问题。细节决定成败。我们的经验主义却使我们忽略了细节的作用。当我们听取委托人、被告人、证人的叙述时,往往抓住了大的主要问题,而不耐烦去听细节的描述,很可能就会漏掉最关键的东西。这种经验主义想当然,使我们漏掉的细节,使我们说出的话,建立在不完整的事实基础上,一定会有瑕疵漏洞,而我们自己却感觉不到。

第三,本位主义。只从自己角度出发,没有考虑到他人的尊严、别人的面子。你的话也许都是对的,但是你忽略了别人的自尊心,忽略了别人也是独立的有血有肉的人。特别是面对你的助理、下属、比你资历浅的人时,容易很本位地以天然拥有真理的方式去思考,也是一种伤害,自己却意识不到。

第四,教条主义。律师最喜欢抠法条,对法律条文和司法解释很清楚,但是现实生活中各类案件纷繁复杂,有很多司法实践中发生的问题是超越法律规定,是在法律条文以外的夹缝里,是防不胜防的。法律条文是尽可能规避防止大的漏洞,但小的漏洞无法防止,如果我们过于局限在对法条的熟悉,就犯了教条主义的错误,忽略了法条的局限性。我们无论对一个案件有多大的掌握能力,条文是如何的有效,但是当法条网罗事实的时候,总有边界,而我们常常忽略这种局限性。

由于这些特点,律师容易把自己的观点强加于人,互相之间不是很尊重,不是很理解对方。很多律师会在心里说,我是正确的,我已经反复试验了,我的方法是对的,你们就要按着我的方法做。其实,条条大路通罗马,人家不一定要遵从你的方法。

把案件视为“冰山”

每个案子都有复杂性和多变性,有现实的司法环境以及我们永远看不到的一座山的背面。

我们看媒体报道的案件,很容易做出评判,也会指责代理律师错误。但是,我们是案外人,不是承办人,未必知道案件的细节、办案过程中的不得已和无奈,而这往往是细节层面的东西。我们依据自己掌握的东西作出的判断是相对的,是有局限性的,因为框架性的内容无法取代整个案子的全部细节。

我经常说,每一个案件就如同海面上飘动着的冰山,外人能看到的只是那个白色的尖,但冰山的90%体量沉在海面之下。海面之下的体量到底有多大,我们不潜水下去是看不到的,我们站在沙滩上或者就算游泳游到冰山旁边也看不到冰山全貌。

媒体报道的案件,就是有很多政治、经济、社会的其他因素支撑着的海面上的冰山白尖。很多不为人知的东西,或者我们认为应当如何而无法掌握的一些东西是客观存在的。换句话说，律师要知道我们所掌握的全部东西，同时要理解，无论如何掌握，我们的思维都具有局限性，很多不知道的东西在背后深深地隐藏着，表现为我们无法理解的现象，而这些现象的存在一定有它的道理。律师要承认每一个案件都有未知领域，才会多一点谦虚、多一点谨慎，少一点自大、少一点自以为是。

律师行业里有较真的、死磕的、勾兑的、协调的，方方面面的人和事。这就如同花园里的鲜花，你是菊花，我是兰花，他是茉莉花，群花争奇斗艳，但不能都是同一种花。每一种鲜花都有自己的美，大家要相互欣赏，相互理解，不能把自己的观点强加于人，不能自己是牡丹也要求别人都是牡丹。

我个人始终觉得，同行之间，即使他失败了我们成功了，对他的失败我们也要宽容、理解。对他力不能及的地方，经验不到的地方，即使我们提醒了，他也不听忠告，就算发生了假如听取忠告就不会失败这样典型的案例，我们仍然要表示理解，而不能指责。

因此，我觉得刑辩律师群体要有一定的规则，这种规则不一定是很明白的法律条文，但是可以是一种距离、相互欣赏的定位。

刑辩律师的五条规则

我粗略地归纳了一下，刑事辩护律师群体，可以恪守五条规则。

第一，相互尊重。这是做律师的基本修养，就不用解释了，同行必须具备。

第二，戒急隐忍。这也是做人的素养。刑辩律师很容易着急，很容易拍案而起，是很有激情的一群人。这时候，我们更要懂得戒急隐忍。隐忍是做人做事的优良品德。忍字就是心字上面一把带血的刀，忍是自我修炼、自我克制形成的素养。无论是办案做人、同事之间相处，隐忍都是很重要的品德。

第三，耐心倾听是做律师的涵养。我们常常太急了，感觉对方很啰唆，讲的都是废话，而自己有很多事情要做，没时间听废话，就打断对方的话不听他说了。这个问题，在公检法工作人员身上表现尤其突出。

他们是公职人员，认为自己不需要很多倾听。

为什么有人说我是好律师？我听人家絮絮叨叨讲了两个小时，只是频频点头。为什么，我这么做，实际上满足了当事人希望他人倾听的需求，所以耐心倾听是我们律师的涵养。

第四，宽容平和是人生健康的滋养。律师是激烈的，是敏锐的，是需要激情的，这些都是我们具备的。除此之外，假如你还宽容平和，那么对健康是有益的。

第五，求同存异是行业团结的底线。每个律师都有自己的锋芒、有自己的棱角，很多时候，彼此之间观点不同。一样的案件，每个律师有不同的切入点，有完全不同的方法，未必谁对谁错。因此，不必进行无谓的争论。就如同爬坡一样，有人从南坡开始爬，有人从北坡开始爬，大家都是为了到达山顶。你选择北坡，非得让别人也从北坡爬，还说是为了对方好，这样强人所难有什么意思呢？

我们都是为了爬到山顶，要相互理解支持。即使他在爬南坡时掉下来了，你从北坡爬到山顶也要救他而不能嘲笑他。因为，求同存异是我们行业团结的底线。

讲到这里，就讲一下行业团结问题。群里很多人说要团结，但为什么不和别的律师团结，彼此间有这样那样的冲突？团结的标准是什么，是铁板一块吗？是大家利益绑在一起吗？答案是“不可能”。

律师行业的人都很自立自强，律师与律师之间就跟一颗颗鹅卵石一样，可以有接触但不可能贴在一起。但方砖不一样，每个砖都一样，是可以贴在一起的。鹅卵石和方砖的差别，就是自由职业者和机关干部的差别。作为自由职业者，每个律师离开别人都能活，大家有自己的案源、自己办案、有自己的收入。因此，律师之间团结的概念不是利益的紧紧捆绑，而应该是半松散型的。

大家看到，每一块砖和砖之间抹上泥形成一堵墙、一座房，这是红砖的力量。但鹅卵石很难搭起一堵墙、一座房，虽然也可以搭起来，但是需要大量的混合物而不是像红砖那样只需要一层细细薄薄的水泥。大量填充物的存在说明，鹅卵石之间既要结合又要分开，彼此之间的距离远远大于砖与砖之间的距离。我认为，这种“距离”就是四条相处原则：第一相敬如宾，第二相互欣赏，第三相互理解，第四相互帮助。

彼此理解要打个“时间差”

只有大家各有各的利益，各有各的生存方式，各有各的办案方式，每个人都在理解“每个人有一定独立性”，彼此之间有一定距离的前提下，才会有相敬如宾的“握手关系”。等握完手之后，这个人有这个人的优点，那个人有那个人的长处，才会学会相互欣赏，而不是以自己的长处比对方的短处，把自己搞得一副“天下第一”的样子。

有相互欣赏之后，懂得了换位思考，有了相互理解。在相互理解的基础上，他的优缺点在你眼里变成了特点，不再有好坏之分，这个优缺点是由当时事情发生的特定环境决定，一个人的特点在A面表现为优点、B面表现是缺点。比如急脾气的人，在工作量大、要求迅速做事的时候，使得他高效率、快节奏、没有拖泥带水、没有丢三落四，但这种急脾气在与人相处时，容易给人造成伤害。

在处理某些事情的时候，事缓则圆，急脾气使得刺过多，容易引起不必要的伤害，这是缺点。作为朋友要相互帮助，要发挥他的优点，当他太急的时候帮他圆，起到补台的作用。当那个人发现你默默帮他补台的时候，一定会心存感激地一笑，一定会深深觉得你才是知己，你为他补足了他缺少的东西。比如，两个好朋友拿了很多东西，其中一位朋友的手套掉了，另一个朋友捡了起来，一种方法是立即还给他，那个拿了很多东西的人会立即说谢谢；还有一种方法是默默不说话，等他发现手套丢了，再慢慢地从口袋里拿出来跟他说：“刚才掉的，我捡起来，看你手上东西很多，等你需要的时候再给你。”这个时候，那位朋友一定会心存感激。

我在想，律师给别人补台的时候，不需要急于表白。做事情的时间点为A，结果产生点在B，在A点做事的时候，我们不要急着把结果说出来。我们等自然规律，等跟你同行的朋友的手冷了，发现手套丢了，需要手套的时候再给他，这种效果会更好。

同行之间相互帮助理解能不能打一个时间差，不要急于看结果？要做到这一点，需要相互理解、包容、宽容。

我个人觉得，刑辩律师行业之间的矛盾、冲突、纠纷，说到根子上，是职业特点带来的性格特点，是职业和性格共同形成的本能使然。我们稍微克制一下自己，恢复一下自己的理性礼节，把人与人之间的关系处到这个程度，反而会很简单，就是很高兴地去给对方补台，对方摔倒了去把他扶起来，对方有危险的话要点到——人家听就听，不听也拿他没办法。但是，等他遇到伤害的时候，我们要立即把他救出来。

这种靠事实说话，靠行动说话，而不是单纯地靠嘴说话——我们靠嘴吃饭的律师行业是不是有时候比较或缺，我们是不是要有更高的思想层次和深度来驾驭我们的嘴，来驾驭我们的心理。

律师行业，无论面对办案，面对公权力会有怎样的风浪，对内都要懂得一点克己复礼。

（本文根据2015年8月2日钱列阳律师在岳林刑辩较真微信群的微信语音讲座整理，编辑略有改动）

叁 刑辩律师的职业技能

钱列阳的讲座一般分为上下两个半场，上半场为主题演讲，下半场为提问。那些来自同行业者的提问，不仅涉及面广泛得如同“天女散花”，而且多涉及刑事诉讼各个环节的重点和难点。

面对诸如“面对案件，如何下手”、“如何收律师费”、“如何防范职业风险”等或大或小的问题，钱列阳不仅从容应对，而且妙语连珠。

经验1 律师费怎么收

李秀平：我先给陈海阳律师提个问题。你是如何定位律师费的？

陈海阳：律师是靠智慧吃饭的。我们靠自己的法律知识和执业经验为客户提供法律服务。我们所提供的法律服务是有对价的，至于对价如何确定，一会儿还要请教钱律师。

李秀平：很多年轻律师在收费问题上特别受困扰，其中有一位年轻律师在收费的时候纠结了很长时间后，跟我这个外行做探讨。他说："李老师，我接了一个案子，有三个收费方案，我非常纠结，你能不能帮我判断一下。这个案子难度很大，我想多收一点儿律师费又不敢，担心当事人会货比三家。"

钱列阳：律师收费的问题永远是困扰律师，尤其是年轻律师的一大难题。收高了人家跑了，收低了感觉自己赔了。话说直了人家又跑了，说得好听了，案子是接过来了可将来没法交差。如果拍胸脯打包票说："下礼拜一定放人。"放心，无论哪个案子都能在你手里留住，但是到了"下个礼拜"，你怎么办呢？

这个时候，实际上就回到了我说过的问题，律师业务最难的问题恰恰也是律师业务最核心的问题，就是与人打交道的问题，就是与客户沟通交流中分寸把握的问题。

你以后听到这样的问题，可以这样回答："你为什么总看着自己收费高收费低呢，你应该把眼光从自己身上转到对方身上，看看他是个什么人。第一，他是不是一个有钱的人；第二，他的承担能力是多少；第三，他找你是咨询还是真心想请你做律师；第四，他对你的要求是一个你能满足的要求吗？”

如果一个当事人对律师说“我给你300万元律师费”，你听了很高兴，马上就收了，行吗？他要求“下礼拜人就出来”对吧？所以这个时候不要老想着自己，要看对方，看看他的经济承担能力怎么样，请你的欲望怎么样，他来找你的动机是什么。

很多年轻律师遇到客户满应满许，说愿意付这么高的费用，很高兴地就把合同签了。然后，当事人就再也没有来，律师费自然也没打过来。我相信年轻律师都遇到过这样的情况，把合同签了然后就没人了。

李秀平：收了律师费之后，刑辩律师面临的第一个任务可能是“平复当事人的心理落差”。钱律师曾经有一个比喻，说“限制自由的人犹如落到了一口深井里”，你的服务对象大多是高官和巨富，他从高位一下子落到井里，是有一个巨大的心理的落差的，你作为他们的辩护律师，是如何来平复当事人的心理落差的？不仅是高官和巨富，普通被告人也一样会有巨大心理落差吧？

钱列阳：第一尊重；第二理解；第三了解——了解他的案子的情况。

理解他的心情，了解本案的案情，尊重是基本的人情。我会指出当事人的某些不足，这种“指出不足”是建立在尊重、理解、了解的基础上的。这个时候，“指出不足”不是一个外行泛泛地说“你这里不对，你那里不对”，而是指出了他的缺失、遗憾、疏忽大意。这一切确确实实都是他的不足。

接着又回到人之常情，再转回来，给他指出未来的前景，努力的方向。

经验2 接案后，从五个方面“提炼”和“预测”

陈海阳：刑事案件涉及的问题往往比较复杂。很多年轻律师在接手一个新案件或者很少接触的涉案罪名的案件时往往会感到千头万绪、六神无主。钱律师能否提示一下我们，面对一个案件，我们应该从哪些方面进行考虑？从理论上，年轻律师也知道要对案件有提纲挈领的把握，但这种能力需要锻炼提高，更需要正确的方法。钱律师，你是怎样做的呢？

钱列阳：在接案之后，我们应该倾听当事人、委托人的意见、观点，要静下心来思考。

我说的思考，是对案件进行“全方位”提炼和预测。

这里说的“全方位”，至少包括五个方面——

第一，首先思考的当然是法条，包括司法解释。这个不用讲，这是每个案件的“技术”。

第二，刑事政策。在刑法典以外，还有刑事政策。不同的时期，我们国家有不同的刑事政策。这个刑事政策，直接关系到量刑。比如，现在是反腐，是老虎苍蝇一起打；是打黑除恶、是反走私、是扫黄打非……所有这些不同时期，由于刑事政策的不同，法官对这一类案件在自由裁量权的使用，在量刑的时候是会有轻重不同的。这是中国特色，爱与不爱，它都在那里。所以，刑事政策一定是在刑法典之外要考虑的一个重要问题。

第三，是考虑一个社会的大背景。

第四，是考虑一个个案的小背景。

第五，是考虑被告人的个人特点。

你接手一个案件之后，至少要从上面五个方面进行把握。把这五个方面综合起来，对案件进行分析。

其实，我们律师的工作只有两个：一个叫提炼，一个叫预测。

提炼，就是一个复杂的案件到你手里后，被告人家属鼻涕一把、眼泪一把地给你讲了两个钟头，你把他们讲的内容提炼出来后，5 分钟就能讲完。这 5 分钟的内容，就是一个基本架构。但是，外行就会把里面完全不重要的东西——鸡毛蒜皮的细节拿过来。

在这里，我还是拿一只鸡来做比方，一个熟练的律师是把所有的毛刺儿都去掉，把一只鸡的鸡骨头架子都拎出来。把鸡皮、鸡毛、鸡肉先放在一边，拎出骨头架子来，先看清是怎么回事，然后再恢复它的鸡皮、鸡毛、鸡肉。就 OK 了。这就是有一个提炼。

预测，就是判断“会是什么样”。我们结合法律、国家的刑事政策、国家的社会大背景、案件的小背景和被告人的情况，就是结合刚才说到的五个方面，全方位考虑了以后，接下来对这个案件有一个预判，看(案件)明天将会怎么样，后天将会怎么样。这样的案件在现在这样的环境下，将会怎么样。

因此，我们律师做的法律服务工作，就是“提炼”和“预测”工作。这两方面工作做好了，人家就会觉得你果然是个好律师。这是什么，是经验。

陈海阳：在一次讲座上，一名年轻同行问了钱律师一个办案方法的问题。他说：“我很好奇，你面对一个案子，是如何着手的？你的工作习惯，可不可以透露一点儿给我们？”

钱列阳：特别简单。就是像前面讲“换位考虑”时说的一样，解决认识论的问题。换了一圈儿位置，到了辩护人的角度，再考虑方法论的问题。你把自己放在受害人的位置、放在检察官的位置、放在法官的位置来看这个案件。最后，再把自己放在辩护律师的位置看这个案件。

你一定要多角度地看。如果把案件比作一座山，这座“山”的四面你都看过了，会发现这座山是锥子型的，只有一面是悬崖而非四面都有悬崖。

你先解决了“换位思考”这个认识论的问题，然后你回到辩护人的位置上,再考虑我该从哪个角度切入。

要说办案,其实也比较简单。就像你回家拿钥匙开门,有两个动作:第一摸着锁眼儿,第二找对钥匙。你把锁眼儿摸着了,钥匙找对了,锁一下子就打开了。如果找不到锁眼儿,怎么也是瞎撞,打不开门;当然,找到锁眼儿,钥匙拿错了,门也打不开。

找到锁眼儿,是认识论;拿对钥匙,是方法论。

怎么才能找到锁眼儿, 解决认识论的问题呢? 答案是超越案件看案件。超越自身看自身。甚至要超越法律看法律。要换位思考。我前面讲的从五个方面全方位思考,实际上就是为了解决找到锁眼儿的问题,要解决认识论的问题。

你真的要从这几个角度转一圈看。假如你是法官,律师提的意见,你会不会采信;己所不欲,勿施于人。你给法官下不来台,你也没有台阶可下。最后,法官一定会判有罪。所以,你提的意见一定是在当今的司法环境条件下,法官可接受的意见。这个时候,你的意见被采信的可能性就比较高。

你说了 10 句话,法官采信了 8 句;你旁边那位律师说了 20 句话,法官采信了 3 句。说明,你做的工作比旁边那位律师更到位。所以,你一定换在法官的角度思考问题。

陈海阳:与法官换位思考问题,首先要转换固有的律师式的思维方式。有换位的意识比较容易做到, 但是换位之后能够想法官之所想就比较困难了。从你长期的办案经验来看,法官都是如何思考问题,办理案件的?

钱列阳:法官希望什么? 第一,判决不出错;第二,越简单越好;第三,不会带任何感情。

因为除了你的案卷,法官的手头还有几十本甚至上百本案卷,你非得逼着他这么去看案卷,他会累死的。哪个简单,他更容易接受哪个。所以,我们有的时候把辩护词给法官的同时,还会把这个案件的几何图给他——为这个案子列的“大事年表”。这些附属的东西,我问法官要不要,法官都想要。因为他要看那么一大摞案卷,他的工作量很大,他有好多这样的案子,他一定希望以最快的方式了解案情。所以,你给他提供一条捷径，能够让他尽快地了解案情，当他顺着你的道路走的时候，其实，他也不自觉地受到了你的角度和思维方式的影响。

对法官来说，这个案件这么多案卷，只要能够下得了判决，能够交差，不被翻案，没有错误，对他来说就“OK”了。因为，他后面还有很多案件要去审理。这个时候，你律师的意见提得越贴切越好，而不能很生硬。

这就是当厨师的人说的“要看人下菜碟”。你是个南方人，我给你做米饭；他是个北方人，我给他做面食。尽可能把这个做的可口。这是个技巧，是“术”。

陈海阳：*辩护词是律师对案件辩护观点的汇总，写好辩护词能够帮助法官条理清晰、方便快捷地撰写好判决书，对于取得良好的辩护效果有极大的帮助。那么辩护词要如何写，才能俘获法官的“芳心”呢？*

钱列阳：如果法官办理的是大案要案、专案，他这段时间全力以赴在办理你这个案子，那是一种心态。如果他办理好多案件，你这个案件只是其中一个，法官就是又一种心态。这个时候，你跟他简明扼要地交往，你写的辩护词要提纲挈领，不要讲那么多法学的东西，就讲“干货”。

法官经常在法庭上说这样的话：“重复的不要讲了，把重点的说一下，其他的你写个辩护意见交上来。”他为什么不耐烦，因为你从法学的犯罪构成讲起，他没时间听。这个时候，你要“投其所好”，只给他讲他最想听的。比如，“这个案子我就三条意见”。你就把这三条意见一一说一下，别的没了。我的辩护词里，三条意见下面有详细的论述，至于我的论述，法官你想看就看，不想看的话就看我说的“三条意见”就可以了。这“三条意见”，我要用黑体字标示出来。

我的辩护词本来就不长，只有两三页或者三五页，而就这三五页里面还有黑体字。法官看的话，黑体字就是我的基本观点；如果法官想看理由，那黑体字下面的论述就是我的理由。这样，就能让法官花最小的精力、最快地知道你的意思。这就够了。

你不能写厚厚的一本，从法学教育开始写起，写我国法治重要的现实意义和深远的历史意义。要知道，很多内容对法官来说，可能就是文字垃圾。

在我看来，即使再复杂的案件，你的辩护词只需要提纲挈领地写三五页纸。骨架就只写主要的东西，你一定分出主干、枝杈和叶子，不要眉毛胡子一把抓。法官想知道简单的吗，我这里告诉你主干了；你再想知道得细一点儿，我告诉你两个分叉；还想知道全部，我再告诉你枝叶。这样做，就是要把层次分出来。法官手里案子太多，他面对一个案件首先要知道“骨架是什么”。这是一个经验，就是我所说的“术”的问题。

李秀平：钱律师有一个生动比如，叫“法庭辩论不是拳击赛，是田径赛”。

钱列阳：开庭后，如果律师一上来就跟法官对抗，或者给他出各种难题，其实你这个难题出给法官的同时也是出给你自己的。因为，你的当事人被关在那里出不来。

有很多法官，就是因为这个案子被搞得太复杂了，实在搞不清楚了，案子的审理期限又快到了，他只能把起诉书抄一遍，硬判了。我们律师大骂法官“不讲道理，制造冤假错案”。可是，你想过没有，你给法官一个顺着你的思路下的“台阶”了吗？你给他一个实操理由了吗？你说的大方向虽然都对，但是你没有给他一个实操层面的理由。

所以，法庭辩论不是拳击赛，是田径赛。不是以驳倒公诉人为目的，而是说服法官。你要明白，律师对公诉人的所有反驳都不是为了让公诉人哑口无言，而是为了让法官明白你到底想说什么。如果你让法官觉得你的话比公诉人说得更有道理，这场田径赛你就赢了。

经验3 “笨嘴拙舌”听案 “麻木不仁”看案 “三心二意”办案

陈海阳：作为职业律师，我们的口才都很好，我们的法律功底都很深。但是，钱律师主张“笨嘴拙舌地听案”、“麻木不仁地看案”、“三心二意地办案”。为什么？

钱列阳：我一直在思考一个问题——我们的当事人、委托人突然遇到了家里头有人被抓进去的刑事案件，简直是天塌地陷一样。他们来找我们律师的时候，其实是带着内心的伤痛来的。那么，我们应该怎么做？

经过思考，我总结出了“笨嘴拙舌地听案”、“麻木不仁地看案”、“三心二意地办案”的经验。

第一，“笨嘴拙舌地”听案。

我们经验太丰富了，对方说要“1、2、3”，我们就已经知道“4、5、6”了，可能都猜出“7、8、9”了，但是即使如此，我们能不能把到嘴边的话咽回去？别那么伶牙俐齿，别那么语速快，反应快，而是笨嘴拙舌一点儿，听人家把话讲完。虽然人家讲的90%都是没有用的话，我们是不是应该静下心来听，是不是应该笨嘴拙舌地听？

第二，“麻木不仁”地看案。

我们在研究这个案件的时候，在看这个案件的案卷的时候，是不是应该“麻木不仁”？换句话说，我们遇到的案件，往往都是血淋淋的，都是很触动感情的，都是眼泪一把鼻涕一把的。我们自己也是有血有肉有感情的人。可这个时候，我们带着感情办案好吗？这是我思考的又一个问题。我们是不是应该“麻木不仁”一点儿，心在案里，情在案外。只有这样，我们才能更客观地看我们这个案件，更冷静地看我们这个问题，更理性地来分析判断这个案件的长处、短处、优点、弱点。

这样“麻木不仁”地、“心在案里、情在案外”地看案件，实际上是从根本上解决我们所说的认识论的问题。只有把认识论解决了，方法论是对的，才能有正确的结果。其实一个案子办得好坏，很多时候是在认识论上出了问题，靠经验主义想当然，结果在认识论上出现了偏差。如果认识论是欠缺的，怎么做都是不对的；如果认识论能解决好，方法论上一开始没经验、下次有经验了也就可以解决。就像小孩子喝开水，一开始没有拿杯子把儿，手就被烫了，但第二次他就记住了，无论是不是开水他都去拿杯子的把儿，这样就不会烫到，这就是认识论和方法论的关系。我们办案，重心不是方法论问题，那只是个经验的积累，首先解决认识论的问题。

当我们以“麻木不仁”之心把案子看完之后，进入第三个阶段，那才是办案。我认为办案应该“三心二意”。

第三，“三心二意”地办案。

“三心”就是诚心、耐心、戒心。

一是要有诚心。我们为他人提供服务，要有一种很诚恳的心态。相反，装模作样、做作、故意摆出个姿势来是不对的。我们应该很诚恳地、诚实地、诚心地为客户服务。这个诚字，不可或缺。

二是要有耐心。我们接触的案件中，总是有大量各种各样的乱七八糟的信息充斥其中。当事人告诉我们的很多东西其实都是没有用的，但是他们需要一个宣泄的渠道，需要有一个人的耳朵能供他们倾听。这个时候，我们要有耐心，要静下心来频频点头，眼睛盯着对方认认真真听对方讲。这个耐心，是一种修养——是一种职业律师的修养，更是做人的一种很重要的素质。

三是要有戒心。当心当事人会利用我们，会用我们的一技之长达到不可告人的非法目的，会把我们玩弄在股掌之中。所以，像医生要防范病人把疾病传染给自己一样，我们在诚心、耐心的同时，不可忘记还要有戒心。很多时候，刑事辩护律师是在与狼共舞。

在“三心”之外，我们还要有“二意”。“二意”就是“案内法意”要看全，“案外民意”要想到。

“案内法意”不用讲，就是这个案件的所有法律关系，法律条文、司法解释、形势政策、最高法院的相关判例、当前司法实践中掌握的标准，这一切都要看到。这是“法意”,不是一个简单的法条。同时,我们还要看到本案在这一类案件中特有的特点是什么,还要想到当事人的性格是一个什么样的特点。这一切都是我们需要充分掌握的。

与此同时，案外的民意还要想到。我们经常由于沉浸在一个案子里头,对于社会对我们这个案件怎么看,对于大众对这个案件怎么看,对于圈内的法律人对这个案件怎么看这些情况没有想到。因为我们往往意识不到这个案子会有什么样的后果和社会反响。

我在这个方面有一个血的教训，就是刘志军案只开了三个半小时的庭,这个案子就结束了。结果,社会上和业内掀起一片骂我的声音。虽然这件事很快就过去了,但是我确确实实从心底里做了很深的反思。也就是说,我认为从技术层面来讲,由于有一天的庭前会议展示的证据以及现有的证据中刘志军对我的要求给我挤在一个夹缝里头,我只能就几个案件进行辩论已经做到极致了,但是确实没有想到从社会反响来讲,这是一个被高度重视的案件。

相对于“案内法意”来说,对这种“案外民意”的掌握是我们律师的短处。我们不能简单地考虑“我自己这个案子办 OK 了,上帝知道我努力了”就可以了,我们一定还要想得更宽一点儿,要想到其他律师怎么看,公检法怎么看,法学家们怎么看,老百姓怎么看,所有这一切要多方位地换位思考。

这就是我简单地讲的要“笨嘴拙舌”听案,要“麻木不仁”看案,要“三心二意”办案。

陈海阳:钱律师总结的这些经验简单易懂,但是却需要长期的训练和磨砺才能真正掌握。

经验4 侦查阶段,律师是否积极取证

陈海阳:年轻律师对取证问题普遍感到不知所措。《刑事诉讼法》规定律师可以调查取证,是否意味着律师可以积极主动地调查取证?如果积极主动地调查取证,有哪些注意事项? 调查取证、接触证人是律师工作中危机重重的部分,潜伏其中的执业风险让很多律师望而却步,特别是近年来因为取证不当而被吊销执业证的律师又不在少数, 但是出于对案件负责的态度,在一些案件中取证又是绕不过去的任务,请钱律师就调查取证、接触证人方面为我们支招。

钱列阳:你说的这个取证问题,分主观证据和客观证据。客观证据大胆提取,主观证据谨慎提取。主观证据上,我真的是觉得"这个是红的还是粉的",当我说是"红的",我就可能被拘留,为了自己的利益,我就使劲说它是粉色的。每个人都有趋利避害的本能。如果说主观证据起决定作用,当你找这个证人取证的时候,检察院会以10倍的力量找这个人取证。就会作出笔录,来证明这个颜色是"粉色"。

在这种情况下,律师就很危险。因为律师没法证明"这不是粉色"。所以,我认为客观证据的获取很重要,主观证据谨慎获取。比如,某张收条,某个签字内容,这些客观证据可以大胆地获取。因为主观证据,检察机关有掰腕子掰过来的可能性。

我不是很主张律师去调查取证。我刚才举的例子,就是鉴定部门的例子,这不叫调查取证。这是我找了一个鉴定部门重新鉴定。

怕就怕什么呢? 怕控辩双方的辩论"焦点"集中到了某一个人的一张嘴上。他说圆就圆,他说方就方。这个时候,我们律师作为私权利的代表掰腕子是掰不过公权力……我们取证难, 你来调查取证, 他就一句话，我想不起来了。检察院找他，他就不会这样。

陈海阳：对律师来说这是个两难选择，一方面当事人逼迫律师去取证，另一方面律师取证又受到办案机关制约。在面对这样两难的境地时，是否有什么解围之道？

钱列阳：只要有可能有利于自己，当事人一定是希望我们律师去取证。问题是，我们是应迎合他去办还是坚决顶着不办？如果不办，又担心当事人对我们产生误解。

比如说，某些证人证言，这个证人证言可能对我们现在很有利，需要我们去调查取证。而我们知道我们一旦调查取证以后这个证就必须在开庭之前交给法院，法院就会交给检察院，检察院就会让公安马上来找证人核实。核实的结果很可能就会"掰"回去，很可能这个证据，这种颠覆性的证据会被"掰"回去，我们律师还要面临《刑法》第 306 条的风险。

那么，最好的办法是我们申请证人出庭，然后我们当庭询问。可是如果我们不去找证人作证，我们向法院申请了，法院通知后该证人不出庭，我们又该怎么办？所以这时候我们就处在一个两难的位置。

如果我们迎合了家属的要求，去做了某些调查取证，那么很可能证据将来会被"掰"回来堵住了最后的希望，而且我们自己面临《刑法》第 306 条风险。如果我们今天顶住了，按我们自己的意思去之后，我们申请证人出庭，这人又不出庭，法庭又不强制证人出庭，那么我们的法律服务就会被当事人认为不尽职，这个时候这个也许已没有也许。

李秀平：在侦查阶段，律师需要怎么做才能在给当事人提供到位的服务的同时避免风险？

钱列阳：第一，以现有的侦查体制，我们律师会见了被告人，听到了被告人的陈述，甚至我们还可以去调查取证，但是这一切我认为都不宜对本案有罪无罪下结论性的意见，因为我们没有阅卷，我们不知道其他证人和同案其他被告人对侦查机关是如何陈述的。如果我们偏听偏信地下了一个无罪的认定，其实是草率的。

第二，我个人认为，《刑事诉讼法》在侦查阶段给律师的权利其实更多的是对被告人的咨询，而前提是不可妨碍侦查。如果我们过于冒进妨碍了侦查工作，那么我们会给自己的执业带来不必要的风险。因为妨碍作证的罪名在《刑法》中是始终存在的。我个人认为律师在侦查阶段的所有动作，风险是比较大的。因为你不了解侦查工作走到了哪一步，甚至都不了解侦查工作是什么。所以在侦查阶段，在客户的要求下提供的法律服务，我个人持谨慎态度。家属当然希望律师在侦查阶段早早地提出法律意见，警察由此取保候审把人放了，我不排除有这样一种可能，但实际上这个时候确实存在着律师调查和侦查机关侦查存在一种平行侦查的态势，这种并线、互相挤压最后吃亏的往往还是律师。

如果律师非调查不可，第一，必须两个律师进行；第二，必须在律师事务所进行；第三，最好有一个公证；第四，最好有一个同步录音录像；第五，要写一个保证实话实说的承诺书。我认为这是律师保护自己的一个方法。

经验5 “职业风险”的两条边界

李秀平：刑事辩护律师的职业风险主要发生在案件侦查阶段，大家老生常谈的问题是《刑法》第306条。除此之外，刑事辩护律师还有哪些需要防范的职业风险？

陈海阳：《刑法修正案九》是法律界近期热议的话题，其中加入的对律师执业的特别规定使得执业风险徒增不少。针对这些被律师业抵制的条款，你有哪些自己的观点呢？面对这样的境况，你又是如何应对的？

钱列阳：有关执业风险，我想如果《刑法修正案九》通过，其中对于“扰乱法庭秩序”的规定也通过的话，就涉及一个新的风险。

在我看来，所谓的律师执业中的风险，从字面上讲不是法律规定错误。法律规定没有错，是执行法律规定的人的水平、素质或者他的心态使他在运用规定的时候可能出现不公平、不公正、偏颇。这个时候是我们要防范的，是会给我们律师带来风险的。《刑法》第306条，就本身字面来讲一点儿错误都没有，律师当然不能伪造证据，不能妨碍证人作证，不能毁灭证据。作为一个职业法律人，这是职业底线。但是，之所以这会引起行业这么大的反响，是因为标准是由对手掌握的，而不是由中立的第三方掌握的。因为《刑法》第306条很容易抓律师，是因为律师的对手是公诉人，公诉人就可以直接判定律师有妨碍作证的行为。如果足球比赛的裁判员是对手，是对方的队员之一，那这个比赛就比较麻烦。

我个人始终认为，一个好的立法，是使司法实践中尽可能少地出现立法本意以外的自由裁量的空间。很多法律的实施之所以出问题，就是执法者违反了立法本意，盗用了某些立法本意——法律给了他这样的空子，使他能够做他自己想做的事情，夹进了自己的私货，而这些就给律师执业带来了风险。

打个最简单的比方,菜刀的生产是用来切肉切菜的,但经常成为社会上砍人的凶器,这不是菜刀生产的本意。菜刀和斧头经常成为我们社会中伤害罪的凶器,就是因为它握到了某些人的手里就成为了凶器。我们希望这样的法条、这样的公权私用的空间要尽可能减少。

李秀平:*在你说的"公权私用"的问题没有杜绝的背景下,律师怎么能更好地保护自己?*

钱列阳:我们律师必须明白两个问题。第一,在规则内行事;第二,律师履行职责是有边界的。

在规则内行事,就像火车在铁轨上行驶一样,不能出轨。对火车来说,运行速度、运行时间、运行线路一律按照事先铺设的铁轨来运行,如果出轨,等待它的就是翻车。因此,律师保护好自己的第一要素,就是在规则的范围内行事。

此外,律师履行职责是有边界的。这个边界表现为,第一,合同的边界。甲方乙方所签的委托合同,是律师要为当事人所提供的法律服务的范围。换句话说,律师维护的是当事人的合法权益,而不是一切权利,因为这里不能包括非法的权益。你不能为了他的利益,做包庇、隐瞒、窝藏这些不属于《律师法》规定的律师执业范围内的事情。律师是在保护被告人人权,而不是直接去对抗公权力。制衡公权力只有一个目的,就是使自己当事人的合法权益不受侵害,而绝不是以维护自己当事人利益为名,和公权力公然对抗。如果一名律师把当事人、把这个案件成为自己对抗公权力的工具,他的行为就本末倒置了。所以,我觉得刑辩律师为客户提供服务,首先是不能超越甲方乙方的委托合同约定。第二,不能超越法律规定的边界。《律师法》第二条"实现社会公平正义,维护当事人合法权益,保证法律的正确实施"的规定,是我们律师的本职、专职、天职。

陈海阳:*说了不能做的事情,那么我们可以在法律的框架内做些什么呢?*

钱列阳:因为我们是法律人,我们不管是警察、检察官、法官还是律师，我们所做的一切，作为法律人共同点就是实现社会的公平正义，保证法律的正确实施。所以，我打一个最通俗的比方，我们律师给小偷辩护，我们不能说他偷东西是对的，如果偷东西是对的，那么盗窃罪的立法就是错的。律师不能拿偷东西这个行为去对抗立法中那个盗窃罪。我们必须说“按法律说偷东西就是有罪的，但是这个有罪的人的合法权益不能受侵害，他不能被冤枉，不能受到不公正待遇”。这是我们律师要做的事情，所以我们必须要把这个分开。

而我们有些人士，以捍卫人权的目的挑战现行立法，那就错了。现行立法有不完善之处、不完备之处，在司法实践运行中有漏洞之处，通过合法的立法途径把它修补、把它完善，但绝不是说因为门窗不好，我就要把这座房子推翻，就要把这座楼烧掉。

我觉得年轻律师要区别的是这个概念：第一，作为法律人，我们执行的是中华人民共和国的法律，你如果不遵守这个法律，说这个法律本身就是错的，那你不要做法律人，你去做革命者，对吧。第二，作为法律人，你还是要在法律的范围内行事。火车就得在铁轨的范围内走，不然你就换上胶皮轱辘做吉普车，那是你的事。你但凡是火车，一旦出轨等待你的只有翻车的命运。

所以，我觉得律师的执业范围也就是风险的边界。

经验6 依靠案卷，但不依赖案卷

陈海阳：钱律师还有个观点，叫“律师要依靠案卷，但不能依赖案卷”。

案件到了审查起诉阶段，辩护律师又多了一项阅卷的权利，并且可以获取起诉意见书，对于案情了解得更加细致入微。卷宗里有被告人的供述和辩解，还有证据及证人证言，核实这些卷宗材料是此阶段的重要工作内容，针对这项工作，你有哪些建议？

钱列阳：作为刑辩律师，我们要依靠案卷，不能依赖案卷。

因为预审中，当今我们的侦查体系中存在很大的问题。被告人自己没有文化或者是根本没有充分表达，或者熬了几天几夜最后让他在哪签字就在哪签字。一个初中文化的人，再一看他的笔录里说的都是法言法语，为什么呢？警察事先写好的，叫他签了个字。

所以，我们作为辩护律师，不能完全先入为主地看案卷，以案卷说的为准是不对的，依靠但不依赖案卷，不能走进案卷的那个误区里去。

另外，不要急于下结论。无论在侦查阶段还是在审查阶段，直到开庭前，其实你该做无罪辩护还是罪轻辩护，到底有罪还是无罪还会有很多反复。每个案件不一样，当然有的案件开始起步就已经定了，杀了个人又没防卫情节那肯定是有罪了，但也有的案件哪怕是到开庭前都会反复很多次，所以不要急于下结论。

李秀平：与“依靠而不依赖案卷”相关联的是阅卷问题。在刑辩律师的工作当中，阅卷非常重要，但是一些年轻律师缺乏阅卷的经验和技巧，钱律师能告诉他们“如何阅卷”吗？

陈海阳：对，阅卷是律师工作中非常重要的一项内容，特别是遇到案情复杂卷宗繁多的案件，阅卷工作就更是成为年轻律师办案过程中的拦路虎。要如何从繁重的阅卷工作中提炼精髓、理清思路、找到辩点是年轻律师们非常苦恼的事情。

钱列阳：这个案卷啊，就像一棵树，一棵树分主干、枝干、树杈、树叶。这个树的主干就是从根一直到尖，然后是枝杈，最后才是树叶。你把一个案卷——无论多少本案卷，一定要分出，哪些是主干，哪些是枝杈，哪些是树叶。

被告人的口供、鉴定结论、主要的证据，这是主干；枝杈是其他相关的一些证据；抓获经过、个人履历什么的，这些是树叶。

对“树叶”这种东西，一晃就过，除非其中有某些环节是很重要的，那得单列出来。其实，那就不是树叶了，长得跟树叶似的，其实是个主干，你得单列出来。一般情况下，这种“树叶”你就晃一下。

对“主干”，在阅卷时要阅N遍。“枝杈”至少阅两遍，树叶一晃而过。

阅卷，无论是检察院的案卷或其他案卷，都标着卷1、卷2、卷3，你别按他们这个顺序走，你按这个顺序，从法律手续开始看起，那就累死了。逮捕证、拘留证都看了半天，有什么意义呀？你阅卷的时候，要把复印来的案卷的顺序打乱，按照你的思想来阅，把“会见被告人”和“阅卷”交叉着进行，不是说我先把卷全看完然后再去见被告人。

你可以把几个罪名分开，或者几个层次分开，先看一部分，看深、看透，然后，见被告人，问完，问深问透之后再看第二个罪名、第三个罪名。因为你会见的时间有限，这个时候尽量要把问题弄得更细化，每一个罪问深、问透，因此“主干”一定要搞清楚。

陈海阳：钱律师刚才说到“阅卷”和“会见”交叉进行。又讲到了“主干”等方面的阅卷法。阅卷必须掌握技巧，否则在遇到案情复杂的案件时就容易顾此失彼、遗漏重要内容。在成千上万页的案卷中找到自己需要的信息对辩护律师来说是个技术活，对此你有什么经验与年轻律师分享呢？

钱列阳：第一次上来，先要知道案子的大框架，先要把“主干”理清楚，然后，在阅卷的过程中，把“厚案卷变薄”。

这方面有两条经验。一条是用“表格化”来归纳总结。比如说被告人的口供有过N次的翻供，那么什么时间认罪了，什么时间又翻供不认了，什么时间又认了，什么时间又不认了，是要列出表来的，这是纵向的。还有同一档事情，不同的人，不同的口供，横向的也要列出表来。这样的话，你就会看出这些矛盾。

另一条是“列出大事年表”。我们中学学历史都知道编年体有大事年表，你如果把这个案件的大事年表都列出来，你会发现很多矛盾。有些人在这个时间点不应该说这样的话，他怎么就说了呢？可见这个笔录或者这个证言是侦查人员引诱他说的——侦查人员忽略了这个问题，直接替他说了，但是他在这个时间点实际上不会说这些话。当你拉出大事年表以后，你会发现很多案卷中矛盾的地方，因为公安局预审审讯，简单问几句，后面已经问得大概差不多了，他自己就当当当当地写了，写完以后，你看一遍，有的看都没让看，就让签字了。那边稀里糊涂签字了，实际上不是被告人说的，是警官说的，当然我们也可以看到案卷最后写的“以上看过，与我说的一致”。其实，不是“与我说的一致”，是“与你说的一致”，我们的警官没有发现这样的失误。

所以，我觉得阅卷是要把它拆开，不要一股脑地像看长篇小说一样去阅。不要从第一卷按顺序看到第三卷，要把它分开，分出事情的单独的解析。拆解了以后，有重点、有目标地看，这样你问被告人的问题也都是有重点、有目的的。

目的只有一个，就是把事实全搞清楚，把矛盾点找出来。有了这样的目标以后，拆散了看卷，而不是循规蹈矩地看。

李秀平：说到阅卷，涉及一个对案卷信息保密的问题。

陈海阳：曾经有律师因为泄露了案卷材料被定罪。在保密问题上，年轻律师必须多留心眼儿。

钱列阳：我们律师都知道，案卷中的材料，尤其是涉及一些证人的私人信息，实际上是保密的。

一个普通案件的案卷资料，在开庭之前属于机密。这就是为什么，我们在开庭前看到的案卷上经常能看到“保密”字样的原因。可是有些律师，习惯于把这些案件的材料放到网上去曝光、意图用舆论去给法庭施压。我不去评价这种行为对不对。

有的家属找律师，就希望让舆论来审判、让律师把这个案件曝光出去。这种时候，我们应不应该这么做？对我们不擅长做的事情，我们应该怎么面对？开庭之前把有限的案件材料曝光出去，这会不会有泄密罪之险？这也是我们需要考虑的一个问题。

经验 7 为何放弃“轻罪起诉”案件

陈海阳：北京一位年轻律师曾经向钱律师提出这样一个问题：“我们在做刑事案件中发现一个现象，有很多案件，你看案卷的时候，会发现当事人其实有很多罪行。但是，在起诉意见书里，包括起诉书里，只列了几个比较轻微的罪行。那么，对于律师来说就处于‘两难’之中：如果把这个轻微的辩掉，可能还会把这个重的补到这个起诉意见书里或起诉书里；如果你害怕检察官把重罪加进来，只能对轻罪不做辩护。但是，我们又感觉这些轻的罪行的确有争议。在这种面临两难选择的情况下，律师应该怎么办？”

钱列阳：这个问题提得很有水平。

这个问题也困扰了我很长时间。我的一些客户直接给我拿来的就是起诉书，马上就要上法庭了。我一看起诉书，上面起诉的是个轻罪名，而且很容易被驳倒，但我一驳倒，法官是可以变更罪名的，法官一变更就变更成重罪名了，其结果就是，我们把一个 7 年以下有期徒刑的罪名驳掉，法官判了一个 10 年以上有期徒刑的罪名。

这样的情况，我真的遇到过两次了。

面对这样的案子，最后，我就跟当事人一语道破天机。我说，你们家里肯定托人找关系了，把公诉人这一关给拿下了。所以，公诉人为了给这个面子，故意起诉了一个轻罪名。但是，法院现在要落实审判责任制，就是最后下判决时，法官只要判决认可了这个轻罪名，他就永远担负这个责任，将来十年、二十年以后都可以找辙的。我呢，能把这个轻罪驳掉，但驳掉以后，法官能不能判无罪呢？犯罪后果摆在那里，不能判无罪。我们国家的法律给了法官这样的权力——公诉人以 A 罪起诉，法官可以按B罪判处,但是这个B罪一认定就是10年以上。我这边给你辩A罪不成立,是有风险的。这就是"公诉陷阱"。

这个情况,是这几年才有的"阶级斗争新动向"。我们大家都是搞这个专业的,我作为律师一眼就能看透公诉人的意思,那个法官也一眼就能看透。所以,我告诉当事人:"你们真要是从家里人利益最大化的角度来讲,既然你有本事把公诉人搞定,你就再去把法官搞定,你也就不用再找律师了。反正也不会到死刑,最后就轻起诉,轻判,这件事到此结束。我是一片好心告诉你,这样的案子就是不必请律师的案子。"

这是腐败带来的情况,这是真正的司法腐败。所以,聪明一点儿,明白一点儿的律师就不玩了,就撤退了。起诉意见书是轻的,你可以接,接了以后你跟检察官还有个沟通的余地。但如果起诉书写成这个样子,那你就把法官逼到了换B罪判那个位置,那我们律师就不接这个案子了。

接案子不是很重要,重要的是"消化案子",这样的案子很难消化。

如果把一个轻罪"消化"成一个重罪怎么办?比如,一个案子明明是抢劫,公诉人按抢夺起诉,律师怎么办?你驳掉了抢夺,法庭判了个抢劫,这倒是罪刑相适应了,你这个律师的脸丢光了。所以,我认为最好不要接这样的案子。这时候,就是放手,你就跟客户很实实在在地把话都点透了,就告诉他,这个案子就别找律师了。

有一种爱叫"放手"。

陈海阳:有时候,放弃对于刑辩律师来说是必要的。

经验8 从刘志军案看“庭前会议”

陈海阳：随着新《刑事诉讼法》的实施，“庭前会议”也渐渐成为刑辩律师的主战场。但是，对律师在“庭前会议”上能够做什么、怎样才能做好仍然有疑问。钱律师能否结合刘志军案做一些指导？

钱列阳：这次《刑事诉讼法》修改时增加了有关庭前会议的规定。这也是一项和国际接轨的制度。

《刑事诉讼法》第182条规定，法官可以在开庭前召集公诉人和律师就法院开庭前的某些问题进行协商。比如证人出庭问题、开庭时间问题、非法证据排除问题、回避问题、翻译问题等一系列问题。

庭前会议的立法本意，是在庭前把那些回避等问题都达成一致意见，以后就不要再提了。在这种情况下，再开庭，直奔主题。世界各国都有庭前会议制度，我们也有了。我们这次有了以后，大家都觉得挺好的，以后开庭直奔主题。

结果大家知道吗？这部法律是全国人大制定的，这部法律的实施细则分别由最高人民法院出、最高人民检察院出、公安部出，都是在法律的项下对自己的要实施的法律内容做出一个实施细则。那么这个实施细则是不能超越法律的，应该在法律的框架范围内，这个大家都很清楚。

恰恰是在这样的情况下，最高人民法院在实施细则中悄无声息地加了一句话：“控辩双方对没有争议的证据，在庭审时可以简化出示。”这句话不得了！本来庭前会议讲的是庭前不能看案卷内容，开庭的时候解决案卷里的内容，最高人民法院这一句话，一下子就说你是可以看案卷的，对案卷中没有争议的问题简化出示，有争议的问题到法庭上来讲。搞出这样的司法解释，事先没有征求过我们的任何意见，等拿到司法解释了,爱与不爱都在那里,它是生效的,它是有效的,它是和《刑事诉讼法》同步的,在 2013 年 1 月 1 日就实施了。

为什么会出现这样的情况?就是因为法官为了提高审判效率,他就想让控辩双方把案卷打开,把有争议的问题拿出来,其他的问题简化出示,为的是节省开庭时间,提高庭审的效率。这么一来,就意味着庭前会议律师进去以后完全和开庭是一模一样的,因为你进入案卷了。到底这个证据有争议没争议,这也就意味着辩护律师的辩护工作提前了,等于说是提前开庭了。这种提前开庭的模式,广大律师很不适应,但是对于审判来讲真的是一件好事儿,我是法官我也喜欢这么来。这么一来,最后就剩下有争议的问题了。

这么一来,就存在一个问题:对控辩双方没有争议的问题庭审时可以简化出示,控辩双方没有争议,那被告人有没有争议?你把被告人的权利给卖出去了。

刑事案件和民事案件最大的区别是,在民事案件中,如果我是代理律师,只要全权代理,可以一切由律师做主,50 万元、60 万元、80 万元,我代表当事人降价了,他也无话可说,最后就达成一致了。在刑事案件中,被告人和辩护人是两个独立的主体,不是辩护人可以代替被告人的。公诉人的每一个证据拿出来都是先问被告人什么意见,问完再问辩护人什么意见。同样辩护人拿出的证据也要问被告人什么意见,公诉人什么意见。现在这么一个提高效率的做法,实际上变相地剥夺了被告人的质证权,他看不到案卷材料。所以,这个问题,从学界和理论上讲是坚决反对的。可是,庭前会议又不排除被告人到庭,换句话说,被告人可以到庭也可以不到庭。但是我们的诉讼资源有限,我开个庭前会议,90%的被告人都是不到庭的。

陈海阳:《刑事诉讼法》明确规定,开庭前会议时被告人可以到庭啊,为什么会出现这样的状况呢?

钱列阳:为什么?被告人到庭就需要法警用囚车押来,而庭前会议就是为了节省开庭的时间和成本。几次庭前会议时拿出某些证据让我认可,说现在按照"刑事诉讼法司法解释"的规定可以拿出证据,我作为辩护人要求把被告人找来,这不是剥夺了被告人的质证权吗?我得保护被告人权利啊。法官说,如果被告人来了,那不就是开庭了吗?我说:"庭前会议也允许被告人来啊,要不然庭前会议就谈案外的事儿。"法官说:"案外的事儿还要来开会干什么,打打电话就可以了嘛。"

所以每一次庭前会议,只要切入到某些证据,法官特别希望辩护人全权代表被告人,认可也好、确认也好、什么都好,可是闹了半天我不是落埋怨吗?所以每次到最后,就是辩护人和法官吵架,尤其是和女法官,关起门来吵。我们律师在庭前会议上的每一句话都记录在案,与正式法庭发言具有同等效力,这是很要命的一件事情。所以,我坚决反对,只有被告人确认我才确认,被告人不确认我就支持被告人,我决不替被告人确认。这样的情况,我们遇到很多次了。

陈海阳:你承办刘志军案件时是否也遇到了上述情况呢?

钱列阳:我办刘志军案件,刘志军是原铁道部部长,那不一样,级别高,官大。所以开庭前会议,不是把他提到法院来,而是法官、检察官和律师拿着所有的案卷和投影仪跑到监狱,找了一个会议室,把投影仪支起来,把案卷拿出来,400 多本案卷向刘志军展示。这个时候,作为辩护律师我也同意展示,因为被告人在场,他确认的,我就不能否认。他说这是杯子,我作为辩护人就不能说这是水桶。所以刘志军案件在开正式法庭的时候,由于开了一个庭前会议,展示了整整一天的案卷材料,所以只把有争议的那一部分拿到了法庭开庭,而没有把全部的东西都拿到法庭上出示。为什么当时这个案子三个半小时居然就开完了,还据此引起了社会的一片争论,说刘志军案件真正是在走形式,实际上,很多人不知道的是,前面有一个庭前会议。如果没有庭前会议,所有的证据都拿到法庭上来出示,至少都要开两天庭。

很多人并不知道现在的刑事法庭开庭前会议极为普遍,法院审理的刑事案件,十有八九都要开庭前会议。公诉人千方百计想知道辩护人的辩护观点是什么,省得在法庭上被打得措手不及。你哪些做无罪辩护,哪些打算做罪轻辩护,这些法官和公诉人都协商好了,法官就会千方百计地帮着公诉人套辩护人的辩护意见。反正是各种斗智斗勇的情况都有。

作为公诉人,他特别希望套取辩护人的辩护意见,作为法官特别希望开庭的时候特别简单、省事儿、不出错、可控制。所以刘志军这个案件,当时庭前会议开了整整一天,把所有的证据展示了以后,最终拿出了几个证据。

李秀平:能具体说一说,你作为辩护人和刘志军之间有配合问题吗?

陈海阳:对,你和刘志军都是怎样沟通的?他和一般当事人有什么不同?给像他这样树大根深、不简单的当事人辩护时有哪些需要特别注意的事情?

钱列阳:刘志军确实是一个很厉害的人。

我们律师和被告人的关系,某种意义上讲也是一个斗智斗勇的关系,律师听被告人的还是被告人听律师的,这是一个角力的过程。如果你听了被告人的,律师就成了他的法律奴隶;如果他听了你的,那么按照法律规则办事。这就如同病人和医生谁听谁的,如果医生什么都听病人的,这个刀怎么拿都要病人指挥,药怎么吃都要病人来决定,那就麻烦了。

当时,刘志军羁押了差不多2年,状态完全变了。他不找律师,他拒绝了,是一种软抵抗。最后按照法律规定,可能被判处无期徒刑以上刑罚的必须有辩护律师。所以,后来法律援助中心就指定我去为他辩护。法律对我们律师有一条规定,就是法律援助是一个义务。法律援助的案件,一个阶段律师费600块,两个阶段1200块,两个阶段连着用还要减一半,反正就是一两千块钱的事儿,还不够跑监狱的汽油钱。关键是,律师是不能够拒绝法院要求的法律援助的,如果拒绝法院是要建议对律师实施处分的,不指定你就罢了,指定你,被告人可以拒绝法援一次,但是第二次就是被强制指定性质。

我见了刘志军就把这个话跟他讲清楚,我说我不能拒绝你,但是你可以拒绝我,你把我拒绝了,我就走了,法律援助中心还会再派一个律师,但是第二次派来的是属于强制指定,这个时候你不能拒绝了。你有一次拒绝的权利,而我一次都没有。如果我是你家属请的律师,你说你不要找律师,我马上做个笔录,你签个字,我就回去跟你太太说,你不需要律师,很简单。

刘志军不是一个知识分子干部,更不是一个留洋的干部。他从铁路系统的一个临时工做成正部长,他的能力、他的魄力、他的思想的深度和厚度要没两下子也走不到这个份上儿，他是一个内涵很深的人。他见了我以后说："我这个案子你们不用辩，你最好的辩护是不辩护。我了不起就是打一针就死了，就过去了，也没什么了不起的。"

我想跟他谈谈案件，他说："你别跟我谈法律，我头疼。你别跟我谈高铁，谈高铁我心疼。"后来我们谈书，他在看《南渡北归》，是山东一个叫岳南的作家写的。一个三四十岁的中青年作家写的，说的是胡适、林徽因这些 20 世纪的文人大家，在 1949 年历史的分水岭上，哪些人南渡、哪些人留在了大陆等，讲这些人的命运。我没有看过这本书，从看守所出来后赶紧给助理打电话，让他给我买，买了我看，看了才好交流。

我们做律师的其实最难的真的不是抠法条，而是跟人接触，你得跟当事人拉近距离，得跟他慢慢聊。有的被告人不一样，有的被告人上来就跟律师说："什么什么，这些都是无罪的，你得给我辩无罪。"我就可以每一个罪逐一去分析，哪一个肯定有罪，哪一个肯定无罪，哪一个肯定无争议。但是刘志军说："别跟我谈这些，凡是我签字的我都认，事实都认，你要我死得快，你就给我使劲辩护。但是你要使劲辩护，我要在法庭上打断你。"

作为律师，我们最怕的是自己的当事人打断自己，这就如同打架，如果自己人挡着我不让我打，就很麻烦。

我们后面聊到铁路里去了，我跟他请教，为什么高铁我们不用磁悬浮。他说那时候也考虑过用磁悬浮，但是后来考虑这个成本太高了。因为我们中国的火车装得吨位太高了，如果是悬浮起来需要的动力、能量更大。

就这样，我们慢慢地就聊进去了。

刘志军从来没有接触过律师，他不需要。铁道部是非常封闭的，有自己的法院、检察院、公安局，法院有什么事请示最高人民法院，所以他和法院就没接触过。再加上在看守所的这两年下来，他对法律完全是不相信的。这和薄熙来正好相反，薄熙来是很相信法律的。

这个时候，我就在想要怎么跟他谈，如果稍有不好，我就谈不进去。太强了不行，太软了，律师的作用也发挥不了。最后我们达成一条"三八线"，我说："事实部分，你说你认了，我也就不反对了。但是你不是学法律的，事实拔高到法律的层面，有罪无罪听我的，我来给你做辩护，不影响你的态度。”

刘志军有严重的前列腺炎，我们在一起会见的时候，他从来是站着的，站一会就得上厕所，回来又站着，就坐不下来。所以在法庭上就是一直站着，三个半小时他也一直站着，底下其实给他有椅子，椅子上还有坐垫，他都没有坐。我就这么跟他交流，交流了以后，我们俩就达成一致了。这个过程，花了大概一个半月，隔一段时间去一趟，然后就跟他磨合、沟通、交流。

医生要说服病人吃药，不然的话，你开的药方病人就是不吃药、不打针，你也拿他没办法。我们做律师的特别有体会，人家对你要求越多越好，越没要求工作反而越难做。如果他不听你的，你要做好律师的工作那是很吃力的。

跟刘志军聊到后来，他就觉得行，就按照你说的做。这个案子当时有两个罪名，一个是受贿罪，另一个是滥用职权罪。滥用职权指的是四笔。他把铁路施工的 4 个项目给了丁书苗那个公司，让那个公司挣了 30 多个亿。但是他没有向丁书苗要一分钱，丁书苗也没有给他一分钱，丁书苗把 30 多个亿很大一部分钱买了 370 多套房，买了股票，买了黄金，买了一堆的固定资产。丁书苗是商界的人，他是觉得刘哥帮了我这么大的忙，给了我这几个项目，让我挣这么多钱，他从来就不要我的钱，我欠了很大的人情。刘志军的聪明也在这里，他绝不要钱。他的手下的吴公达因为什么事被中纪委拿下了，有一天他就和丁书苗讲，看有什么办法让中纪委把人放出来。丁书苗二话不说，马上跟女儿说了。她女儿马上找到一个老板，这个老板说和中纪委的关系特铁，然后这个老板就和丁书苗见面，那个老板大包大揽，多长时间保证放出来。丁书苗也不含糊，一出手给了这个老板 4400 万元，因为他觉得欠了刘志军很大的人情，这件事情就必须办成。为了办成就不惜花钱，所以 4400 万元给了中间的那家公司，结果那个公司事儿也没办成，钱也没退，结果案发了，把那个公司老板被以诈骗罪判了 15 年，钱也拿回来了。

还有一笔 500 万元的事情，刘志军觉得自己手下有一个副部长不错，想提拔起来，将来接替他的位置。所以和丁书苗说能不能到中组部找找关系，将来让他接替我的位置。又是刘志军开口了，又找人。那个人又说：“可以，我认识中组部的某个副部长。”丁书苗一出手又是

500 万元，所以一共是 4900 万元。另外还有 1500 万元是十多年间人家给他送的各种礼物、礼卡、钱。

我跟刘志军说，他这个案子，就是死刑死缓之类的，不可能无罪，连有期的可能性都不大。滥用职权罪最高判 10 年，我把四档事儿拿掉三档也无伤大雅。但是这 6500 万元的受贿是能要你命的，而这 6500 万元里面，我个人认为丁书苗为你办事儿花的钱，能不能算成是给你的钱，在法律上是有争议的。这个争议要怎么看？你不是学法律的，你就别管了，我作为律师，我去跟公诉人辩论去。

到了法庭上，我直接就指出来这个钱的所有权没有转移到被告人刘志军的手里。我们所指的受贿是两种情况，第一种情况我拿一包钱给你放下来，你不管嘴上说要没要，你留下了，钱的所有权交付之后就转移了，这个受贿就 OK 了；第二种情况，我说给你钱，你说先放我这里，我说好，咱们达成共识，我收的这 5000 万元是你的钱，只是暂时存在我这里，有这样的约定，这个受贿也成立了。而你为我花的钱，是不是就是我受贿的钱？很简单，我哪天到深圳来，李先生请我吃饭，花了 1 万块钱，这是不是就等于他向我行贿了 1 万块钱呢？这是两码事。

这 4400 万元也好，500 万元也好，这个钱，当事人如果是谦谦君子，事儿没办成原款退回，是退给丁书苗还是退给了刘志军？不可能退给刘志军。所有权始终没有转移到被告人的名下，所以为他花的钱，如果直接变成是给他的钱，这一条如果一突破，我们的监狱数量要翻三番。我们不是判例法的国家，如果这样判，就开了一个很可怕的先例。

就 4900 万元不能直接认定为刘志军受贿这个问题，我在法庭上和公诉人辩论得比较激烈。我说，我认为这 4900 万元不应该认定为受贿。从严格意义上讲，应该是共同行贿。为了达到不正当的目的，给予他人钱财的是行贿罪。中纪委的工作不是靠 4400 万元可以干预的，某一个副部长提拔成正部长，中组部的事儿也不是靠花 500 万元可以干预的。这是刘志军指出目标，丁书苗花钱跑腿办事儿，试图向国家的公职人员行贿，但是由于意外的原因共同行贿未遂。而不是丁向刘的行贿，刘对丁的受贿，法律关系应该是这样的。

公诉人听完了，好像也说不出什么来。一般情况是，公诉人讲完法官宣布法庭辩论结束，结果我的话讲完了以后，法官问公诉人怎么说，公诉人说："我还是坚持原来的意见。"后来法官说法庭辩论到此结束，我说"等等"。我没想到公诉人不反驳，如果是这样的话，我再说一说量刑问题。我说："这个案件，被告人滥用职权这个罪是明确的，但是他在任职期间搞出了高铁，我们国家每年增加人力运输 1 亿人次，货物运输 1 亿吨，更主要的是我们掌握了自有知识产权的和谐号，从德国和日本引进的技术被我们自己消化吸收，成为自有知识产权。我们买了这么多波音飞机自己还是造不出来，因为这个技术没有被消化吸收。高铁技术消化吸收了，这是对国家有贡献的，这是老百姓看得见、摸得着的。这一切不是被告人无罪的理由，但是我要求法庭在量刑的时候做一个考虑。"

这是量刑罪轻的因素，我必须把话说清楚。

这么一来，我中间还插了一条。我说我到澳大利亚去，当别人介绍我是刘志军的辩护人的时候，澳大利亚的华人餐馆的老板告诉我，说刘志军搞出来的高铁让我们海外华人扬眉吐气。这样一来，公诉人倒是没有反驳的理由了，这是一个量刑建议，不是无罪的理由。但是，量刑从轻的理由，法官就听得进去。当时我把这些话说完了以后，法庭辩论就结束了。

最后，刘志军庭后还很感激，后来就说现在看来当初一开始对你是有点儿慎言，一张冷脸对你，我说"没什么"。最后，我说你写点儿什么，他就写了："通过这个庭审，弥补了我法律知识的空白，受到了很大的法制教育，表示感谢。"亲笔写了信，给我做了个纪念。

基本上这个案子走出来一个最主要的原因，是这个案子和别的庭审不一样，由于被告人参加了庭前会议，突出了庭审，使庭审变得少而精。一下子把有争议的关键点提炼出来，把别的无关痛痒的都先过去了。另外，律师也有所选择，因为我花了半天去辩那 10 年的滥用职权已经没有意义了，最后判成死缓，就 OK 了。

李秀平：听完钱律师的介绍，深感刑事辩护领域的"水"很深。

经验9 “法庭提问”和“法庭发言”

陈海阳：案件进入庭审阶段后，刑辩律师的重头戏就开始了。我自己的体会是，由于涉及多重关系，律师要扮演好自己的角色并非易事。钱律师，你在提问证人或者被告人的时候，有哪些经验？

钱列阳：一次提一个问题。问题提得越简单越好。

提问证人的时候，如果让对方陈述一个问题，你是为了了解案情；如果你想驳倒对方的证言，你的提问要提简单回答到只能说“是”或“不”，这种提问是为了驳倒他，是为了否定他的证言，是攻击性的提问。

如果是陈述性的提问，那你就正常问。正常提问之后，他的回答可能对你有利，也可能对你不利。结果，你可能很难预测。

攻击性发问的时候，还有些技巧，包括留出时间，留出空间……

提问被告人的时候，如果他回答问题不全面，你应该换一种方式，告诉他：“你把问题回答得全一些。”如果你想通过重复的方式让法官更清楚，法官可能不会让被告人继续说下去。

如果案子的问题“点”比较多，比如说有5个点，你不要一次问5个点，第二次又问5个点，第三次还问5个点。你第一次问两个点，第二次还问两个点，第三次问一个点。你不仅不会重复，而且让被告人每次都仅限于回答你问的“点”。5个点问三次，不如每个点问一次。分开来问，印象会更深。

陈海阳：“答得好”的前提是“问得好”。在提问时注意方式方法，自然可以得到想要的答案。

钱列阳：我们律师其实无论对被告人发问，还是对证人发问，都忌讳抛出一连串问题。一次提问太多,律师觉得我问得多全面。其实,我们不要求全,求的是重点突出。把几个重要的点问到就可以了。而且每个点只问一次,但你要让他回答得特明确。比如,告诉他,你只需要回答“是”或“不”;“有”还是“没有”;“看见”还是“没看见”。你一个点只需要问一次。

我们确实有很多年轻律师,爱反复问,一次问很多问题,问很多遍。结果,他没有把5个问题一一回答出来。他可能回答了1、2、3个问题,4和5没有回答,带过去。所以,要拆开来问。

陈海阳:在庭审中,律师既要处理和公诉人、法官的关系,还要照顾被告人和被害人的情绪。可谓千头万绪。在法庭上发言时,我们如何兼顾法官和当事人双方的感受?

钱列阳:“家属满意”和“法官满意”是个难以两全的事情。为了让家属满意,律师讲得越长越好,滔滔不绝地讲了两三个小时,最后没有功劳有苦劳,当他终于讲完的时候,很可能博得旁听席上一片掌声,但是法官和检察官的耐心早就到了极致。作为专业人士,他们不需要听你从法制宣传到法学理论的最新章节大水漫灌。对法官来说,他只需要你讲出干货来对他有启发,让判决上有更充足的理由就够了。所以,同行之间的沟通,语言不需要复杂,很简单,大家都直接拿干货,三言两语就点头。

法官喜欢的律师是简洁干净利索,几句话讲到位。而客户希望的律师是滔滔雄辩的,律师滔滔不绝,他就觉得花这么多钱值得。

陈海阳:那么问题就来了,让当事人家属和法官同时满意太难,退而求其次,律师要让谁满意才能取得案件最好的效果呢?

钱列阳:那么,我们律师的法庭发言,是要哪一方满意呢?让家属满意,法庭效果不一定好;法庭效果很好,但家属又觉得不解渴。那么哪个优先呢?当然是法官满意优先,但是要和当事人沟通好,让他能理解你为什么在法庭上只讲干货。

经验10 “非法证据排除”实例

陈海阳：“非法证据排除”问题，近年来在实务界和理论界都受到极高的重视。这是一个刑辩律师需要经常面对的问题，同时也是一个很难见到实效的问题。换句话说，“非法证据排除”在实操领域要真正做到“非法证据”被排除非常困难。你是如何看待和解决这个问题的？

钱列阳：我们现在有一个很大的障碍，有一个能证明“非法证据”的证据一直存在，但是我们律师取不到，就是看守所体检表。对于被押出去再回来的在押嫌疑人，看守所都要扒光了只剩下一个小裤衩地检查，身上哪里有伤都要详细记录，这个是看守所对侦查部门的一个制约。这项制度早就有，但是这张体检表作为客观证据它不对律师开放，律师无法调取。如果看守所归司法局管是中立的，那律师还能调取着，它归公安局管，看守所和刑警队归同一个局长管，这个时候很难调取。非法证据排除无论是这次新《刑事诉讼法》出来之后还是在此之前两年那个“两项规定”里头都不落实，不是法院不排除，而是巧妇难为无米之炊，是法院拿不到证据，拿不到是律师提供不了。

客观存在的刑讯逼供变成了一个看守所对刑警队办案部门的内部制约，而不是一个能够拿到法庭上的外部制约，这是非法证据排除这么多年在司法实践中总被卡住的一个原因。

至于说人证，同监号的人说我看到他有伤了，我今天给你说我看见了，下次来我就说想不起来了，而私下里说真有伤。没有几个同监号的人敢冲出来说：“对，某年某月某日他确实被刑讯逼供了，身上有好多伤，我都看见了。”因为他被还捏在公安局的手里，他如果作了这样的证，对他后面很不利。

所以,我们寄希望于客观证据,我提出来,我也不知道有什么办法能获取,但我只是提出来告诉广大同仁,那份客观证据是非常重要的。如果他离开监所去看现场、去寻找赃物或什么的时候,他离开了若干天,这若干天往往包含了办案机关对他的刑讯逼供。那么,他的某堂口供,这堂口供是在看守所以外做的,而被告人本人说他受到了刑讯逼供,那么这份口供制作的时间和看守所的入所时间相比对,以及入所的时候必有一张体检表,这是我们工作中可以努力的一个方向。

我到现在还没有看到特别成功的这方面的经验,我只是提出来。

接下来还有几个问题,一个是鉴定问题。鉴定问题就充分运用这次新《刑事诉讼法》的关于专家证人出庭一条,如果我们能有专家证人出庭,同时要求鉴定人出庭,让专家证人和鉴定人在法庭上有一个PK,在他们特定的专业领域,无论是伤痕学还是精神病学,还是笔迹鉴定学,在特定的领域里有专家PK,这对我们来讲是一件非常重要的事情。所以要努力营造这个环节,就是将法条中的这次进步扩大到一个最大值。

确定辩护思路,我认为做绝对无罪还是相对无罪,这个问题由于时间关系我就不往深讲了。我只说一条,就是如果做绝对无罪的辩护,作为一个律师,这是一个进攻型的思维方式,那么他在举证的过程中要求证人出庭这个工作量往往是很大的,因为由证人自己来推翻控方证据从而达到无罪,要把这一条给抓住我认为至关重要。而至于说相对无罪,实际上是一种二线的辩护,他对现有证据只是提出瑕疵,这是完全不同的两种手法。

陈海阳:钱律师在这方面有成功先例吗?

钱列阳:不久前,我代理过一个案件。在山东枣庄的法庭上,在搞非法证据排除的时候,我突然发现一个问题。我提出来,供大家参考吧。

法庭上,我们启动了非法证据排除程序。然后,检察官播放了同步的录音录像。在同步录音录像中,我发现了几个问题——

从程序上来讲,对照“笔录内容”和录像播出来的情况,发现两者其实“不同步”,问和答并没有真正对应上,这是程序。

从实体上讲，出现了两个情况。第一个情况，应该是被告人“有言必录”，其实是“有言不录”，这个可以理解为被告人无关紧要的一些话，预审员没有把它完全记录下来。但问题是，还有第二种情况，那就是在“有言不录”的同时，还有一个情况是“无言有录”，这些问题被我在法庭上抓住了。案卷里，被告人回答的一些问题，在同步录音录像中根本没有做出回答，这是一个实体性的问题。换句话说，是预审员记录的时候，把自己的话加进去了，然后让被告人稀里糊涂地就给签字。所以，你如果不看这个同步录音录像的话，你会认为被告人就说了这些对自己很不利的话。所以，这条被我抓住了。

抓住问题之前，我就提出来了：“你预审员不能这样往里加佐料，你‘有言不录’，或许还有解释的余地；但是‘无言有录’，这是绝对违反你们的职业纪律和职业伦理的。”

我抓住了一条，是长达 38 页的笔录，在 1 个小时之内做完了。笔录上写着“看完了”，也签完字了。我就提出质疑，说：“可能吗？如果能做完，这是什么样的效率？”

陈海阳：钱律师在枣庄法庭上指出侦查工作中存在的问题，其实就是侦查人员把自己工作中的一些想当然的东西直接“安插”进笔录中去。“无言有录”的内容往往会成为给当事人定罪的重要证据，这些证据子虚乌有，却给被告人带来实实在在的刑罚，着实需要格外小心。

钱列阳：这是对被告人严重不负责任。笔录就是问和答，你工作中的预案、线索、知道的东西，这不是笔录要解决的问题，这是你工作计划、工作汇报要解决的问题。所以，我个人始终认为，笔录里头，比“有言不录”问题更大的是“无言有录”。希望各位同仁也能够注意到这些问题，这些问题是我们的当事人忽略的问题或者当时晕头转向就签了字了——这根本不是当事人的意思表示，但恰恰是这些“无言有录”的话，对被告人是致命的打击。

经验 11 “罪轻辩护”与“量刑辩护”

陈海阳：量刑辩护里头有很多学问。罪轻辩护、无罪辩护在操作上有很大的差别，律师要处理好二者的关系也需要把握火候。在实践中，经常遇到这样的难题，当事人希望无罪辩护，但是律师认为“当事人对法律不理解，其中掺杂着很多个人感情”，因而很难按照当事人的要求去做。钱律师是如何处理这类问题的？

钱列阳：在确定辩护方案时，首先要明确被告人对“有罪无罪”的认识和我们律师该做“罪重罪轻”的辩护是不是一致的。

如果被告人认为自己无罪，我们律师能不能做罪轻辩护？我们做的罪轻辩护也许对当事人有好处，但我们是不是违背了《律师法》和《刑事诉讼法》的规定？我们是不是承担了“指控”的职能？

如果被告人认为自己是有罪的，我们律师能不能做无罪辩护？如果我们做无罪辩护，是不是要征得当事人的同意？在司法实践中，这些问题经常困扰着我们大家。

我个人认为，在刘志军案件上，我的做法是成功的。他自己认罪，因此要求律师“不能做无罪辩护”，他认为事实已经确定了，你不能改。在这种情况下，我跟他讲，我尊重你的要求，我必须满足你的要求，虽然我是指定为你辩护，但我也是为你服务，不能跨越你的界限。但是，我要坚持6500万元中的4900万元受贿指控，不是犯罪，我要坚持自己的法律观点。所以，后来得到了他的同意。这是双方之间的一个博弈的过程。

我个人认为，律师做无罪和罪轻辩护，一定要征得当事人的同意。但是还有一种情况，那就是当事人认为自己是无罪的，但是他慑于纪委和司法机关的压力，决定自己认罪“落个好态度”，要求律师给他做无罪辩护——我们律师实实在在看了这个案件认为这案件就是有罪案件，我们不能睁着眼睛说瞎话。在这种情况下，我们还能不能继续为这样的当事人提供法律服务？他想让我们律师来背这个黑锅，我们能背吗？

这些问题，我们大家必须有一个思考。

李秀平：“量刑辩护”的问题，可能也是困扰很多年轻律师的问题。面对法官手中的自由裁量权，律师怎么通过“量刑辩护”来实现当事人利益最大化的目的？

钱列阳：量刑辩护这方面，我个人的理解是，如果你最初做的就是罪轻辩护，那你要在量刑辩护上花很大的功夫。在投案自首、退赃、立功这一系列的细节上，都要花很大的功夫来做量刑辩护。

如果你是做无罪辩护，我认为分两种情况。

第一种情况是，干脆拒绝量刑辩护，因为我的当事人就是无罪的。当事人坚决认为无罪，你也认为无罪，因此不做任何妥协，在争得当事人同意之后，可以直接在法庭上拒绝就量刑辩护提出量刑意见。我有些案子就是这样。我认为无罪的我就坚持无罪，所以我不会前面说“无罪”以后，后面再说“那就判三年吧”。所以只要当事人同意，我不做量刑辩护是可以的。

第二种情况是，当事人不是绝对的无罪，而是个疑罪。理论上讲，应该是疑罪从无的，但在司法实践中“疑罪从无”可能比较困难，可能会走到“疑罪从轻”。那么这个时候，提出一个妥协的意见，同时提出一个量刑的意见。这也同样要和被告人充分沟通，征得被告人的同意，然后在对主体事实做无罪辩护的同时，提出一个量刑的方案。因为，有的时候被告人有这样的希望和要求，家属有这样的要求，我们也不能放弃。

所以，到底在做无罪辩护的情况下是否做量刑辩护，一定因案而定，因当事人的要求而定，因你和当事人沟通的结果而定。总之，你和当事人是法庭上的左脚和右脚，不能分开，一定要相互配合。这个沟通很重要，这里也同样存在一个说服当事人的问题。

陈海阳：庭审过程中，会出现各种突发情况，这最考验刑辩律师的专业素养和应变能力。面对突发情况，刑辩律师如何能够做到游刃有余？你曾经处理过“变更罪名”的案件，能给我们介绍一下经验吗？

钱列阳：我遇到过一个案件，职务侵占罪，3 个被告人，我给第一被告作辩护。这个案件，检察院认定为 3 个人共同职务侵占。案情涉及金融领域的证券行业，是比较复杂的犯罪。

开庭的时候，法官在对第三被告进行讯问的时候，对方说出了两个字“回扣”。我意识到这意味着这个案件有可能变成一个商业贿赂案件，也就是说，第三被告人向第一和第二被告人行贿、第一和第二被告人接受了第三被告人行贿。如果是这样，那么按照现行法律的规定，法院是可以变更罪名作出判决的。那么，我有理由做出这样的怀疑。为此，我灵机一动决定改变辩护策略。在法庭辩论的时候，我首先就对指控的职务侵占罪做出无罪辩护，辩护完了以后我又临时加了一段“变更罪名”的内容。

因此，我针对本案不构成商业贿赂，再提出辩护意见如下：“1、2、3……”

这是一个很有意思的案件。当时，我也是灵机一动，发现想到自己给自己树立一个靶子，然后又开始打靶，公诉人这边也没法回答，他既不能支持你也不能反驳你。因为公诉人并没有指控这样的一个罪名，所以他不便于作出激烈的反应——我这是自己给自己设的靶子，他同意和不同意都不好说。而法官其实也确实在想变更这个罪名，所以他也不好意思打断我对商业贿赂罪做无罪辩护的法庭陈述。

我这样做的结果是，不仅挡住了第一个罪名，而且还挡住了第二个罪名，迫使法官走上了“第三条路”——最终，以一个比较轻的挪用资金罪下了判决。这样的一种辩护方式，也是我以前从来没有尝试过的，也是实践出真知吧。我也不知道这样做是对还是不对，A 罪辩完了又给 B 罪辩护，最后迫使法官用一个比较轻的 C 罪下判决。

我谈到的是个比较边缘性的问题。我心里可能就觉得，没有完全标准的答案，就是在摸索。

陈海阳：独辟蹊径也许就能柳暗花明。

李秀平：你曾经在“银湖沙龙”讲过，要给法院在无罪判决上留出空间，这个理念是什么样的内涵？

钱列阳：在现行的司法体制下，法院判无罪的案件是很少的。这种无罪的审判,除了律师的努力,当事人的态度,相关证据的支持以外,法院会考虑到和检察院的关系、和公安的关系。他会考虑到判了无罪,如果羁押了很久的国家赔偿的问题,他要考虑到检察院可能会抗诉,这些都是法院考虑的,理论上讲律师不必考虑这些,但是为了要让他作出无罪判决的空间,我们律师确实要帮助法官下这个无罪判决的台阶,因此除了案情的必要性以外,要看司法环境下的可行性、可能性,要留出足够的回旋余地,要帮法官解决这些困难,要替他想到这些困难。

经验 12 从李某某案,看“无罪判决空间”

李秀平:李某某案件,一直让法律人感到很纠结。大家为什么对那个判决结果难以释怀?

钱列阳:李某某这个案件,应该说,在法律上确实是有问题的。强奸罪,其实就是违背妇女意志发生性行为,就是使用暴力、胁迫或者其他手段,强行与妇女发生性行为。客观上,实施暴力,或者以暴力相威胁,或者麻醉和酒醉,总之在女方不同意的情况下有了性行为就是强奸。

而李某某这个案子,实际上,到最后有性行为的时间是那天早上 6 点到 7 点半,一个半小时,在宾馆的那间客房里,只开了一个卫生间下面的地灯,别的灯都没有开。一个标准间,两张床。在这种情况下,5 男 1 女在客房里面做的事情。如果这个女的要是反抗也好,反对也好,怎么身上都会有伤,包括上衣裤子会有被撕破的痕迹。而没有这种情况,最后,她衣衫完好地走出房间了。这里面没有刀,也没有硫酸。所以,这到底是一个卖淫纠纷还是一个五对一的强奸或轮奸?当然有一点儿常识的人,都会提出这个质疑。

李秀平:对这种常识,法官也应该很清楚吧?

陈海阳:现实总是比理论复杂。律师在承办如李某某类似的具有社会轰动效应的案件时除了关注案件本身,是否还应该体察其他可能影响案件定罪量刑的因素?是否这些案外因素有时候比案件本身更加重要?

钱列阳:在我们今天的司法体制下,法院判无罪的空间太小。法院必须照顾到检察院,检察院要照顾到公安局的错案追究,就是抓错人了之后的一些问题,还有舆论压力等。

我们今天的互联网、微博、微信等媒体,在社会公众关注的问题上起到了很不好的作用。新媒体要的是眼球经济,我们看到的是新闻噱头。这种媒体不是追求一个客观真实的报道,因为追求客观真实的报道可能就不吸引眼球。一双袜子穿在你的脚上就不吸引眼球,如果其中一只袜子挂在你的帽子上,大家就都来看了。

律师在应对媒体的问题上,既有个人炒作想做广告的成分,又有他希望通过媒体来压制法院的想法。律师通过舆论来压制法院的想法,如果引起法院的反感,反而把法院"轻判"的路堵死了。这就是我们不成熟的社会。媒体和法院,律师和媒体,律师和法院,这三角的关系没有搞清楚。在这三角的关系没有搞清楚、没有明确游戏规则的情况下,个人隐私案件,未成年人的,强奸的,多吸引眼球呀,跟帖的又很多,律师又没有经验,又想出名,又想利用媒体,又被媒体反利用,所以就打成了一锅粥。

李秀平:*在李某某的案件中,律师也很受伤。*

陈海阳:在李某某案件中有几名律师受到了处罚,对他们的处罚更像是对刑事辩护律师的一种警示。承办案件的过程中需要注意多方因素,包括恪守职业操守和严守职业道德底线的问题。

钱列阳:当一审判决出来的时候,北京市律师协会明确宣布对其中几名律师立案调查,就是他们违反职业道德、职业纪律。比如说,对未成年人的案件不能公开报道,不能透露信息,透露出去了,就是违法的。包括案件还在法庭审理的过程中,法官突然在网上看到了辩护词,这个辩护词和后来辩护律师说的完全一样,而且这个辩护词里直接指出了被害人的隐私。这样的情况,第一,辩护词不能上网,第二,这个披露隐私是损害了受害人的名誉,再加上梦鸽对律师的投诉,所以北京律协很快对律师作出了处分的决定。

这个案子,我觉得给广大律师提出了一个警告。就是在应对媒体关注的热点案件中,有的律师想给自己做广告,有的律师想动用媒体压制法院,或者是变成全民公决,对整个案件的公正审判起到了非常大的阻碍作用。

我们知道,国外的律师只能对媒体讲法律程序的进展。比如,这个案子下礼拜二继续开庭,这个案子下周三正式宣判,这个案子庭审还在进行中,不要说照片和内容了,连其他地方都不能说出来。美国的案件审理就是一个素描画。这一切给我们的律师提了一个问题,就是在今天这样的时空条件下,我们在处理热点敏感案件的时候,对当事人的保护和对自己的保护、职业伦理要到什么程度?我们能不能容忍无罪判决?我们能不能把社会对官二代、星二代、富二代的不满纳入法治的轨道,而不是任意地发泄出来?

陈海阳:目前的社会环境不断对律师提出新的问题和挑战。

钱列阳:这里面还有个问题,就是"律师的职业伦理是不是一味地追求司法公正"?

不是。律师的职业伦理实际上是维护当事人合法利益,这才是他的第一职业伦理。他是天平一头的砝码,而不是中间的轴。法官的职业伦理是司法公正,查清事实。但是律师不是法官,他是通过天平这一头的砝码来制约天平那一头公权力的砝码,通过制衡达到公正。

这个通过律师制衡达到公正的历史,在中国只有100年。中国传统文化中的公正来自于包青天,来自于赶上一个大公无私而又很敏锐的集正义与力量于一身的包公。铡美案中,没有人给陈世美辩护,就铡了。所以说,律师对公权力的制约,这是对中国传统文化基因的改变。这是一个法治理念。实际上,我们应该逐渐和国际接轨,走到通过相互之间制约达到公正的路上来。因为每个人的内心都有自私的一面,每个人的自私一定带来了相互之间的另一场博弈。而只有相互之间博弈了,才能够达到公正。如果一个人的权力无限,必然导致权力被滥用。权力的滥用,导致魔鬼之门早晚会打开。

李秀平:律师维护李某某的权益,还触动了"民愤"的神经。

钱列阳:律师的出现,把维护当事人利益最大化放在第一位,这是很多老百姓接受不了的,大家觉得律师就应该维护司法公正。事实上,维护司法公正是通过维护个案中的当事人利益来间接地,而不是直接地实现司法公正。直接实现司法公正的是法官、公诉人,他们倒是享有直接实现司法公正的权利义务，因为他们代表公权力。检察官的标志是一支宝剑，宝剑是双刃，“证明被告人有罪”是他的权力，“收集被告人无罪证据”是他的义务。因为他是靠纳税人供养的，所以他拿着公权力洗清冤枉是他的责任。但是律师没有，律师只需要维护司法正义、维护程序正义、维护当事人的合法利益，以此来体现价值。

一个成熟的律师、一个有经验的律师，他只需要两条：提炼、预测。提炼就是，一个案件乱七八糟一大堆东西，进行提炼，就是把一只鸡的鸡毛、鸡肉都拿掉，只要一个鸡架子。预测是，你走一步看三步，他走一步看五步。今天将会怎样，明天将会怎样，后天将会怎样。所以当事人付律师费买的是什么？我们的很多客户不明白，实际上买的是敬业精神加职业经验。

我们律师的经验是什么？是掌握当前这样的政治社会环境条件下，司法审判实际掌握的尺度和规律。这个经验两年前不是，两年后也不是，但今天就是。而你这个案子正好在今天，两年前审判不一样，两年后审判可能也不一样，所以法律的生命在于经验而非逻辑。

根据十八届三中全会前后的不同的政治气候，预测司法实践会变成什么样。这就像大海里航行，对于船长而言，他在大海里航行一定是一个气象学家，他看的是天气，天气决定了海浪，海浪决定了船，他为了船不被海浪打翻，凭着他的经验预测海浪将会怎么走，预测到天气将会怎么变化，所以老海员都是气象学家。老律师也是如此，他是半个政治气象学家，因为他不能够改变气候，说难听一点儿却会见风使舵。见风使舵未必是贬义，因为他要把特定的当事人的利益最大化，在今天这个司法环境下求得最大化，这个时候可能顺水推舟，也有可能剑走偏锋，这完全靠经验的积累。

一个有经验的律师，就是把所有的这一个时空条件下的经验灌输在案子里，求得当事人利益的最大化。这就是一个律师的作用。

经验13 关于“满足被害方诉求”

李秀平:刑事案件中,被害方也是一个重要角色。很多被害人对赔偿要求的数额特别大,有的甚至用上访或闹访的方式来主张自己的权利。在下达判决的时候,法官出于种种原因会尽量地满足被害人这方的诉求。里面包含一个辩护律师和被害方如何相处的问题。

有一个真实案例,甲指使乙把丙打了,警察把乙抓住了。但是,这个甲指使乙的时候很高明,警方根本查不出来。这个时候,丙就闹访闹到公安部了。后来,公安部督办,让下面把事情解决。解决起来难度很大,因为这个丙就希望赔到100万元,不给就闹。后来,公安机关把甲乙丙放在一边,把丁抓住了,让丁向甲施加压力。最终,还是丁向甲施加压力拿钱。

钱列阳:这个案件已经超出法律范围了。我们律师只能在法律范围内做工作。法律范围内该付多少钱,不该付多少钱,我们依据规定弄得清清楚楚。至于你地方上不按法律规定做事,我们办法真不多。在法律规定之外做事,我们律师无法控制。

这是“维稳”手法,是会哭的孩子有奶吃。这是一种错误的政策,是对法律的干扰。

我们律师的作用是有边界的。我们是在法律规则之内,维护程序的正义和实体的正义。超出边界的事情,我们无法掌控。这个不用去困惑。这不是律师的错误,是律师的无奈。

我们律师别把自己看成是万能的。

陈海阳:明确自己的能力范围,知道自己的“无能之处”,才能真正有所作为。

钱列阳:在费城的时候,我跟那里的一个公诉人沟通。他告诉我,他案件起诉的成功率是60%。他说,我的成功率是比较高的。我问他:"那你有40%的案子被判无罪呀?"他说:"这个事情没办法。我到现在也认为,我的很多公诉是对的,但是,法院判他无罪,陪审团判他无罪,那我没有办法。我保留意见。这事儿也就过去了。"公诉人能如此坦然,是因为受害方不会为了法院放纵犯罪嫌疑人哇哇大哭。美国的公诉人会觉得,虽然我认为他有罪,但是到了法院之后,法院没有判他有罪把他释放了,我就得接受这个结果。

这就是说,这个美国公诉人很明白自己责任的边界。我们做事情是有边界的,律师也好、公诉人也好、法官也好,我们的边界是法律边界。法律之外的行政手段,超出我们能够触及的边界了——超出射程了,我们根本管不了。

经验 14 有关"二审"的系列问题

李秀平：关于"二审案件"的问题。一审案件是别的律师做的，到了二审的时候才委托到你这儿。你可能面对的是前面的律师做工作不到位的情况，也可能有当事人要求更高的情况。有些年轻律师在面对二审案件的时候，觉得连从哪里下手都很困难，请钱律师把最关键的经验跟年轻律师分享一下。

钱列阳：我觉得，有几点需要提醒。

首先，接二审案件有个忌讳，就是不要在客户面前说一审律师不好。客户一定是对一审律师不满，在二审时才来找你做律师。这时候，他会在你面前流露出对一审律师的失望、不满。你不要去附和，同行相轻是不对的，贬损同行更是不可取。

客户对我们的同行有这样那样的怨言我们挡不住，但我们至少不要起推波助澜的作用，火上浇油就更不对了。我们要尊重前面的律师的方案——也许按你的标准，那个律师该做5条他只做了3条，那也是那个律师的性格、业务专长、经验以及其他各种原因造成的。我们二审律师对一审律师不承担教书育人的责任，所以不必说得过多。

其次，我们自己把案件接过来，要抛开一审律师思维的局限性，独立完成自己的辩护思路。

如何独创这一套思路？还是要"依靠案卷但不依赖案卷"。要详细询问被告人的意见，耐心听取他对一审法庭审理的描述。因为我们一般都没有机会去旁听一审情况。耐心听被告人的陈述后，重塑二审的辩护思路——绝不是一审辩护思路的二次呐喊。我们针对的、寻找的是一审判决书的硬伤，这硬伤包括法庭举出的某些证据，提出的某些观点，在一审判决书中完全没有体现。一审判决中忽略的、回避的某些问题往往是它的软肋，是需要我们二审需要强化、补强的。因此，对一审庭审的过程，要有足够多耐心的听取。

陈海阳：有时候二审案件比一审案件更加难办，律师不仅要跳脱出一审的局限，还要找到一审判决中的硬伤。面对二审判决的不同结果还需要提出不同的应对措施，承办二审案件一点儿不简单。

钱列阳：所以，我觉得二审律师不要被一审律师牵着鼻子走，不能完全依靠一审律师，要有自己的独立的思维。最终，二审要确定的是改判还是发回重审，这和一审是两个完全不同的辩护思路，这和一审是完全不一样的。如果是改判，是在事实不变的情况下量刑上增加相关的从轻情节；如果是定性上有误，那么你的目的不是指出它应该是什么，而是应该直接说明一审判决的认定和现有的证据不配套，一审现有的证据不足以支撑一审判决的结论。因为事实不清楚，从而达到二审的辩护思路的指向是发回重审。所以，这是两个完全不同的二审辩护的方向。

陈海阳：我替一位年轻同行问一下，对二审案件，二审法院经常以自己院里内部的研究决定不开庭。在这种情况下，律师怎么救济或者怎么才能发出自己的声音？

钱列阳：律师就要说服承办人，这个案件的事实部分有重大变化，以至于必须开庭。你不是说服二审的法官，而是要给二审法官一个说服二审法院的庭长乃至院长的、能够放到桌面上的理由，告诉他本案在事实层面上有了新的证据，以至于应该开庭。给他们批准开庭的一个足够的理由，足够的台阶。

如果你找到了二审的法官，向他提交的二审辩护意见只是对一审辩护意见的重复，那法院肯定不开庭。所以，有的法官原本不准备开庭的案件，让律师提交辩护意见，律师就把辩护意见交了，但在提交的意见后面附上了“附件 1”、“附件 2”，这些附件是本案事实部分的新证据，那么，法官会自动地改变原来不开庭的决定，改为开庭。因为一旦他给你开庭，他就把案卷移送给检察院，让检察院有 1 个月的阅卷时间。所以，关键问题不在于怎么用嘴说服，而是用事实、用证据说服，他自动会改。

陈海阳：要促成二审开庭审理，还是需要讲究方式方法，抓住重点办事。

钱列阳：在二审期间，除了有新的事实证据材料，还有一种情况，就是律师发现一审判决有明显的硬伤。这个硬伤，无论是证据采信的硬伤、法理上的硬伤，还是其他方面的硬伤，如果没有新证据，那就在原有证据上有硬伤，必须要改。

经验15 “回访当事人”时做什么

李秀平：钱律师非常注重回访当事人。按理说，一次代理活动结束了，律师的任务也就完成了。你为什么还要隆重地回访当事人？你从中又收获了什么？

钱列阳：回访当事人是这样，一审判决出来后，可以回访当事人。问他是否要提出上诉，一审判决是否恰当，这个是可以的。二审是做不到的，如果二审判的是有罪的话，那么从判决作出之日起，你律师就不能再到看守所会见当事人了。

一审判决作出之后，律师对当事人的回访，其中很重要的一项内容，是和当事人就“是否提出上诉”及“上诉理由”进行交流。有的案件，我们认为必须上诉，有的案件我们认为不必上诉，这涉及律师的观点，还涉及被告人的观点，还有双方之间一些信息上的沟通。

打个比方讲，就今天来说，《刑法修正案九》(以下简称《刑九》)没有出台，草案我们已经看到了。其中对于职务类犯罪中轻数额、重情节有了一定的倾斜。比如，以前受贿10万元就是10年以上有期徒刑，现在十几万元、二十几万元的就不一定严格扣在10年、20年了。这样的信息，如果我的当事人贪污受贿在10万元以上100万元以内，一审判决很可能会判个10年或12年，我会鼓动他上诉，等待着《刑九》的出台。那么，我们的判决就不会生效，这就有可能让他因为拖时间最终少判几年。

这些就是我们对于立法动态的掌握，对形势政策的掌握要跟当事人沟通，这是我们法律服务的重要组成部分，从而说服他必须上诉。他哪怕不请律师也应该上诉，要争取时间。而如果请了律师，我继续做他的律师，我向二审法官做的工作也是要把这个案子拖下去，拖到《刑九》出台。为客户提供这种服务都是可以放到桌面上来的，这不需要在桌下偷偷摸摸干，大家都知道《刑九》要出台，可是千呼万唤还没出来，大家也知道《刑九》对这一类犯罪从轻了，但你一旦判决生效了，再从轻也没有办法了。所以我们这个时候，判决出来是否上诉，跟当事人的回访中，除了了解他对我们的法律服务是否满意之外，从当事人利益出发，我们要跟他进行上诉还是不上诉的充分的交流，我认为这是有必要的。

陈海阳："回访当事人"，不是所有律师都会去做的工作，但确实是想要把案件办精办好的律师一直坚持去做的工作。

附录 律师承办刑事案件基本技能

本文背景：在担任北京市律师协会指导与继续教育委员会主任期间，钱列阳承担了一项题为“刑事业务的规范操作”的课题任务。

在课题中，围绕律师的日常行为、约见委托人、律师费收取、侦查阶段的操作、审查起诉阶段操作、庭审阶段操作等刑事律师行为和工作做了“全流程”研究后，钱列阳结合自身的实践经验写下本文。

这篇近2万字的“课题报告”，是一个充满真知灼见的经验之谈，更是一个“拿来即可用”的实操模板。

“刑事业务的规范操作”，即办理一个刑事案件的“基本程序规范”和“操作技能”。

日常行为规范

在通过司法考试进入律师行业之后，作为执业律师出现在社会上之前，无论你是学生、干部还是其他身份，你是否仔细考虑过一个“律师是什么形象”的问题？

想一想我们小时候，看过的电影、电视剧，里面的律师是什么形象？客户希望的就是那个形象。特别是对刑事案件中的律师形象，比起民商案件中的律师，要求更加规范。

一、关于刑事律师的“形象规范”

客户找刑事律师，往往是因为家中有朋友、亲戚被司法机关采取强制措施而失去了自由，急于找人。像医院里急症室的病人家属，家里人得了急病，急急忙忙到医院去找医生，想找到、想见一个言谈举止、穿着打扮非常规范的医生一样，客户也想找这样一个“言谈举止、穿着打扮非常规范”的律师。他一眼看上去，就知道你是一个职业律师。我们认为这是第一个标准。为此，我们要从几个方面规范自己的形象。

1. 着装、发型规范

律师的着装应该是职业的。女律师是职业女性服装，男律师是职业男性服装。职业套装、颜色的搭配、发型都要体现出律师的工作态度，而不是适合朋友 party、晚会或休闲活动的装束。男性穿西装也不要突破“三色原则”，从上到下、从里到外，不要超过三种颜色。让客户感觉你做事规范严谨、注重细节，这是刑事律师的职业社会形象。

2. 言谈规范

大大咧咧、马马虎虎、嘻嘻哈哈，这样的律师可能不是当事人愿意找的。你人倒是很随和，但是大大咧咧什么都忘了。比如：案件材料没带全，什么东西忘记拿了。客户是什么感觉？所以，从事律师职业的第一天开始，当你以律师身份出现时，就要注意自己的言谈举止。

3. 办公室陈设规范

作为律师，你可能有一间独立的办公室，客户可能会在办公室等候。当律师还没有到的时候，客户会仔细打量房间，因为办公室是房间主人形象的另一个侧面。很多律师的办公室琳琅满目，像个博物馆，各种各样的摆件，如玉器、铜器、铁器挂满了房间。事实上，律师办公室不是董事长办公室、总裁办公室、部门经理办公室，也不是教授的书斋，就是一个律师办案的办公场所。律师的办公室里放满了案卷、各种书籍，案卷材料多归多，但很整齐，顺手就可以拿到。这样可以让客户感觉，这个律师工作繁忙，但是认真负责、有条不紊、一丝不苟。

律师信息的传递，不仅仅局限于言谈、服装、办公室陈设、随身物品，与你有关的所有一切都是客户希望吸收的信息——这将决定你是不是一个值得他信任、委托的律师。在这方面，对我们这些走进律师门槛的人来说，经常会见到形形色色的客户，他们有的素质高、有的素质低、有的通情达理、有的蛮不讲理。对我们来说，这些都不要紧，重要的是你在与他们的交往中，可以把握给他们留下的印象是什么。

二、关于律师的“角色定位”

律师角色可用三个三分之一来定位：三分之一是学者、三分之一是商人、三分之一是社会活动家。我们是做学问的，但我们不是大学教授，做专业学问占了我们的三分之一时间；我们还要拿出三分之一的时间来营销自己，卖出服务获得收益，这个收益是我们养活自己的基本物质条件，所以我们还有三分之一是商人；但我们又不纯是商人，我们还有三分之一要承担社会责任，参加各种社会活动，因为我们要实现公平正义，要做很多法律援助、法律宣传活动。

约见委托人的规范

当大家作为律师独立执业以后，经常会接到电话，电话也许是你的同学或朋友打来的，想请你来办理他朋友的一个案件。中间人总是很客气，想请你吃饭。中国人很讲究吃饭，什么东西都是在饭桌上谈。但是潜在客户本人已经非常焦躁了，满心着急的是家里的事，可能没有那个心情吃饭。但这个中间人觉得，你可能是很多年没见的同学、朋友，而这边也是朋友，总不能空口、空手来，怎么也得吃个饭。所以，我有过切身的经验，饭桌上点了一大桌菜，真正掏钱的当事人筷子一口都不动，因为他们根本吃不下。律师也很勉强地维护着、支持着，然后看着桌子旁边的家属在掉眼泪。这样的饭一点儿味道都没有。

每当这个时候，律师应尽量婉拒“饭局”，然后告诉他，让当事人明天早上9点或者下午2点到律师事务所来谈，中间人如有空就一起来，或者直接让客户过来即可。大家都省事，别上饭桌。然后在办公室握手并交换名片，坐下来沏上一杯茶，拿出一个本，听对方讲。简单几句寒暄，马上切入正题。短短的几分钟内，给客户留下的是规范的、职业的法律人形象。客户就会觉得，这正是他急于想找、急于想见到的那个律师。

一、如何会见当事人的代理人

当事人的代理人类型不同，律师会见时要区别不同情况。

1. 会见惊慌失措的当事人亲属

律师见到这类客户以后，一般对方一见面就开始叙述。但他们说的话80%以上跟法律没关系,跟本案亦没有关系,完全是家属充满了感情的一些牢骚与感言,甚至是一些眼泪。这很正常。律师需要耐心地在第一次见到客户的时候听他把话讲完。比如,他的弟弟是昨天夜里3点多被警察到家里来给抓走的,还把整个家给搜查了一翻,爹妈一听高血压犯了已经躺倒了,所以当哥哥的就得来找律师,要赶紧了解这个律师的能力行不行。

作为律师需要了解案情,但其实你的客户可能并不了解什么案情。哥哥要是对弟弟的所作所为一清二楚,大概哥哥也要一块儿被抓走了。很可能家属就是担保一通,认为当事人真的是好人,是公安局抓错了、冤枉了,希望律师尽快会见,尽快提交取保候审手续,把人放出来。家属都是这样的心情。虽然他并不了解具体过程、案情,但是他对结论很有把握。作为律师,我们不反驳,不认可,但我们要清楚一点——他对这个案件几乎是不知道的。这是一类客户。

2. 会见有所准备的当事人亲属

犯罪嫌疑人已经被抓进去一两个星期,甚至几个月了。在你之前,家属已经见了3位律师,在你之后还要见4位律师。家属跟在农贸市场买菜似的,遍访八家,最后看看在哪个摊上花钱买那根葱。这个时候,你会发现,客户不急不慌,没那么多感情,问得全是“干货”,与其说是在咨询你,不如说是在考你。因为这个案件的相关法律规定他已经研究了N遍,已经有很多律师给他解释过。他就是想看看你的水平。

这一类客户谈完了以后,一般表明将要研究一下,并询问报价做性价比。“您的律师费是多少?”按北京律师收费标准,律师所开的价、报的价绝对不可以超过行业收费标准,无论高和低都必须按照标准来做。那么律师可以按照上限来报,他听完以后,会说考虑一下,然后离开。他也许再也不回来了,也许过了几天电话联系你,说还要再谈谈。这是客户在比较了很多家以后的决定。

在这里我认为,应该顺其自然,千万不要再打电话去追那个客户,一追就失去自身价值,一追就说明你迫切地需要这个案件。你这样做,客户反而不一定找你。这是第二类客户。

3. 会见付律师费的当事人亲属之外的人

此类客户往往是一帮一群的,其中有一个人可能是犯罪嫌疑人的姐姐或者哥哥，旁边还默默地坐着三四位号称是犯罪嫌疑人朋友的人——很关心地在那边坐着。每次跟律师主谈的这个人谈了几句话，话题就被一个其中“朋友”接过来了。为什么？付律师费的不是家属而是那个朋友，因为要付律师费所以要找一个他也称心满意的律师。所以这个老板——付律师费的人，要亲自找律师谈一谈，但他不是家属无权委托。这也正常，我们不能说这样做不行。

4. 会见冒充当事人朋友的同案犯

还有一种情况，跟来的人只说是朋友，既不和律师交换名片，也不说名字和身份，只是睁大眼睛，竖起耳朵听律师讲，听律师分析。而家属也没说什么，还是一如既往地说亲人是被冤枉的。其实，有可能这个所谓的“朋友”是犯罪嫌疑人的同案犯，而家属根本不清楚。家属只是想让律师尽快去会见在押嫌疑人，了解案情回来尽快告诉家里人。同时那个“朋友”在旁听着，在探听这些信息：“是不是把我给供出来了？”“我是逃跑还是投案自首？”而这一切，家属根本不清楚。家属只觉得，他是我弟弟的同学，是很好的关系，如今听说弟弟被抓了，特别关心，一定要跟着来，甚至表示愿意付律师费。但是，此人却另有打算，整个案子的案情其实他最清楚的，但是由于跟他有关，他不可能跟任何人讲，他只关心个人的安全问题。我们在司法实践中遇到的这种情况都是有的。

遇上以上来访者，如何应对呢？我们建议在委托事宜谈好后，办理合同签订时，留下对方的身份证复印件，验明身份，留档备查。

二、如何区分情况签约收费

1. 签约收费的分类

第一类：分段签约，分段收费。

按照侦查阶段、审查起诉阶段、一审阶段、二审阶段，分别签约，分别收费。侦查阶段签约收费到侦查程序终结时结束，其他阶段同理操作。

第二类：签一审之前的约，收一审之前的费。

此种方式为侦查、审查起诉两个阶段统一合同签订，统一整体收费。

第三类：“一揽子”签约，“一揽子”收费。

即侦查、审查起诉、一审、二审，包括将来申诉统一签约收费。律师尽量不要这样做，因为客户现在是这样想的，但是随着合作半年多、一年后也许会对律师不满意，或很难合作。二审、申诉是否还继续操作，涉及双方磨合的问题。如果客户一审后对律师不满意，因此选择解除合同，需要律师退费，由于当初在合同中费用包括一审、二审、申诉等费用，双方亦无明确约定，在“如何退”和“退多少”上有可能造成纠纷。进一步说，合理收费，产生纠纷时，有理有利予以解决。

2.律师费的收取方式

律师应严格按照合同的约定收费、开票，不得额外收费，以交通费的方式规避税费是不妥的。比如：一个案件收费 10 万元，合同里写明 2 万元，剩下 8 万元给律师。很多年轻律师经不起诱惑，最后以交通费的方式，以各种名义收了那 8 万块钱。客户如果对这个案件最终的审理结果满意，一切都没有问题。如果不满意，问题就比较严重。客户可能请律师退费，甚至会到律协投诉。由于正规的律师费就是 2 万元，8 万元中刨除交通费、住宿费后，剩下的应该算作私下收费，因为合同中没有写明，亦没有开发票。故律师跟客户的交往与配合，既要看到今天，也要想到明天，还要顾及后天。这是完全不同的三个状态、三个心态，我们作为执业律师，不仅要看到，还要预见到，犯罪嫌疑人的家属可能会有的心态。

在收费的问题上，合同要写得清清楚楚，可以收律师费以外的交通差旅费，但是这些差旅费必须实报实销。建议使用一个单独的信封收纳此案件出差的飞机票、火车票、宾馆住宿费、当地的出租车费等。到结案时，列出明细，款、票一一对应，连同剩余费用一并移交给客户。而律师收益只能是合同里规定的律师费的收入。

三、与客户交往“五个不”

1.不私下收费

私下收费后患无穷，上文已作说明，不再赘述。

2.不承诺结果、不作风险代理

刑事案件不允许作风险代理，这和民商案件不一样。客户往往要求律师承诺结果并加以金钱诱惑。比如：保住脑袋多少钱，无期徒刑多少钱,10年以下多少钱,另外还有额外奖金。我们认为,律师不能拿客户给的"奖金",这属于私下收费,并且不能承诺结果。

3.不做公关

"我认识某公安局局长、某检察长、某法院院长,所以我去摆平、疏通这些关系。"律师的这些话,很有可能被满脸堆笑、毕恭毕敬的当事人悄悄地录音。有一天,他们要律师退费,要对律师投诉的时候,用投诉书附带这卷录音带一起送到律师协会,这证明了当初有承诺公关的行为。律师十分清楚,这样将有多尴尬。

4.不贬损同行

刑事案件尤其是二审刑事案件中,当律师在接受代理的时候,往往被告人或家属会把对一审律师的不满宣泄出来。因为如果对一审律师满意,他们就不会再找其他律师了。这个时候律师不要去附和,"哎呀,那个律师不行,那个律师嘴皮子很差,那个律师根本做不了,他哪行啊。"客户的不满在二审律师这里得到了印证,于是客户更加认为他的结论是正确的。当客户跟第三第四个人讲的时候,往往借用该律师的话来表达。比如:"一审律师果然差,我后来的律师都说了,王律师都说了原来的张律师不行,案子总打败,根本就玩不转。"

律师这个圈子说大也大,说小也小。这么一来,用不了多久,你说的话,就会传到一审律师的耳朵里。同行之间来日方长,抹黑了别人也就是抹黑了自己。

最后,如果二审判决结果是维持原判,客户对二审律师的希望值会突然从山峰跌入谷底。他就会这么想:"这王律师还不如原来的张律师,张律师好歹还拎着包,跑半天开庭。二审庭都不开,交了一份辩护词就给维持原判了。所以二审律师还不如一审律师。"故不要贬损同行。每一个律师有每一个律师的工作方法,每一个律师在不同的阶段都有不同阶段的困难,在这方面,一审辩护律师也不用自卑,二审辩护律师也不用牛气。

侦查阶段律师的操作规范

在侦查阶段,律师的主要任务是会见在押的当事人。在这方面,有一些事项要特别注意。

一、会见在押犯罪嫌疑人的“注意事项”

1.不要替犯罪嫌疑人传递纸条

过去，律师会见犯罪嫌疑人时，都被会见室的大玻璃隔开，一个在里，一个在外，拿着电话交流。虽然双方之间交流不是很通畅，但至少有一条，律师是安全的。因为有玻璃挡着，犯罪嫌疑人不可能拿出东西，律师不可能带出东西。如今的会见室，玻璃被取走了，犯罪嫌疑人与律师是隔着栅栏直接交谈。会见时的感觉当然好多了，可是出现了一个严重的问题，那就是传递纸条方便了。

看守所有规定，禁止律师与犯罪嫌疑人之间传递纸条，因此我们要婉言谢绝。你千万不要认为会见室是开放的，没有警官监督，做一次没关系。因为你的头顶有一部摄像机，时时刻刻在盯着你，无论内容是否清楚，但传递它的经过由录像全部录了下来。所以，但凡这个案件有证据灭失、跑风漏气等行为，相关的案件审理不下去了，这个时候我们所能够看到的景象就是检察官找到犯罪嫌疑人。犯罪嫌疑人为了掩护真正跑风漏气的渠道，就把责任推到律师身上。检察官首先会到看守所查阅律师会见犯罪嫌疑人的时间，然后调取相关的录像资料。果然，看到你跟犯罪嫌疑人之间传递纸条的动作，不管纸条上写的是什么，这样的行为就足够他采取强制措施把你拘留起来。

2.会见完成后，不要向犯罪嫌疑人的亲友传话

很多时候，家属不管在侦查阶段还是在别的阶段找律师，不是要找一个为自己提供法律服务的人士，而是要建立一个家属和犯罪嫌疑人之间的传话通道，一个沟通渠道，所以大量要说的是案情以外的事情。比如，银行卡密码是多少，这个事怎么处理，那个事怎么处理。有的事你可以转达出去，比如“孩子高考填报志愿，报北大、清华还是法大，听听你的意愿，报考哪个学校好？”或者“家里的老人怎么样了？”那是另外一回事。这样都没问题。问题出在哪里？问题出在有些时候对方有很复杂的案情，涉及转移赃款、赃物或者同案犯出国脱逃，律师可能被利用。

犯罪嫌疑人被抓后，侦查机关可能只知道其中一条罪，对其他罪行并不清楚。犯罪嫌疑人一旦被抓，就急于让能证明其他罪行的证据灭失，不给自己“加事”，或者他要等着看外面的人是否救他，然后决定是

不是把其他罪行供出来。在这种情况下,犯罪嫌疑人往往会要求律师把话传出去。有时候犯罪嫌疑人则会采用比较隐秘的手法,讲一些很奇怪的话,或者跟本案无关的话,但一定要律师转告。这些话往往是他们约定好的暗语,比如:“我舅舅的病好了,让他放心。”其实他舅舅10年前就死了;“我第二颗牙不疼了”,这什么意思?“让谁谁赶紧出国留学”,其实就是脱逃的意思。还有,数字信息也有可能是暗语,比如:银行密码、电脑开机密码,或者直接给你一组数字,也不说是什么,就是数字“58732”,并说一定要告诉某人。这都是很危险的。所以,在这个时候,作为律师,我们要保护好自己以防被利用,避免给自己造成不必要的麻烦。

3.不要让犯罪嫌疑人使用手机

在会见犯罪嫌疑人的时候,大部分年轻、善良的律师经不起当事人流着眼泪跪在自己面前,求你让他用一下手机。所以总有女律师在看守所会见的时候悄悄把手机给犯罪嫌疑人。犯罪嫌疑人跟家属通了电话,被看守所发现了,然后律师被扣住了。虽然没产生其他什么后果,但是人被扣住了,律师本也被扣住了,最后律师协会再去解释,赔礼道歉把人领回来,把律师本再要回来。

在实践中,还发生过这样的事情。犯罪嫌疑人的家属通完电话,电话机那头犯罪嫌疑人的哥哥或者弟弟把电话拿过去,马上形成了就这个案件的一些特殊情况,即兄弟俩之间的直接电话沟通。你这边电话出手了,根本无法左右那一端电话的换手、换人。所以,他们之间刚才的那几句话突然就换了频道了:“好了,你把那个收拾了就行了,再也别回来,那个东西在那,把它毁掉就行了。”几秒钟,关于这个案件的相关证据、证人证言可能就会在兄弟俩手机通话的一瞬间完成。我们左右不了。我们当时只想着让他给老头、老太问安,没想到手机换到对方的其他人,马上几句话说出来就完了。所以,不要让犯罪嫌疑人使用手机绝对是对律师的保护,请大家切记。

二、会见在押犯罪嫌疑人时的“操作规范”

1.需要取保候审的,提交《取保候审申请书》

2.制作规范的“会见笔录”

制作规范的“会见笔录”是一个刑事律师的基本技能。首先,律师在看守所里会见犯罪嫌疑人时,严禁录音、录像。我们所能做的就是在看守所会见犯罪嫌疑人时,规范完整地制作一份“会见笔录”,这是律师能够名正言顺地放到桌面上的工作成果。这份笔录的内容除了问答,了解相关案情之外,像问候家里人身体好之类的话可以出现在笔录里,犯罪嫌疑人签字,我认为这是安全的,是合法的。这本身没有任何问题,应该这样做。当然,也不能一份笔录里全是家人的事。《律师法》规定,律师的工作不是传达家里人的生活信息,而是就案情来谈,这里只说后面附着两句家里的情况是可以的。

3. 受到刑讯逼供的,代为申诉控告

律师在会见犯罪嫌疑人时,如果遇到犯罪嫌疑人提出自己被刑讯逼供,并且要求律师代为申诉时,律师应该就刑讯逼供问题做一个专门的笔录。就被刑讯逼供的时间、地点、人员、伤情、体检、治疗等详细情况做好详尽的记录。同时,将犯罪嫌疑人要求律师代为申诉控告的请求记录下来,并告知其作伪证的法律后果,由犯罪嫌疑人签字。然后,律师可将该笔录交由相应的办案机关进行调查。

4.向犯罪嫌疑人解答与本案有关的法律问题

相关规定里要求律师主要向犯罪嫌疑人解答法律规定,了解基本案情,注意不要超越本案去谈本案以外的案件,这是对自己的保护。包括到了审查起诉阶段,律师看到的是侦查机关提交的起诉意见书。那么,律师和犯罪嫌疑人之间的沟通仅限于起诉意见书中指控的涉嫌犯罪,这个以外的内容不要谈。到了审判阶段,律师拿到的是起诉书,针对起诉书的指控谈。起诉书以外的跟本案无关的事情不要谈。所以,我刚才讲,跟犯罪嫌疑人有时候可以聊天,但谈的内容绝对不能是其他可能涉嫌犯罪的问题。

我们注意一下,经常会出现这样的问题。犯罪嫌疑人看看四下无人,便来征求律师的意见:“张律师、王律师,我还有一档事,你看是交代还是不交代?”这个很麻烦,我们说:“不行,你坚决瞒住不能交代,你要交代了你可能小命都没了,你一定要顶住,宁死不屈,不能交代。”你能这样说吗?显然不能。他说:“揭发可以吗?”那我说:“这是你的事情,按法律规定揭发后有立功表现,被揭发人被逮捕了,这属于有立功表现,如果那个人被判处无期徒刑以上刑罚,你就有重大立功表现。无论你有立功表现还是重大立功表现，按法律规定你都可以从轻减刑，甚至免于处罚。”律师可以把这个规定完整地告诉他。但是原则上，他自己去揭发，自己去坦白，自己去立功。律师只是把相关法律告诉他，做和不做一切由他自己决定。

我想跟大家说明的是，在你和犯罪嫌疑人的沟通中，按《律师法》的规定只有一种情况你要检举揭发，那就是他告诉了你即将要发生的，对国家社会有重大影响危害大事件的时候，你要尽快向司法机关揭发。这就是《律师法》里看到的第30条的“除外条款”。比如，明天就要发生“9·11”那种情况了，或者某个桥下面放了一颗定时炸弹，明天上午10点要爆炸，像这种未来将要发生严重危害社会公共安全的事件，在押嫌疑人告诉了你，作为辩护律师，按《律师法》的规定，你有义务要尽快揭发，要制止这种危害后果严重的事情发生，这是可以的。而对于已经发生的犯罪事实，他是不是坦白、揭发，律师把法律说出来，鼓励他可以这样做，不能制止。但一般来讲，你也不能代为揭发，你告诉办案机关“我的当事人还背着其他的罪呢”，那不就成了侦查人员了。

故一般来说，我们只提供法律咨询。在这方面要把握住与犯罪嫌疑人沟通的范围，而且这些谈话的内容是绝对不可以跟家人讲的。“其实你的家人还有其他犯罪，只是现在还没有揭发出来。”如果这句话一出口，家属这边马上就会想办法毁灭证据，相关人员可能脱逃、出国。

指控的犯罪是律师工作的范围，未指控的犯罪不在合同工作范围内。换句话说，合同里乙方涉嫌的罪名是甲方的服务范围，如果A、B、C就3个罪，那么甲、乙、丙的罪名不在这个范围内。如果真要增加这个罪，我们还要重新签合同，重新办理这个案件。

审查起诉阶段的操作规范

一、进行调查取证工作

作为律师，客观证据可以大胆获取，而主观证据的获取很难。我在北京找过，由于有了一个客观证据，有一位正局级干部的领导签字同意，而这个签字同意对我的当事人至关重要，我要求当事人这边找该证人出庭。最后，检察院给出答复，新中国成立以来尚无人大常委这一级干部出庭作证的先例。换句话说,你再申请他出庭,他也不会来。我听到这个答复后,要求找他调查取证,核实几个问题。检察院虽然同意了,但是不愿意派人陪同前往。我带着助理把这位领导恭恭敬敬请到律师事务所,完完整整地做了一份笔录。让他解释,他当时签字的时候,听到的是什么?做出的是什么反应?签这个字是什么含义?你同意到什么程度?怎么样一个知晓情况?而我以前在他的笔录里看到的情况,和我的当事人、他的下级,找他签字的时候说的情况不一样。

如果按我当事人的说法,他签的字,那么我认为我的当事人就是无罪的。但是以他所说的情况,差异就很大了,有下级欺瞒上级之嫌,所以就是有罪。两个人在办公室里,这位向领导汇报,领导听完后,批了一句话,签了字就是一份客观证据。就这份客观证据,供证严重不一。所以我们把这份笔录作完后,我心里挺失望的,他说的其实与以前跟检察院说的是一致的,但是我既然取了这份笔录,还是交给法院。法院还是转给检察院,检察院对领导同志一口气问了三堂,包括询问律师在调查取证后,是不是有威胁利诱之一系列的问题。当然我们也不会做这些事情,客客气气,一个一个问题问下去。

这样的取证,特别是关于犯罪嫌疑人可能无罪的证人证言,是律师工作中很大的风险点。我和一位老律师在外省给一个刑讯逼供致人死亡案件的刑警队长做辩护。这个刑警队长手下的3个人把犯罪嫌疑人打死了,说这是自己的领导指示他们这么做的。刑警队长当然不承认自己在布置工作时说过"以暴制暴"这句话。这就是供证不一。这种供证不一的情况下,有一天,公安局里的科长突然跟局长说:"这个队长在给这3个人布置工作的时候,从头到尾我都在场,他没说过这句话。"公安局局长一听,马上告诉了家属,刑警队长的家属迅速找律师,希望尽快找到这位科长调查取证,证明没有说过这句话。

这个证据当然非常重要,作为辩护人,我们也认为很重要,我说我们申请这位科长到法庭上把当时所看听到的情况讲清楚,让他当庭作证。但是家属不同意,家属给这位老律师施加了巨大的压力,认为律师找科长把证据取了,提交法院,法院看了就知道犯罪不成立,就会把人放出来。家属认为,只要无罪证据提交,马上就可以无罪。结果,我跟那位老律师发生了争执,我说不要找他调查取证,这个危险度太大,我们还是让他出庭比较好。但是家属这边压力太大,既然这样,我们就去了,我也只好屈从。

我们到了公安局,在会议室里,找了一个律师事务所做笔录非常好的书记员,面对这位公安局的科长出示了律师执照,对他进行询问。"请你说明,你当时看到的情况,当时你坐在哪,队长坐在哪,那3个人分别坐在哪里。当时是夏天,人员的办公室里还吃着西瓜,还喝着水,怎么布置工作?你当时都听到看到什么?"完完整整做完笔录,如果有哪不对,这一页不要,我们重新再做。3个小时做了12页笔录,把他看到的情况写得清清楚楚。

这份笔录在开庭前提交给法院,法院转给检察院。检察院看完这份笔录以后立即把这位科长请到检察院,对这位科长进行了七堂笔录的询问。其中包括律师的调查取证"是不是有不合法的地方"、"是不是有威胁利诱的地方"。最后,检察院把他们询问的笔录向法院提交。在这份笔录里,这位科长说:"我给律师讲的是另外一个案子,是我记错了。"到此,双方还没有开庭,证据就有了结论了。

这个案件的真实情况到此已经无从考究,科长到底是和律师说的是真话,还是和检察官说的是真话。律师无法到法庭上宣读这份笔录,因为一宣读,对方再把那份笔录宣读,念了半天的笔录整个与本案无关。面对控辩之间调查取证上力量的不均衡,今天《刑事诉讼法》没有办法。所以,当时在考虑的是,如果听了我的意见,让这位科长上法庭,公开审理当着这么多人的面,把话直说出来,哪怕结束时,再说刚才说的是别的案子,跟本案无关,那也行。从这个案件中,我知道了律师调查取证的艰难,而家属往往不理解,给律师带来巨大压力。

二、进行有效的沟通工作

1.与公诉人进行充分、有效的沟通

从专业角度讲,指控罪行往往是三个颜色:黑、白、灰。黑色绝对有罪;白色绝对无罪,坚决做无罪辩护;灰色有可能有罪,证据不充分,也可能无罪。

要跟检察院充分沟通白色,希望无罪的不要写到起诉书里去,拿出证据,亮出观点。因为如果公诉人把无罪这一部分也放到法庭上,最后

被法官否定是很丢脸的。公诉人也非常关心律师要做无罪辩护的那几项指控罪名和罪行是什么。他非常愿意和律师沟通。律师就坚决认为无罪部分和他沟通,求得客户利益最大化,争取不写到起诉书中。

黑色部分不要谈,黑色部分将来是罪轻辩护,罪轻辩护的部分不用讲。

灰色部分也是律师要谈的。如果灰色部分,律师和公诉人沟通得好,让他拿掉是律师的重大成功,"疑罪从无"在这个时候体现出来。而法庭上是疑罪从轻,因为法院怎么都得判,公诉上来了,有怀疑,但是定死罪还差点,疑罪从轻。但是在审查起诉阶段,检察官为了保证公诉的准确性,他会执行"疑罪从无"。所以这个时候,灰色部分最好能拿掉,如果拿不掉,将来必然成为法庭上双方争执的焦点,该定罪还是不该定罪。

2.与被告人进行有效的沟通

律师要说服犯罪嫌疑人,有罪的就要认罪。比如受贿,受贿 10 件事情,3 件事情是扎实的,3 件事情是没有的, 剩下 4 件事情证据不充分,或者是有其他原因。这时,律师就把重心放在这上边就可以了。我们所做的这一系列工作都是为了当事人利益的最大化,前提要和犯罪嫌疑人、家属有一个充分的理解和沟通。要说服犯罪嫌疑人。犯罪嫌疑人说:"张律师、王律师,我找你就是为了给我做全案的无罪辩护,如果你做不了全案无罪辩护,我换律师。"这个时候,对律师来说,面临的就是这样一个问题。如果你有能力把黑的那部分也理解成灰的部分,你就坚决按疑罪从轻,接着做疑罪从无的无罪辩护。后果是怎样的,你完全可以想象出来。我们心里很清楚,黑的那部分如果硬说成灰的,最终还会是黑色,还是有罪。而如果客户能够和你实实在在地沟通,理解你的黑、白、灰的三分法,跟你进行充分的沟通,某种意义上讲是你的福气。

3.与被害人沟通要注意自我保护

《刑事诉讼法》第 41 条规定:辩护律师经人民检察院或者人民法院许可,并经被害人或者其近亲属、被害人提供的证人同意,可以向他们收集与本案有关的材料。但是我们如何接触?法律只说未经许可不能调查取证。但司法实践中,我们一接触就非常危险,《刑法》第 306 条还存在。如果我们接触到了被害人及其近亲属,就有可能涉嫌威逼利诱证人改变证言,尤其是像强奸案这一类的案件。

北京有一位女律师受理了一件强奸案,她从来没有办过刑案,更不知道刑案里最危险的是强奸案，还是一起“奸幼案”，就是说这个女孩子和这个男子发生性关系的时候不满 14 周岁。这样一起案件，她自己完全没有办理的经历、经验。去看守所会见被告人的时候，被告人的父亲把这个女孩子叫来了，就在看守所门口作证，证明他们两个有性行为的时候，这个女孩子没有告诉这个男孩子自己未满 14 周岁。这个女孩子肯定是被男孩子的父母物质贿赂许诺了，叫她就马上来了，让她说什么她就说什么。所以女律师问了以后，她回答完全按照这位律师希望的回答来做。于是律师叫她写下来，她自己写得乱七八糟，文化低，最后还是这位女律师很认真负责地写了后，让受害人签了字，然后交到了检察院。同时，被告人他爸爸问还能做什么？这位女律师也胆大说：“如果有居民身份证能证明这个女孩子发生性关系的时候，已经满了 14 周岁了，那也行。”被告人的爸爸为了救儿子什么都敢做，马上就花几百块钱在大街上造了一个假身份证，一并交给律师送给了检察院。

其实这个女律师不知道，这一类强奸案件，尤其是涉及是不是奸淫幼女的案件，公安、侦查机关办理的时候是非常慎重的。第一，他们两个发生性行为的时候是不是明知对方多大年纪了。第二，公安机关早就到受害人的原籍，通过公安内部的网络查到了她的户籍证明，在当地派出所的户籍证明了她的出生年月日，还能轮到你到大街上做一个假身份证吗？这些证明在案卷里肯定有了。但是这位女律师没有经验，所以她把这样的假证据送到了检察院。其结果，《刑法》第 306 条伪造证据，这个被告人的爸爸也因为伪造证据一块儿抓进去了，儿子还没有出来，老子又进去了。被告人还没有出来，律师进去了。

4.在沟通过程中注意保密工作

我们认为，为了充分维护被告人的权利，被告人在庭前有充分的阅卷知情权。但是公诉机关认为，对被告人指控证据的出示，被告人只有在庭上才能够知道。所以这两个观念一直发生冲突，也争论了很多年。法官也有两派意见，人大立法也有不同观点，学者教授都站在律师一边，认为应该维护公民的辩护权利。故充分的知情权、阅卷权应该是没有问题的。也正因为如此，所以这次《刑事诉讼法》的修改，律师强烈要求把被告人的阅卷权放进修改的《刑事诉讼法》中，予以明确下来。

这种状况下,律师在今天的执业环境中就产生了一个风险:合理,但法律没有明确规定为合法。我们把从案卷上所了解的情况,向被告人口述可以,但是把案卷直接拿给他看,可能就有问题。而某些专业性的问题,只有被告人看了,或者有些票证、单据签字只有让被告人自己看了,被告人才能够充分地理解,或者唤起回忆,甚至改变辩护策略。比如,从无罪辩护改成罪轻辩护,这种可能性都是有的。所以,我个人理解,在这类案件中,我们应该保护被告人的合法权益,应该大力提倡。但是在实践操作中,最好先不要看。

三、正确对待鉴定意见

1.向专业人士请教鉴定所涉及的专业问题

对于鉴定这个专业性很强的东西,我们申请鉴定人出庭后,其实很难在法庭上对鉴定人的专业问题进行发问,比如说医疗问题。

我办理过一起伤害案件,这个人被伤害以后到了医院十几天就死掉了。我就有理由怀疑,这真的是被伤害致死,还是治疗过程中有医疗事故从而使他死亡,本可以不死的。“重伤以后致死的”是10年以上有期徒刑,“不致死,单纯重伤”那就是10年以下有期徒刑。而伤害是死亡的直接原因还是诱因?一般来说伤害都是送到医院抢救了几个小时后没救过来,死掉了,这很正常。但是为什么会抢救了十几天才死亡?所以这样专业的问题,我只能请教专门的医学专家,有没有可能医疗上完全正确,但是重伤十几天没救过来死亡。后来,医生告诉我说“有可能”,如果“中心静脉压”没上去,那么这个人始终处在一个濒死的状态,最终死亡是有可能的。我这里想说的是,如果“中心静脉压”上去了会怎么样?我向专家请教,他表示如果“中心静脉压”上去了,应该有脱离危险的可能,只要后续的治疗都跟上,他就有可能获救。我说如果“中心静脉压”上去了,他最后又死亡了,那我能不能直接推定为这是医疗事故?他说有这种可能,因为这要看到具体当时用药的情况。说句实话,我们作为医疗行业的外行,再往深问,也基本听不懂,说不清楚了。像国外有专家证人出庭来质证,双方都是医学专家在法庭上对峙,而我们是非专业的,就会很吃力。

故我们当时看到这个案子以后,就要求传鉴定人出庭。传鉴定人出庭以后，我就问了鉴定人这个问题，“医疗抢救过程中，你们得出了这样一个死亡原因，你们有没有注意到治疗过程中、‘中心静脉压’是否恢复。”说得鉴定人直发愣，他不明白律师怎么会突然问出这样的问题？他一张嘴就说了一句：“恢复了。”我说：“那好，恢复了以后的医疗方案是什么？这个治疗方案是不是正确？本可以活过来的，最后没有抢救过来？”他一下子被噎住了，因为他就是一个鉴定人，他不是具体的临床医生。我也没法再往深说了。我由此向法庭说明：死亡这个结果已经摆在这里，前面的重伤是死亡的原因还是诱因？如果是死亡的原因，10 年以上有期徒刑没什么可说的。但如果只是诱因，再加上了医疗中的处置不当，是真正的受害人死亡的原因，那么打这个医疗官司是另外一块儿。而本案的伤害行为并没有直接导致被害人的死亡，而是被害人死亡的诱因，因此不能在 10 年以上有期徒刑量刑。你没有确定死亡结果是他造成的，我们只能确定有重伤行为的存在。所以，我认为原因和诱因这一字之差，决定了这个案件应当适用 10 年以上有期徒刑，还是 10 年以下有期徒刑两个不同的条款。

作为律师，我们可以把这个地方抓住，因为请教到这一专业性的问题，使得鉴定人回答不出来了。如果说“中心静脉压”始终没有恢复，始终没有脱离濒死状态，那么我也说不出什么了。所以我认为，应该推翻这份鉴定，这份鉴定没有解释刀伤是死亡的诱因还是原因？应该是疑罪从无的。实际上这样一些专业性的问题，我们需要花很大的时间和经历去向专业人士请教。

2.注意严格审查鉴定材料、鉴定过程

《刑事诉讼法》规定，对司法鉴定要有一个论证过程。论证过程是否科学、完整？当年有一个罪名叫偷税罪，现在没有了，我当年办理过一个偷税犯罪。偷税犯罪中，检察机关出具了司法会计鉴定。鉴定讲得很明确，收入是多少，成本是多少，应纳所得税是多少，应纳税是多少，实际纳税是多少，偷逃税款是多少，最后达到了法律规定的标准，构成犯罪，讲得很清楚。临开庭前，家属给了我们一份仲裁裁决书，这份仲裁裁决书是该单位和别人打的一个仲裁官司。裁定下来败诉，赔偿对方 1300 万元。这赔偿不管实际付没付，一裁终局有效。这个裁定意味着这个公司要掏 1300 万元的赔偿金，这笔钱是打入成本的，因此成本加大了，利润减少了，应纳税所得额减少了，应纳税额减少了，已经交到税和欠交的税的比例发生了变化，这是一连串的。

我们要求鉴定人出庭，司法会计的鉴定人出庭之后，我说："这份仲裁裁决书你看到过没有？"他说："没有，公安机关没有向我提交。"我接着向那位注册会计师鉴定人请教了一个问题，我说："如果你当时看到了这份裁决书里的这1300万元，是不是会纳入你计算的公式里，算入成本中去。"他说："会的。"这样一来迫使公诉人向法院申请休庭。

所以，我们要注意鉴定过程是否合法、鉴定原始素材(检材)是否齐备，作为辩护律师，我们都需要严格审查。法官及检察官一般是不去看专业的论证过程，但是我们律师要看。律师是为客户提供法律服务的，我们要尽心竭力，对于每一个鉴定的环节要了解，这个论证的过程是不是存在问题。

我们认为在这方面，公安机关当年往往在办理这一类偷逃税款和其他犯罪的司法会计鉴定中，就是把所有材料送到司法会计部门后就完事了。在侦查过程中，侦查机关在这方面往往做得很粗糙，把材料交给鉴定机关，然后等鉴定结果出来，如果达到犯罪标准就提起诉讼，如果没有达到就不起诉。比如：因为一个案件把这个公司查封扣押冻结了，这个公司对外有没有担保，有没有正在进行的仲裁诉讼案件，有没有各种债权债务的存在，往往侦查工作中没有做到这么细，没有做细的结果就会产生刚刚讲的情况。

另外，检察机关仅进行程序性审查，只审查图章及签字的真实性。我们讲图章的真实性、签字的真实性这些只是鉴定人员身份的合法性，不是鉴定意见的正确性，鉴定意见是否正确并不以鉴定人的身份的合法为标志。所以这个鉴定问题很复杂，我们除了要审查鉴定人的鉴定资质以外，对鉴定的内容和原始素材律师都要非常注意去审查。

庭审阶段律师的操作规范

一、庭前准备工作

1.列大事年表

大家中学都读过历史，某年某月做了何事，完整地把案子的每一个行为列一个大事年表,列出来后一目了然,你就会发现很多问题。比如:他的证言前后矛盾;这个时候她不该知道这件事,款的走向怎么能先付后收,当时怎么约定的。我们经常可以通过列大事年表,比对被告人的口供和证人证言,发现很多对不上的地方。所以,列大事年表是理清辩护案件事实中很重要的一个部分。

2.画几何图

画几何图应该从你刚刚开始受理案件时开始画。画的几何图可能随着案件深入,案情越来越复杂,图就会越画越丰富。但是,将来办理案件多了以后就会清楚,当你看了厚厚一摞案卷材料,对这个案子有了基本了解,你可以把它用几何图画下来,一目了然。而你不画这个几何图,这个案卷说忘就忘了,把这个案卷放下后,三个月、半年之后就再想不起来了。如果当初自己画个几何图做记录,一目了然,立刻唤起回忆,当时这个案件是怎么回事。因为人的形象思维总是超过逻辑思维,而且这个几何图画完后看起来很简明扼要。这也是我们办案中的一点点经验,每个人都有自己的办案习惯。

3.打印法规

把与这个案件有关的所有法律条文打印在一张纸上,包括所有涉案的法律规定,什么法律第多少条,怎么规定的。

4.查找专业词汇

涉及案件的特殊部门规章、专业词汇的定义,要整理出来。这是涉及案件本身一些特定专业领域里的专业词汇。比如,医学里讲的“中心静脉压”,这种东西一般很少听到、用到,但是在特定案件中,我们需要把它的含义、定义整理出来。

5.整理辩方证据

法庭上需要的辩方证据也要整理出来。到了辩方举证的时候你可以一个一个来出示。但是,前面这些资料不能光依赖于电脑。作为辩护律师,今天如果你们是某一个律师的助理,跟着他上法庭,你可以拿着电脑,但同时,你要把刚才一份一份的材料准备好给主办律师带着。在法庭上,需要什么材料的时候,你马上就可以提供。相当于在手术台上的主刀医生一伸手,刀子、镊子、夹子可以提供上来。所以你们将来做律师助理的时候,你们要带上所有东西,做好准备然后再去。

而作为主办律师，这些东西更是需要自己拿出来。有的时候，在法庭办理比较复杂的案件，拿到一份材料，翻开一份笔录，查阅若干规定，期间五秒钟、十秒钟的空当都会让整个法庭的眼光盯着你，会觉得时间过得很慢，你所需要的任何材料都要随手可以拿到。

6.不用接触受害人

我们作为辩护律师，庭前尽量不要接触受害人。因为有几个风险，第一，如果是一个命案或者伤害案，我们这些辩护律师往往在受害人家属眼里是“二坏人”。他们是非理性的，我们是理性的，如果他迁怒于我们，吃亏的一定是我们。他打你一下，你能回打他吗？你能跟他对打吗？他指着你的鼻子大骂你一顿，你能怎么样呢？哭哭啼啼地拿东西往你身上扔，你能怎么办？所以在这一类案子里面，要小心受害人及其家属。

当然如果受害人请的律师来跟你进行沟通，我认为同行之间是可以见面、沟通的。包括谈刑事附带民事的赔偿，或者是其他方面，同行之间相互尊重，这是可以进行沟通的，但是确确实实要避免不必要的风险。在这方面我们尽量保护好，做好自己的事情，避免矛盾冲突和扩大。

二、与被告人家属进行沟通

我们要劝被告人家属，使他们注意以下事项：

1.作证的家属不可旁听

作为证人不能出席法庭。有很多证人上了法庭以后，被书记员一检查，身份不行就给轰了出来。所以我们说，只要家属是这个案件的证人，法庭庭审就不要去旁听。律师要劝阻他们。

2.不要与受害人家属发生冲突

我有过一次经历，关于一起杀人案件。在法庭旁听席上，中间一个过道分得清清楚楚，公诉人那半边坐的都是被害人的家属，被告人的家属都坐在律师这一边，双方怒目而视。我是真担心双方打起来。另外，有的时候，被害人的家属会很冲动地对被告人扔东西或者动手。我们也遇到过这种情况。往往这个时候，法警会把这个动手的人暂时拘留。所以应当提醒被告人家属要克制情绪。

3.尊重公诉人

如果公诉人在法庭上对被告人的指控比较严厉，家属不可以起哄或者谩骂。有的案件的被告人家属当庭直接就跳起来骂公诉人，很不好。作为有经验的律师，对被告人的家属也要给他们规定“三大纪律八项注意”的，他们不可以做那些扰乱法庭秩序，谩骂公诉人，或者指责法官的事情。

4.尊重媒体的采访

社会关注的案件，媒体有时候会采访。哪个媒体进入法庭不是我们能左右的，是由法庭法官决定的。甚至不是审判长决定的，是法院统一安排的。北京一中院、二中院总有一些记者，像拿了绿卡一样，可以想进哪个法庭就进哪个法庭。进来后拍照、旁听，觉得可以就走了。他们在这方面有很大的权利。被告人家属说我们不希望这个案件报道，然后法官说我也左右不了，这是院里定的。像这种情况，我们也需要跟家属沟通，避免引起矛盾的激化。

三、法庭辩论中律师需要注意的问题

在多年的工作中，我对法庭辩论中律师需要注意的问题，归纳为“十要，十不要”，大家可以在今后的办案过程中慢慢体会。

1.“十要”

1)要耐心倾听公诉人的全部观点和法理立脚点。

2)要耐心倾听共同犯罪中其他被告人及辩护人的观点。

3)要对控方的观点做一个简洁的归纳。

4)要提炼和浓缩自己的观点。

5)要寻找、捕捉对方观点的矛盾点。

6)要深挖案件相关法条的立法本意。

7)要及时放弃法庭调查中不需要阐述的内容。

8)要及时归纳法庭调查中出现的新问题。

9)要着重讲解案件涉及的部门规章的相关规定和理论问题。

10)要在法庭辩论结束时快速归纳己方观点。

2.“十不要”

1)不要读辩护词。

2)不要脱离本案举例。

3)不要对己方观点抱残守缺。

4)不要轻易打断公诉人的发言。

5)不要抓住公诉人在庭上的口误、笔误不放。

6)不要指出被告人可能构成的其他罪行。

7)不要讲与本案无关的话。

8)不要发言时带出脏话,法庭用语坚持法言法语。

9)不要讲口头语。

10)不要把法庭变成宣讲自己政治主张的讲坛。

补充内容

一、独立辩护的含义

1.独立辩护不独立于被告人

对于刑事案件有一个基本原则,就是辩护人独立辩护,不受任何组织、个人的干扰,这是大家都能理解的,但是这个独立不独立于自己的当事人。

首先,如果被告人认为自己无罪的,律师不能为被告人做罪轻辩护,不能独立于他。被告人说无罪,律师说罪轻,律师就成了第二个公诉人,这是违反《律师法》和《刑事诉讼法》的,违反律师职业道德的。

其次,被告人认为有罪的,律师可以做罪轻辩护,也可以做无罪辩护。前提是,如果做无罪辩护,不能影响到被告人罪轻辩护的理由。

2.独立辩护独立于被告人的家属及社会舆论

刚才说的两条不能搞混乱,至于家属让怎么做,社会舆论让怎么做,这些律师可以完全不听,可以坚持按自己的观点走,不受任何干扰。

二、刑事案件订卷规范

案件结案时,要将全部案卷装订归档。标准的刑事案卷装订模式分以下几部分,第一部分是法律手续;第二部分是诉讼材料;第三部分是证据材料;第四部分是裁判文书;第五部分是其他材料及案件小结。

1.法律手续

法律手续包括合同、委托人身份证复印件、律师费发票的复印件、委托书等。

2.诉讼材料

诉讼材料包括出庭通知、延期审理通知、起诉意见书、起诉书、辩护词等。

3.证据材料

证据材料包括被告人口供、控方的证据、控方的鉴定意见、现场勘验笔录、控方提交的其他物证和书证、辩方的书证和物证等。

4.裁判文书

裁判文书包括判决书、裁定书。

5.其他案件材料

其他内容包括律师在这个案件中画的几何图、列的大事年表、收集的各类法条、辩护草稿、庭审笔录、会见笔录、新闻报道也要附卷存档。

6.案件小结

案件小结是律师在办理这个案件中,关于案件的核心点、中心的总结和归纳。

三、刑事辩护“四化”

作为辩护律师在现在这种状况下,我个人的理解总结出来就是四化:政治问题法律化;法律问题专业化;专业问题技术化;技术问题细节化。

结束语

最后我想说:刑事司法是中国法制体制中不可或缺的一环,如果人权保障没有了,再有财产权、再有知识产权和名誉权的保障都是空的。所以我希望大家一定记住一句话:“有耐心容忍我们不能改变的事情,有勇气改变我们可以改变的事情,有智慧可以区别前两者。”

肆 刑事法律的几点思考

和对律师业务做通俗易懂的描述一样，钱列阳用通俗的语言和精准的比喻描述了一些法律概念和自己的法律理念。

2015年6月前后，钱律师在浙江图书馆“文澜讲坛”上，面向非法律专业人士做了一次主题为《走下法坛的法律》的讲座；在由一批学者发起的珠三角“银湖沙龙”上，做了主题为《刑事诉讼中的公民权利与法治精神》的讲座。

在讲座中，钱律师把一些在非法律专业人士看来很高深的法律生动形象地呈现在我们面前。本章部分内容为银湖沙龙、文澜讲坛等讲座中摘录的精华。

思考1 “法律是什么”的妙喻

李秀平：你用“高大上”的方式回答“法律是什么”之问时，答案是“社会公共契约”。在“文澜讲坛”上，你让法律概念走下了法坛，接上了普通民众的地气。

钱列阳：我为什么讲《走下法坛的法律》，是因为我那天不是和法律界人士探讨法律的东西。我在想，法律不是法律人的法律，而是全社会的法律。所以，法律应该是让社会大众——没有受过法律教育的人，能够理解，能够把握的东西。我觉得法律应该是这样的东西，所以我起的名字叫《走下法坛的法律》。

因为就像只有生病了才去找医生进医院，大家习惯了法律上有纠纷了，才去找律师去打官司。其实不是这样，法律不是要到了打官司、有了纷争的时候，才考虑的问题。法律本身能够带给社会上各行各业的人某些启发、某些启迪、某些参考。

所以，我就尝试着用“普法”的方式来探讨法律专业问题，让受过高等教育的非法律人士能够懂。

我是搞刑法的，我今天走下法坛，更多的时候可能是从刑法这个台阶来讲“走下法坛”。将来你们再找民商法的律师，从民商法的角度、从契约的角度来讲，我是从犯罪的角度讲。我觉得我们法律人就应该把法律拉下法坛，走到社会大众中，让优秀的非法律人理解法律。

咱们大家一说法律，都知道改革开放30年以来的普法。在电视里，一讲法律就是讲故事，听完一个故事，也可能就增加了一个法律观念。这就如同，你看了一道又一道数学题，每道题都看懂了，但是没有人给你讲过勾股定理。如果没有人给你们讲过定理，你只是一道又一道数学题在那里看，其实知识是散的。所以，我认为应该有一个角度，来告诉大家系统的法律的东西。

回过头来讲，法律界最难回答的一个千古难题，法律专业的人都知道，就是“什么是法律”，这才是最难的问题。所以，对“法律是什么”几乎每个人都有对这个问题的答案，每个人的答案各不相同。我当年在读法律的时候，背过这样的法律定义：“法律是由国家制定和认可的，并由国家强制力保证措施的行为规范的总和。”多难受啊，也就是那时候年轻，能记下来，现在要记肯定记不住了。

李秀平：你怎么用通俗易懂的方式来定义法律？怎么来回答“法律是什么”的问题？

钱列阳：法律是什么？实际上，法律是一个社会的公共契约。

契约就是，你一、三、五，我二、四、六，权利对等。法律就是一个契约。这个契约的核心点在哪里呢？就是我们这个社会的发展，总是有正的、有负的、有前进的、有倒退的、有盈利的、有受损害的。这个时候，两害相权取其轻，两利相权取其重。那么，这个平衡点在哪里？这个平衡点，就是规则的立脚点。

法律就是规则，法律一旦制定出来，大家要共同遵守。很简单，法律有两个特点——

第一个特点，一定是每个人都要牺牲掉一定的自由和效率。

说最简单的事情，过马路，我们家门前有一条马路，我随时想过去就过去了，穿过马路到马路对面去买个菜，买完菜我就过来了。后来，这条马路变成高速公路了，两边建起篱笆来了。所以，我每次过马路要走好远，我先要过天桥，然后从上面走过去，再从上面绕回来。我的效率低多了，我个人随时通过马路的“自由”没有了，我必须按照这个斑马线、红绿灯、过天桥的规则走路了。这就是每个人都付出了限制自由、降低效率的代价，最后得到的是全社会效率的最大化，这就是法律。这样做的目的，是把整个社会运转的总成本降下来了。

如果所有人都随便穿过马路，随时想走就走，那么汽车也开不动了，就要出车祸了。所以，通过最简单的交规，大家就能认识到这是一种法律规则。

第二个特点，规则一定要共同遵守，违反的人要承担责任。

我们来到这个世界上，有吃的权利，有喝的权利，有享乐的权利，我们所有的权利都可以享受。但是，我的权利的享受不能妨碍他人权利的享受。

那就是说，我的碗里有一块肉，我的胃口非常好，我不仅要吃完饭，还要把碗里的这块肉吃掉。我很喜欢吃肉，我太需要肉了。旁边那位碗里也有一块肉，我应该吃两块肉，于是我把他碗里的肉拿到我碗里来吃掉了。从你自身权利来讲，你有胃口吃两块肉，生理需要你吃两块肉，但是你这个权利的行使妨碍了他人权利的行使。旁边那个想吃肉的人，该吃肉的人的肉没了，被你拿走了。这个时候，你吃的第二块肉，就超越了红线，就要受到法律的制裁，社会规则的制裁。

从这个意义上讲，这就是法律，违反者要承担责任。

如果我们的法律，只有“不许”、“禁止”、“提倡”，而违反了以后没有责任——中国的法律有很多是这样的，这种情况在我们专业人士讲，叫“无牙条款”。没有“牙”，就是法律规定你不能做这个事，但你说“我就做了怎么着？”你就做了，法律也不能拿你怎么着。于是乎，这样的法律实际上是一种宣传口号，不是真正意义上的法律，是只有上牙没有下牙的“无牙条款”。所以，《刑法》是最直接的，是“有牙条款”。盗窃罪，罚多少钱，判多少年刑；杀人，怎么样，判死刑。每一个条款上下牙咬合得都非常严密。所以，法律的责任——罚责，一定是法律的“下牙床”，这就是法律的最基本的特点。

李秀平：你还举了一些例子。比如，“人类制定法律是为了征服自身”，“让弱者把话说完”。

钱列阳：在这里，我有几句法律的谚语，供大家参考。

第一句谚语是：“人类的所有发明都是为了征服自然，只有法律是为了征服自身。”

大家想想，每个人的内心都有天使、有魔鬼。就像一个鼻子要有两个鼻孔，堵住一个另外一个就要使劲出气，不然就要憋死了。实际上，法律的意义在于堵住“魔鬼之门”，打开“天使之门”。告诉你，如果“魔鬼之门”堵不住，每个人内心的魔鬼都被释放出来危害社会，其结果就是,你这个放出魔鬼的人要受到制裁。所以,法律是征服自己的,征服我们自身的。其他的科学发明,火药、铁器……所有的这些,都是为了征服自然。所以,法律被西方认为是“人类社会最伟大的发明”。动物界所有尖牙厉爪的动物,都是为了征服动物,而不是为了征服自己的。只有人类,懂得约束自己、束缚自己,这就是法律。

第二句谚语是:“让弱者把话说完。”

大家可能听说过“罗伯特议事规则”。讲的是各方谈判中要共同遵守的一个规则。这个规则很复杂,我今天不讲“罗伯特议事规则”本身,只讲“罗伯特议事规则”里的一句话,就是“民主,就是让强势一方把完整的话语权交到弱势一方手里,让他们把话讲完。弱势一方要明白,自己不占大多数,故,要懂得体面地让步”。

陈海阳:法律的作用之一就是保障人的平等。

钱列阳:大家想,人类社会从“丛林法则”走来,是弱肉强食。谁的拳头大胳膊粗,谁就可以把弱者打败。所以,弱者就是发不出声音来的人,就是没有声音的人。今天的社会上,我们看到的是更多的下岗的、失业的人,他们受了很大的委屈,但是发不出声音来,所以被认为他们的权利得不到行使。那么,民主是什么?就是强的一方,你得把话语权的话筒交给弱的一方,也让他有说话的权利,让他能够发出声音来。我们这个社会,不仅要听到强者的声音,还要听到弱者的声音。

民主是以法治为基础的,这个法治就是规则。规则不是你胳膊粗拳头大,你就抓着话筒不撒手,而是你按规则要求,必须把话筒交到弱者手里,让他把话全都说完。但是他说完是说完了,要知道他是弱者,投票表决他很可能不占多数。就如同一家公司的大股东和小股东,最后小股东是要把话说完的,但是大股东最终决定了公司战略大方向的选择。

让弱者把话说完,这个时候我们法律上有一句话,叫“我坚决反对你的观点,但是我坚决维护你自由表达观点的权利”。这句话的含义就在这里,就是“我坚决反对你的观点”这是学术问题,“我坚决维护你自由表达观点的权利”这是法律问题。这是民主,这是法治的规则。所以我一定要让“你”把话说完。

当然,把话说完的人也要懂得自己要有让步。换句话说,你说完的话不等于都能实现。你提出的所有要求,让你提出来,但能不能实现,又要通过另一套规则,投票表决也好,还是什么样的规则也好来决定。因此,弱者的权利往往不能够真正实现,或者不能够全部实现,这是作为弱者要有心理准备的。但是让你发表出你的所有意见来,这是规则对你的保护。

我觉得这就是所谓的少数服从多数也好,还是大股东和小股东的关系也好,是这样的一个最基本的规则。

思考2 “程序意识”和“程序抵消不满”

李秀平：在“文澜讲坛”，钱律师详细讲了“人权意识”。对这个日益重要的概念，我们希望听到更生动形象的解读。

钱列阳：我给大家讲两个我个人认为非常重要的观念。一个叫“程序意识”，一个叫“人权意识”。先讲程序，“人权意识”，我们等会儿单独来说。

程序，就是一个过程。

我是搞刑法的，是人权律师。我们人权律师经常在政治的风口浪尖上，大家可能在媒体上也都看到了，比较被关注。一方面，外国使领馆、外国记者对我们这些人感兴趣；另一方面，我们的政府各方面也很关注我们办的每一个案件。但是，我在这里想举一个大家都知道的例子，就是20世纪末发生在美国的辛普森杀人案。

辛普森的辩护律师是哈佛大学的终身教授德肖维茨，他当年给辛普森杀人案作了一个辩护。对这个案件，一般的新闻媒体会说：“哎呀，你看这个辛普森是橄榄球运动员，就是因为钱多，你看他明明杀了人了，最后被判了无罪。”

大家想一想，为什么辛普森被判无罪？这是不是一个冤假错案？

美国法律到今天都没有认定辛普森有罪，而辛普森在宣判无罪过了若干年以后还写了本书，叫《假如我做了》。言外之意，他其实是在说那个前女友是他杀的。其实，我们大家无论法律人还是非法律人，就当时那个案件的情况的判断，就杀了人的情况看，最后辛普森逃跑，警察在后面追，新闻记者的直升机的镜头在上面照着他，前面是他的车，后面是警车……你要没杀人你跑什么？所以从客观事实来讲，他真杀人了。

到现在我也认为辛普森真的是杀人了。但是从法律上讲，没有认定他杀人。为什么？“客观事实”不等于“法律事实”。这很多人不能理解，那我告诉你，香港法律界有一句名言：“法庭，从来不是搞清客观事实的地方。”

为什么？法庭在追求的是法律事实。

客观事实+证据=法律事实。没有证据就不是“法律事实”。

举个例子，咱们俩昨天单独在一起说过话，今天到了法庭上，我一摇脑袋说“我没说过”。你要求法庭认定咱俩说过话，法官说：“请你举证。”你如果拿不出证人，拿不出录音，拿不出录像，拿不出所有相关证据，最后你说：“天地良心啊，昨天我真的跟钱律师说过话，他就是不承认了。”法官摇摇脑袋说：“那没办法，你指控你们俩说过话这个事实，由于你举证不能，判决书白纸黑字认定你们俩昨天没说过话。”这就是“法律事实”。

陈海阳：法律事实是有证据能够佐证的事实。

钱列阳：法庭追求的是一个“法律事实”。“以事实为依据，以法律为准绳”这句话大家都知道。什么意思？“以法律事实为依据，以法律条文为准绳。”而不是以“客观事实”为依据，就算“客观事实”再真实，没有证据，没有法庭认可的证据，你根本没法变成“法律事实”。判决是依据“法律事实”作出的，所以我们大家需要树立一个观念，就是“客观事实”和“法律事实”是不一样的，“法律事实”永远≤“客观事实”，它绝对不会是“全等”。

李秀平：你当时还详细讲了辛普森案的陪审团和“程序正义”方面的问题。

钱列阳：辛普森这个案件，有一个陪审团。

大家在电视里没少见陪审团。美国的陪审团是什么概念呢？是用电脑从社会上随机挑取21个人或12个人，组成大的或小的陪审团。随机挑取的人有几个条件，才能够做陪审团成员：第一，必须是美国公民；第二，没有精神病；第三，没有犯罪前科；第四，没有学过法律。陪审团成员不得有法律专业的背景。然后，电脑就啪啪运转起来，控方和辩护律师就在那里挑。

怎么挑呢？除了上述四条以外，如果我能够说出这个人不适合做陪审团成员的理由，比如说：“辛普森是个黑人，如果这个人当陪审员，我作为辩护人觉得不合适，因为我看过他以前的一篇文章，有一些言论，他歧视黑人。”只要你能说出理由，这个人就不能当，就要被拿掉，然后电脑再提供下一个。只有控辩双方都说不出他有不适合当陪审团成员的理由，这个时候控辩双方各自还有20个无理由免除的名额。“我就看着他别扭，长得不行，哎呀这个不行，那我动用我20个名额。”所以，陪审团成员最终产生的21个或12个陪审团成员是什么，是所有理由都免掉了，控辩双方连无理由的名额都用光了，最后电脑再蹦出一个，实在我挑不出他有什么不适合做陪审团成员的理由了，这才成了陪审团成员。所以，所有陪审团成员的产生，控辩双方在法庭上，光选陪审团成员就选了3个月。但是最后产生的成员，都是双方都没有任何否定的理由，只能是他了。美国的陪审团是这么产生的。

陈海阳：陪审团制度是在牺牲了部分效率的基础上存在的。

钱列阳：那么，产生了陪审团成员以后，这些陪审团成员一旦被选中，所在的单位、公司，不能对他开除、辞退，工资奖金照发，法院还给他每天几十美元的补助。但是，这个陪审团成员也不能回家了，也不能再跟外人及家人接触了，甚至连电视都不能看，你跑到宾馆里，我给你养起来。然后你每天上班，用车子把你拉到法庭，你来旁听，旁听完了再把你拉走。

辛普森案件，浩浩荡荡地用了那么长时间，陪审团成员跟外界隔绝，就是倾听，听完了以后这些陪审团成员合议起来，大家合议的结果通过无记名投票形成，最后按票数的多少，达到2/3，简单多数还是压倒多数，最后来认定有罪还是无罪。实际上，陪审团成员在美国是这样的一个产生和运作的过程。跟中国法院的人民陪审员是两码事，人民陪审员就是跑来听一听，跟这个不一样。而这个陪审团的成立，它以这样的方式随机选出的人员，任何人都不能对他们施加影响。你想跟他们沟通，说“不行啊，你必须定他有罪”、“你必须定他无罪”，这是不可以的。所以陪审团的裁决结果在最后一刻，陪审团成员无记名投票产生结果之前，没有人知道最终被告人是否有罪。

法官也不知道，法官只是像拳击比赛秩序的维护者。最终他会说：“陪审团成员，你们经过庭审了，你们都听懂案情了，然后你们也经过合议了，现在你们有结论了吗？”“有了。”“好，首席站起来，回答法官结论是什么？”“结论是：有罪(或无罪)。”就这一锤子买卖。所以后面这一段，大家在美国电视剧里可能经常会看到，会拥抱啊，然后记者会采访啊，门口簇拥着人。但是在前面,美国的陪审团它是这样一种运作的方式。

我把这一段给大家介绍是什么意思呢?我们法律上有一个观念,叫"程序正义"。

"程序正义"是什么意思?就是说,我们定出了一个最完整的规则,然后一丝不苟地把这个规则执行完,最后不问结果。这边进去是生猪,那边出来就是香肠。出来了以后,什么结果都要遵守,这就是陪审团,这就是美国法律中的程序正义。

我们曾把德肖维茨教授请到北京来,也跟他座谈过。我们说:"这个案子,你给辛普森辩成无罪,你怎么看这个问题?"他说:"很简单,这个也就是因为他是橄榄球明星,他有钱,所以他要求搞陪审团这个制度。而美国的案件非常多,每个人都要这么干,那案件早就要排到下下个世纪去了。所以,发生在美国的案件,90%以上的案件,法官很简单就能定有罪。" 就是这一类案件搞了陪审团制度,浩浩荡荡地搞,为什么?因为,无论中国、美国,还是世界其他国家,都有一个最基本的矛盾,叫效率和公正。效率高了,萝卜多了不洗泥,每个案件就不公正了。每个案件都像辛普森案件这么公正,效率上不去,案件就积压。

我们中国一年的刑事案件大概是 150 万起, 全中国各个省的总共这么多。如果每个案子都要搞陪审团那是不行的,所以大量的美国的案子搞的是"辩诉交易"。中国的案子搞的是"普通程序"、"简易程序",就是普通案件以快速的方式来解决。只有重大的、疑难的、有重大影响的这类案件,像辛普森这样的橄榄球明星,才走这样一个程序,他既有条件又有钱。

回过头来,德肖维茨教授在辛普森案件中,其实从头到尾没有说辛普森没杀人,他没有任何证据证明辛普森无罪。但是他证明了警察在造假,证据就是袜子上的血迹。警察为了证明被告人有罪,拿出各种证据觉得还不扎实,画蛇添足地在袜子上倒了血迹。袜子如果不穿的话,摆在那里就是两层布,往上一倒血液,一层就马上渗到另一层,这两层就连在一起了。那么这样的袜子,就说明在沾上血迹的时候,它没有穿在人的脚上,对吗?人要穿在脚上,两层袜子中间隔了一条腿,要是有点儿血迹,那不可能这边有血迹另一边也有。所以,德肖维茨教授他只是证明了辛普森在现场的时候穿的不是本案公诉人拿出的带有血迹的那双袜子,那么这双袜子就是假证。辩护律师证明了公诉人举的是造假的证据。

"陪审团你们听一听，看一看，他为了指控我当事人有罪，他制造假证，他把没有穿在当事人脚上的袜子沾上血迹，说成我当事人穿的。"所以，德肖维茨用了一个很高明的辩护方式，即"不是求真，而是证伪"，证明了公诉人的证据是假的。这样的一个"证伪"的过程，让陪审团说："哦，你警察造假证打击犯罪。"

辛普森杀人了吗？问号。警察造假了吗？句号。你警察确实造假了。这个时候每个人都有一个心态，当你吃一碗面条的时候，发现面条里有一条虫子的时候，你是等找到第二条虫子时再倒掉它，还是有第一条虫子时你就不吃了就倒掉呢？对吧，只要这碗面条有第一条虫子时，我已经不需要证明有没有第二条、第三条虫子了，这碗面条已经脏了我就不吃了，就这么简单。所以陪审团成员对公诉人后面的举证失去信心，不信任了。

在美国，诚信非常重要。警察今天造了一个假证打击了一个真犯罪，明天就可以通过一个假证冤枉一个无辜者，这是美国法治文化所不允许的。也正因为这样，所以这个案子最后审判的结果，辛普森"客观事实"上可能真的杀了人，但"法律事实"上陪审团成员经过表决，由于对公诉人的不信任，因此经无罪推定，绝大部分人认为他就是无罪的。而这样的审判结果，并没有引起美国联邦法院对这起案件进行提审，进行改判，为什么？因为它在程序上没有任何瑕疵和错误。

美国的上级法院一般不对下级法院案件的实体作出一个判断(这个本子是蓝的还是绿的)，而是看你的程序有没有瑕疵。程序没有瑕疵，这个案子是什么结果就是什么结果。所以，这个案件到现在辛普森甚至后来都变相承认自己杀人了，但是美国联邦法院仍然没有改判，不像我们国家有的案件，因社会舆论太大，则最高人民法院提审，这个省的案件拿到那个省来审，其实就是告诉你给我改了，为顺应民意。美国三权分立的制度下，这是不允许的。

李秀平：通过辛普森案，你也讲到了"程序抵消不满"的问题。

钱列阳：辛普森案所体现出来的价值是什么？用我们法律人的一句话说，叫"程序抵消不满"。

打个比方，今天，我们大家需要一个班长出来做事，如果领导直接指定张三当班长，李四和王五肯定不服。他们会想："这个张三肯定给领导好处了。他跟领导肯定有亲戚关系……”可是如果我们让张三、李四、王五每个人上台演讲五分钟,最后大家无记名投票,谁的票数高谁当班长,最后张三胜出。这时,虽然李四和王五心里都不服,但是无话可讲,谁让你票数没有张三高。这就叫“程序抵消不满”。

所以,法律人对于一件事情的结果的是和非,其实看得不重。我们看得重的是产生结果的过程是不是公正,是不是公平,是不是足够的透明,是不是没有瑕疵。所以,我有时候跟法官讲,也跟我的当事人讲:“我说没有关系,我们法庭辩论全都做完了,我要求的是,法官你把程序走完了,你在叙述我的当事人有罪或者无罪的时候,你把理由讲清楚。你如果要说无罪,你把无罪的道理,驳掉公诉人的理由讲清楚。你说我的当事人有罪,驳掉我这个辩护律师的理由,你也讲清楚。你把每一个理由讲充分,水平比我高,我愿赌服输。你要我的当事人怎么判都可以,结果怎么样我不在乎,我要的是产生结果的过程。”

在今天的社会上,咱们追求的是什么?其实不是结果是过程。只要过程做到极致,结果大家都会接受,通情达理。我觉得就是这么一个道理。所以,我们法律人就说:“过程比结果更重要。”

在这个问题上,我们还有一个最基本的理念。这个理念是什么呢?就是说,我们作为一个律师也好,作为一个法律人也好,很清楚一个观念,叫“公平不等于公正,公正不等于公平”。讲得再直白一点,爸爸和女儿每人每顿饭吃一个馒头,女儿正合适,爸爸年富力强吃不饱,对爸爸来讲公平吗?公平。每人一个馒头。公正吗?不公正。因为爸爸是做重体力劳动的,他还有很多事情要做,他吃两三个馒头才够,一个馒头显然不够。

我们社会大众,往往看表面上“公平不公平”,其实我们要追求的是“公正不公正”。追求的是司法公正,法律面前人人平等,这个平等是指讲话权力的平等,但真正意义上的公正不是这个概念。比如说咱们的交规,如果你是行人,对方是机动车,责任在你,机动车无过错,机动车都要赔偿不超过10%的无过错责任,因为这个时候,法律要倾向一点弱者。如果两辆车对撞,谁的责任谁负。你完全没责任,对方全有责任,对方全赔。但如果你没任何责任,但你撞的是一个行人,法律这个时候就要为了公正,它实际上就要倾向弱方。

那么,这就是我讲的程序的理念。

思考3 “人权意识”的几个常识

李秀平：你在前面提到，要专门讲一下“人权意识”。讲到“人权意识”的时候，就必须讲《刑法》和《刑事诉讼法》。有趣的是，你把《刑法》比作一个“价目表”。

钱列阳：我是刑事律师，我再讲一个人权的理念。

我从犯罪方面讲起，这个人他犯罪没犯罪？犯罪了。有证据没有？有证据。接着，公安局抓人，检察院起诉，送到法院，最后经过一番折腾，判决无罪。为什么？我们行业里有一句专业的话，叫“嫌疑的依据不等于犯罪的证据”。

嫌疑的依据是：“你小子肯定不是好人，刚才丢了那个包，你路过了，我认为你涉嫌偷了那个包。”涉嫌犯罪，这就是嫌疑的依据，公安局可以对你进行立案，对你进行调查。但是“是不是真是你干的”，要排除一切合理怀疑。不仅要有证据，而且证据要确实充分，所以大家注意判决书，刑事法庭的判决书里，法院一定会写“证据确实充分”，而不是说“有证据”，必须是“证据确实充分”。

再比如，这个水滚烫，它是烫的水，是热水没问题，但是不是开水则不一定，这需要拿温度计去量，量到它确实达到100度，这叫证据确实充分，它叫开水。不然的话，它只能被认定为热水，哪怕把你的嘴烫得全是泡，它也是个热水，不是开水，这就叫做“证据确实充分”。你嘴上的泡只能是这个水是热水的证据，而不是开水的证据。这就是我们所说的“证据确实充分”。

在这种情况下，在打击犯罪的时候，大家想想，我们国家有一个法是《刑法》，有一个法是《刑事诉讼法》。

《刑法》就是“罪与刑”的价目表，你偷了多少钱，最后达到数额较大、数额巨大、数额特别巨大，会被判处 3 年以上有期徒刑、10 年以上有期徒刑或更重，以前盗窃罪有死刑现在没有死刑了。这是《刑法》400 多个罪名里，“罪与刑”的价目表。所以，中国《刑法》最简单的就是当年刘邦那个时候的“杀人者死，伤人者偿创”。创是创伤。这就是最简单的行为与处罚结果。

《刑事诉讼法》是干什么的呢？

《刑事诉讼法》是一个程序，它是保证“罪和刑”之间挂钩，连在一起的那条横线。打个最简单的比方，《刑法》是农民，把一头猪牵来了。《刑事诉讼法》是厨师，得把这头猪杀了，把猪皮和猪毛褪了，然后做成猪排和猪肉等可以吃的，不是半生不熟的。这个加工的过程，就是《刑事诉讼法》。

每个国家，英国、德国、美国和中国等国家的《刑事诉讼法》规定的不同，这就如同西餐和中餐厨房制作的程序不同，结果就可以差别到什么程度呢？差别到我们搞过研讨会，拿过同样一个案件，按德国《刑事诉讼法》组成了模拟法庭，按美国的《刑事诉讼法》组成了模拟法庭，最后的结果一个判有罪，一个判无罪。这就是不同的厨师，西餐厨师和中餐厨师不同的制作方法。但是有一条，《刑事诉讼法》的首要功能不是打击犯罪的工具，它是什么？它首先限制的是司法的公权力可能对公民的私权利产生的侵害。

还拿交规做比较，交规首先是限制机动车可能对自行车和行人产生的侵害。交规的目的不是让车开得快，而是让你别出事，是保证你的安全，顺利通行的安全。《刑事诉讼法》首先是约束司法公权力的。那么在这个时候，公权力对私权利的侵害就如同一个机动车对一个公民的侵害。车稍微碰一下，人就被撞飞了。也正因为如此，《刑事诉讼法》里面，对法律的规定很多，像“排除合理怀疑”、“罪刑法定”。

李秀平：关于“人权意识”，首先会涉及“罪刑法定”。钱律师讲一下“罪刑法定”吧。

钱列阳：“罪刑法定”原则大家可能听说过，用老百姓的话讲叫“法无明文规定不为罪”。换句话说，今天我们国家的《刑法》有 400 多个罪名，你的行为是这 400 多个罪名以外的有社会危害性的行为，但在今天的法律没有相应的罪名罩在你头上的话，那你就是无罪的——这叫“法无规定不处罚”。

这是保护公民或公民对自己权利的维护，要有一个前瞻性。我知道我将要做的这个事是违法的，我将要受到什么处分。我做这个事是安全的是不违法的，这事我是可以放心地做的。让公民有一个安全感，通过法律知道自己行为的结果是什么，这就是法治精神。所以法律必须是公开的、透明的、让老百姓看得懂的，有前瞻性的。保证了你的行为后果每个人都能预见到，每个人生活都有安全感。

相反，生活在恐怖中，我渴了，有一杯水，我拿起来就喝，我相信这杯水是干净的，但你告诉我，这两杯水里，有一杯是毒药有一杯是水，你喝了以后也有可能是马上就死掉了，也可能是很安全的。这个时候，我还敢从容地喝吗？我对自己行为的结果没有一个准确的判断，我是不敢做的。所以，社会的稳定是老百姓不能生活在恐怖中，而法律恰恰是让老百姓更安定、踏实的“工具”，这是立法的一个本意。

李秀平：*另一个重要人权理念是“维护被告人的合法权益”。*

钱列阳：《刑法诉讼法》规定了我们律师的权利——维护被告人合法权益。

既然是维护权利，我们就要给“坏人”说话。所以，当刑事辩护律师是经常被骂的，尤其是现在的互联网时代，当年包括我给刘志军辩护的时候，在网上也被一帮人骂得狗血淋头的。

“这是一个色官，你看金陵十二钗跟他有什么什么关系？”“他建高铁让国家背上了一万多亿的债，这样的坏人你还巧舌如簧地为他辩护？”这就是网民的发言。

几乎可以肯定，所有骂我的人真的都是好人，都是非常善良的好人，他们真的不是坏人，但是他们真的把我骂得狗血淋头。所以，我都没法儿反驳，我都不忍心反驳他们，我觉得他们是本着善良的愿望来骂我的。所以，这种时候，我们要明白律师是做什么的。律师为“坏人”说话，是为“坏人”的“人”说话，不是给“坏人”的“坏”说话。坏人他再坏，他是人他不是狗。

我们法律规定的是“法律面前人人平等”。这个“人人”，第一个“人”是指“好人”，第二个“人”是指“坏人”，咱们就可以这么理解。“好人”和“坏人”在法律面前都是人，都是平等的。而我们国家传统文化“十恶不赦”、“罪该万死”这些成语告诉我们，中国传统文化里的“坏人”不是人，“坏人”猪狗不如，“坏人”没有人权。

辩护律师这个职业，是100年前刚刚从西方传来的。中国5000年传统文化，大清律、大明律、大唐律里头没有辩护人。包公铡美案里，王朝马汉上去就给执行了，谁替陈世美说话？没有。因为他做了恶事以至于他猪狗不如，不是“人”。

“坏人是人”这个观念，是我们5000年历史上最近这100年以来才开始有的观念。“坏人”再坏，他是人！他明天被枪毙，今天的一日三餐也要吃饱，也不能骂他也不能羞辱他，要捍卫他最基本的人权。

这个人权观念，西方文化里早就有。而我们东方文化里，一直到大清王朝覆灭，中华民国1912年9月份颁布了《律师暂行条例》才有了律师这个职业。所以，“坏人是人”这个观念一定要确立起来。

我们大家都听说过“木桶理论”，一只木桶能装多少水是由短板决定的，在中国人权保障的问题上，短板是什么？就是犯罪嫌疑人的权益的维护有多么充分，这个桶里的水就能装多高。所以，不要去比中国的部长和美国的部长谁的权力更大，而要去比中国的死刑犯和美国的死刑犯谁的生活条件更好、谁主张自己权益的条件更好。当“坏人”的权益得到保障后，“好人”权益的保障才能得到充分的保障。所以“坏人”和“好人”的差别，大家的注意力都放在“好人”的上头的时候，其实我们法律人把注意应该放在“坏人”的权利上。

辩护律师是什么？就是“好人”蒙冤了，由于你的工作，帮他洗清了冤枉，皆大欢喜一片掌声。这的确是辩护律师的光彩。但是，90%以上进入公安局、检察院、法院的拘留、逮捕和起诉程序的是真的坏人，他们真的不是被冤枉的。

有冤枉的吗？有。但是从数量上看，绝大部分是不冤枉的。一个人不冤枉权益就不维护了吗？恰恰是不冤枉的人，罪该万死的人，我们国家定了一个法律援助制度，一定要维护他的权益。

在这方面，让我最惊讶和最看不起的是印度的律师。印度强奸杀害少女案，大家都在媒体上看到了，手段残忍，万民共愤，那就不用讲了。结果，没有律师愿意出来为这几个杀人嫌疑犯、强奸嫌疑犯辩护，我认为这是印度法治的悲哀。

律师就应该“知其不可为而为之”、“举国皆吾敌,而不改其度”地维护最十恶不赦人的权益,这是法治的底线。

无论如何,哪怕明天枪毙一个人,今天在法庭上也要有人为他说话、为他辩护,这是一个法治的标准。所以,我特别惊讶地看到,印度律师界没有一个人挺身而出,给这几个强奸杀人者辩护,我很为同行感到汗颜。

这就如同医生,医生把病人治好了皆大欢喜,那更多的医生治了半天病人还是死掉了。更主要的是有些病,如艾滋病、麻风病、天花,传染性很强的病,这个时候白衣天使挺身而出走到抗击“非典”的第一线,无论最后他治得好治不好,死活都放在次要,重要的是这种所有人都对“非典”避之唯恐不及的时候,白衣天使能够挺身而出。我们律师也一样,当所有人都在骂这个人的时候,律师应该顶着骂声上来为他辩护,因为他是公民,他的权益体现出来了。

我把这个讲出来,这个就是法治的理念,不要光看到辩护律师为好人洗清冤枉,更多的工作是要像走到“非典”第一线的白衣天使一样,为社会所不齿所公愤的人去辩护,就这么简单。

李秀平:你再谈一谈“打击犯罪”和“保障人权”之间的关系。

钱列阳:打击犯罪是手段还是目的?打击犯罪永远是手段,保障人权才是目的。

我还拿医生打比方,医生治病是为了救人,我为了保住你的命,我只能把你的腿锯掉,把你的胳膊锯掉,但是医生能不能说:“你这个病很特殊很个别,我要对你这个病进行医学研究,医学研究成果很可能对人类医学的进步有贡献。至于说你嘛,那我就只能对你活体解剖了。”可以吗?不可以。

社会价值似乎更加大于个人价值,但是医生的职业伦理是,无论如何你是我的病人,我要把你治好,哪怕我错过了得诺贝尔医学奖的机会,也要先把你的病治好,然后来保住你的生命。

那么,打击犯罪永远是一个手段,保障人权是我们整个社会的根本目的。最简单的,警察遇到绑匪劫持人质,劫匪拿枪顶着人质的头,这个时候警察为了能够保住人质的安全,是不惜让犯罪分子逃跑逍遥法外的，因此他可能再去绑架第二个、第三个人质，然后警察再去追。不能说这个歹徒已经杀了好几个人了，反正也是枪毙，所以现在你跟人质在一起，我就端起冲锋枪把你和人质全都消灭了，虽然死了一个人质，但是你这个流窜全国各地的歹徒也终于被消灭了。警察不能这样做，对吗？执法者打击犯罪是手段不是目的，保障人权才是目的。

李秀平：“非法证据排除”规则，也是出于“保障人权”的目的制定的吧？

钱列阳：如果关心刑事诉讼，大家可能听说过“非法证据排除”。2013 年 1 月 1 日，新的《刑事诉讼法》颁布，里面确立了“非法证据排除”规则。

大家想一想，什么叫做“非法证据”？我告诉你，“非法证据”就是刑讯逼供打出来的证据。

刑讯逼供在中国屡禁不止，改革开放 30 多年来一直成为破案的一个重要手段。我们大家一说刑讯逼供，“啊，产生冤假错案。”不错，今天发现的所有错案案件，呼格案件和其他什么案件，当年都有刑讯逼供的痕迹。确实它会产生冤假错案，但是我可以告诉你，80%以上的刑讯逼供打出的是真话，不是冤假错案。不打如何肯招，然后一顿暴打，最后说了，尸体在哪、凶器在哪，跑去一找果然尸体在、凶器在。案件告破，然后立功受奖，这边送上法庭，也可能就枪毙了。这样的情况，在改革开放 30 多年来占绝大多数。口供被当成证据之王，然后刑讯逼供获取口供。所以，提高破案率。

对刑讯逼供这种破案情况，立法部门知道吗？当然知道，存在即为合理。

刑讯逼供的作用是提高破案率，加强破案的效果，不打根本就不说尸体在哪、赃物在哪，一顿暴打之后说了，果然东西在那。但是，刑讯逼供带来了这些正确的信息产生了破案；我们反过来讲，不刑讯逼供可能这个案子破不了，不刑讯逼供可能最后无法定罪，不刑讯逼供他就逍遥法外可能跑掉了。怎么办？2013 年 1 月 1 日的《刑事诉讼法》规定了“非法证据排除”规则。

为什么要确立“非法证据排除”规则？就是说，我不管你实体内容，被告人认罪了对吧，认罪证明是刑讯逼供得来的，因此予以排除，排除了你认罪的证据以后，还有什么证据能证明你有罪呢？发现证据不确实了，不充分了，残缺不全了。因此，法官只能把你一个客观上真正有罪的人，宣判无罪。让这个有罪的人逍遥法外又躲过了一劫,可以继续行骗,可以继续打砸抢,可以继续去杀人。因为证据不够充分,法律事实上的证据不够充分。

国家立法部门为什么要这样做呢?大家想过没有,实际上,捍卫人权,人身权神圣不可侵犯是《宪法》规定的权利。案件破获,有罪的人受到惩罚,维护了司法公正,这是《刑法》的价值。

当《宪法》的价值和《刑法》的价值发生冲突的时候,《宪法》是高位的——母法,《刑法》是低位的——子法,“两害相权取其轻”,为了维护《宪法》中对人身权的保护,宁可司法公正这个权利得不到实现,也不能为了司法权的司法公正的体现以付出侵犯《宪法》中人权为代价,这才是国家立法本意。

《刑事诉讼法》更要体现的,首先是《宪法》对人权的保护。换句话说,打击犯罪永远是手段,保障人权是目的。也正因为如此,《刑事诉讼法》里才规定了“非法证据排除”规则。这确实会使一部分有罪的人逃脱法网,但这是法治的成本、法治的代价。

大家想想,真要说打击犯罪是不需要法的。20 世纪 50 年代镇压反革命,一卡车军人端着枪一通扫射就一网打尽,然后开个公判会大家一喊口号,戴着高帽子游街一圈,然后一通正义的枪声,这个反革命一汪黑血就涌出来了。我们 50 年代的确是这样,我们今天不能再回到当年。时代在发展,法治文明在进步。这个时候,法治的一个很大的代价,是会让有罪的人逃脱法网。但是,它把无罪的人被冤枉的可能性降到最低。所以“不枉不纵”那只是口号。

“我们一个好人都不能冤枉,一个坏人都不能放纵”其实是不可能的。就如同打靶,你奔着 10 环打,但你能枪枪都是 10 环吗?你不是神枪手。那么法治就是在“两害相权取其轻,两利相权取其重”。在打击犯罪和保障人权的时候宁可犯罪打击不了、放纵了,我也要保障人权,不能让人权受到侵害。这就是“非法证据排除”。

不是说“有罪证据排除,无罪证据采信”,而是一切证据,不管有罪无罪,只要是非法获得的,不符合法律程序获得的,侵犯人权获得的一律无条件排除。这就叫“非法证据排除”。

这是《刑事诉讼法》2013 年 1 月 1 日以后,在第 54 条确立了非法证据排除得到的一个人权保障的标志,这是第一个标志。

李秀平:在保障人权方面,还有一个“罪刑相适应”的问题。你举了“铁少女”的例子来说明“罪刑不相适应”的后果,非常贴切。

钱列阳:在谈到刑事司法规则的时候,我们经常会说到“罪刑相适应”。“罪刑相适应”就是说,你偷了一个碗,你就被敲一下手。你杀了一个人,你就要偿命。你偷了两摞钞票,你就要被判几年刑。你的行为和你的后果之间应该是挂钩的。一个小孩子敲碎一个碗,你去打一下他的手,他就记住了,下次他就不能再随便砸碗了。但如果你剁掉了他一只手,他有一天长大了,他是残疾人,然后他懂事了,他知道自己之所以残疾就是因为小的时候摔了一个碗,被你剁掉了一只手。当他懂事以后,他知道自己犯的错误不足以被剁掉一只手,他会恨你,甚至会用剩下的一只手杀了你,这就是“罪刑不相适应”的结果。

我们国家在这方面,其实全社会是买了很大的单的,是承担了很大的“罪刑不相适应”的后果的。最简单地说,1983 年“严打”,凡是有犯罪前科的,犯任何一点儿罪马上抓起来,然后吊销城市户口发配到青海、甘肃、新疆去劳改农场,永远不能回北京,永远不能回上海,永远不能到大城市。然后,大城市就断绝了他的一切粮食供应,户口关系全都拿掉。其实,他虽然有犯罪前科,但当时只是因为偷了两个气管就被认为是又有新的犯罪行为。那么这样的人在他刑满释放或假释出来以后会报复社会,因为他没有工作、没有真正意义上的社会认可的职业,只能去抢只能去杀,然后在后来的若干年以后,中国社会的治安很大一部分问题来自于 1983 年“严打”时的“罪刑不相适应”。因为对他们处罚的太重,形成了社会的报复心理,这批人对社会仇视。

作为法律人,我们更关心的是治理社会的时候是要“罪刑相适应”。我们要把一个人的行为和对他的处罚结果相配套。

什么叫司法公正?

司法公正就是被处罚的人面对自己的行为和后果的处罚心服口服,无话可讲。而对于被冤枉的人,他的内心是非常痛苦的。这就是我们专业里有一句话叫做,“迟到的正义是非正义”。冤枉你了,判了你 10 年徒刑了,终于发现原来不是你,冤枉你了,然后赔给你一两百万元,然后又把你放出来了。这是正义的实现吗？这不是正义的实现,因为这是迟到的正义,迟到的正义是非正义。法治社会不允许老翻案,老在把一个案子在10年以后平反昭雪,不是这个概念。

欧洲中世纪,我们大家都知道是最黑暗的时期,最黑暗的时期有一个刑具是执行死刑的刑具,叫“铁少女”。就是用铁做的一个人形的少女。它像一个棺材一样,有个盖子可以打开,盖子一打开里面是一根一根的钢针,钢针都设在人的要害部位,眼睛啊、喉咙啊、心脏啊这些很要害的地方。那个被执行死刑的人要站在铁少女的盒子里头去,然后把盖子一合上,这个钢针就扎在这个被执行死刑者的要害地方,人就死了。它是执行死执的一种非常残酷的刑具。

问题出在哪里？问题在于,人的身高体重胖瘦是各不相同的,而“铁少女”里头的格式是不能变的,是固定的。所以,当这个被执行死刑的人站进去以后,盖子“啪”一声合上以后没有扎中要害,他死不了。“罪刑不相适应”就是从这里看出来的,结果那个人非常痛苦,有的时候要惨叫一个礼拜,最后把血流光才死,这是一个非常残酷的执行死刑的刑具。

“铁少女”给了法学家一个启示,就是你真的杀了人了,你罪有应得,要把你枪毙了,这个不痛苦,这是你应有的下场。但如果你是被冤枉的,你并不适合执行这个刑罚的时候,把你冤枉的时候,那么这个被冤枉的人是极其痛苦的。所以,我们法律界有句话:“不能让‘铁少女’再回来。”就是这种罪刑不相适应的结果,会使被冤枉的人万分痛苦。

同样是两个人被枪毙,这个人是杀了人以后应该被枪毙,那个人是没有杀人最后硬是说他杀人了而被枪毙,这后者是法治社会绝对不能容忍的现象。法治是宁可放纵坏人,也不能出现“铁少女”这样的现象。所以,欧洲中世纪的“铁少女”实际上是给了我们这样一个启迪。

我在陪审团的问题上再讲一个例子。英国一个大法官有一次访问北京,我们跟他的代表团进行交流。后来就提问,因为英国是有陪审团制度的,大法官是维护法庭秩序的人。有人问他:“如果你作为法官,以你的经验知道这个被告人真的有罪,但是陪审团认定无罪把他释放了,你会有什么样的感觉？什么样的心态？你是不是觉得自己内心很纠结？明明是一个杀人犯,结果陪审团判他无罪。”结果大出我们的意料,这个英国大法官回答说:“法律啊,是人民意志的体现,陪审团制度是人民的意志在监督刑事司法个案中的体现。通过立法体现了人民的意志,陪审团制度把人们的意志通过个案体现了。人民原谅了他,那我还能说什么呢?”

英国大法官就回答了这样三句话,第一句话是立法,法律是人民意志的体现;第二句话,陪审团是人民意志在个案监督中的意志体现;结论是人民已经原谅了他,我还能说什么呢?我觉得这个话讲得非常有水平。

程序上没有任何问题,没有任何瑕疵,实体上这个杀人犯杀了好几个人了,最后还是判他无罪,因为证据不足,陪审团认定他无罪,最后他又逍遥法外了。作为法官,他在这个时候,把自己跟法律程序紧紧连在一起,把法律事实的是非隔在了程序之外,实体问题隔在了程序之外。这样的一个定位,我们觉得很有意思。就是说,你做事情把握的这个度,可能这个程序比实体更重要。而你处理这样的事情心不累。

同样,我们访问俄罗斯的时候,俄罗斯有个总检察长,我们让他讲讲俄罗斯国家杜马、司法改革什么的。他说:“俄罗斯的司法改革我不知道,因为这个事跟我没关系,这个是国家杜马、社会的 NGO 组织和专家学者们讨论的结果。讨论了以后最后在国家杜马表决,表决通过了是什么就是什么。我作为总检察长是护法机关工作人员,所以我只负责确保法律的执行,确保法律按照杜马的规定在实践中执行。我自己并不参与改革,并不参与权力的再分配。”

这就像端盘子的人不是厨师一样。厨师做什么,我这个端盘子的人就保证从厨房里安全地把这一盘做好的菜端到客人的桌子上,让客人能吃上。我自己不参与做菜,更不能在端的过程中再往碗里再加点什么东西。我只是个端盘子的,我要保证端盘子一路的安全,没有端错地儿,不会摔碎盘子。

换句话说,权力的分配者不参与权力的运用,权力的运用者不参与权力的分配,完全隔开。在这样一个制度下,运用权力的总检察长他没有资格去参与权力的分配。所以,我本来有五个权力,一旦颁布改成三个,那三个就三个。本来我有三个权力,突然改成六个了,那六个就六个。给多少权力就履行多少职责,这就是一个制度架构的合理性。

思考4 “大义灭亲”与法律变迁

李秀平：“大义灭亲”的观念一度盛行，但是它和现代“人权保障”理念相冲突。体现在法律规定中，就是出庭作证的规定。

钱列阳：“文化大革命”的时候就提倡“大义灭亲”。家里头配偶、父母、子女说了一句反对毛主席的话，说了一句共产党不好的话被揭发检举。北京有一个律师就忏悔自己小的时候，妈妈说了一句对共产党不满的话，他和他爸爸就去红卫兵那里检举揭发，结果红卫兵把他妈妈抓了，3个月之后枪毙了。他说：“当时，我还是个10岁的孩子，现在我长大了，我对自己做过这样的事情表示深深的忏悔。”那个时候，为了这个主义，为了那个主义，要“大义灭亲”，而现在我们的法律改了，不提倡这样“大义灭亲”了。

《刑事诉讼法》第188条规定，就是法庭如果认为这个证人非常重要，有罪无罪他都很重要，可以强制他出庭作证。如果不出庭，可以对他处以10日以下拘留。法律给了法院一个强制证人出庭铁的权力，但是最后加了一句：“配偶、父母、子女除外。”这句话什么意思？这句话的意思就是说，如果配偶之间、父母之间、子女之间，这些亲情的血缘关系之间，如果只有他的配偶能证明他有罪，法庭不能强制配偶出庭，证明自己的丈夫或妻子有罪。对别人可以强制传唤出庭，但是对于自己的亲人，你自觉自愿出庭没问题，但是强制出庭不可以。

法律明确禁止法官在配偶、父母、子女的问题上行使强制权。第一，公民到法庭上不能说假话、不能说谎话，一定要说实话；第二，我明明看到我的丈夫犯罪了，我不愿意证明我丈夫有罪，法庭如果强制传唤我到法庭上，我要说假话就是伪证罪；我要说真话，我作为妻子把丈夫送上了血淋淋的断头台证明了他有罪，这个时候我就处在了一个两难的境地，法律就会说“你可以不出庭。你自觉自愿出庭那就另说，但是法庭不能强制你出庭”。

在中国古代的法制史上有一句话，叫“亲亲相隐”。“亲亲得相首匿”，就是说亲人之间是允许相互隐瞒的。这和1949年以后我们提倡的“大义灭亲”相比，有质的不同。一个家庭的亲情伦理高于破一个案件，高于司法公正的价值。

换句话说，当只有你的配偶能证明你有罪，而他拒绝作证的时候，法律只能判你无罪，而不能判你有罪，因为缺乏证据——这个证据掌握在你的配偶手里，但配偶拒绝作证。在“客观事实”上，你可能真的杀了人，但“法律事实”就是无罪。

宁可使这个有罪的案件破不了，也不能破坏亲情家庭伦理这个社会最基本的细胞。这是我们这次新的《刑事诉讼法》出台以后的一个价值取向，否定了1949年以后的“大义灭亲”。确立了几千年以来中国传统文化“亲亲相隐”的理念。

大家如果有兴趣可以去看一下《刑事诉讼法》第188条，我在这里简单地念一下：“第188条第一款 经人民法院通知，证人没有正当理由不出庭作证的，人民法院可以强制其到庭，但是被告人的配偶、父母、子女除外。”这个规定最关键的一点，就是最后一句话。

这一句话，使我们的法治理念、人权理念前进了一大步。把“大义灭亲”去掉了，社会不再使用这样的强制令。所以，我觉得像这样的东西，我们真的宣传得不够，这是我们法治文明在进步。

李秀平：钱律师在“银湖沙龙”讲到“强制证人出庭”的规定时，举了薄熙来案为例。这个案件，确实非常典型。

钱列阳：薄熙来案连续审了五天，大家没想到薄的口才这么好，刑事法庭上法官如此和蔼可亲。像我们这些整天呆在刑事法庭上的人都知道，刑事法庭的法官是很霸道的：“不许说”，“打住”，“可以了”，“下一个问题”，“到此为止”，“别说了”，“你说”。我们的刑事法官有一种不可抑制的、打击犯罪的冲动和欲望。

薄熙来案件的审判长是济南中级人民法院副院长，中国人民大学王利明教授的博士，是一个民法法官。法院的民事法官没那么霸道，为什么？因为原被告双方都是平等的，都是老百姓，律师也是。民事法官不需要偏袒谁，比较平等。

在刑事法庭上，公诉人和辩护人针锋相对的情况比较常见，有律师压住公诉人的，也有公诉人把律师压住的，但是很少有被告人把公诉人压住的。但是这一次大家都看到了，薄熙来是最大的赢家。薄熙来的脑袋聪明，口才也好，他本人也对法院表示感谢，最后我们的人权保障形象大大提高。

薄熙来案一口气开了五天庭。作为专业人士，我们看到了一点儿毛病，提出来供大家参考。

案件开庭时，徐明、王立军都出庭作证。在过去很长一段时间，中国刑事审判困扰我们的一个很大的问题，就是证人不出庭作证。你做了一个笔录，公诉人拿出来一念，我们律师觉得有疑问、提出意见，但是立马就成了过眼烟云，根本没有人理你。为什么？因为我国没有强制证人出庭制度，证人愿意来就来，不愿意来就不来。这对被告人非常不利，因为公诉人的意见很有可能直接被法院采信了。

在这样的环境下，我们律师就觉得非常不利，尤其是在押犯更不能出庭，因为在押犯出庭要动用很多警力。但是薄熙来案不一样，把王立军、徐明都押来了，这是一个进步。有一个情节，薄熙来说要薄古开来出庭，法官说了一句话：法院不能强制亲属出庭。

新修订的《刑事诉讼法》第188条确实有这个规定。首先，法庭认为这个证人有必要出庭的，可以强制传唤证人出庭，如果这个证人拒绝出庭，可以处10日以下拘留，这是新《刑事诉讼法》规定的一个证人强制出庭权。在这一条后面加了一句话："配偶、父母、子女除外。"就是说，配偶，父母，子女，不能强制出庭。

为什么要加这一条？不是法律面前人人平等吗？

意思就是说亲人之间犯了罪，相互掩护，这不叫包庇罪。就是前面说过的亲情伦理的价值，高于司法公正的价值。

《刑事诉讼法》第188条的立法本意是什么？是不能强制亲人出庭证明自己的亲人有罪。但无罪呢？如果无罪，这个当然要强制出庭。薄熙来要薄古开来出庭，是证明自己有罪吗？不是。他是证明自己无罪，法院就要支持。至于出庭了，最后更加证明薄熙来有罪了，那是另外一回事。在这个程序上，法官没有正确领会《刑事诉讼法》的立法本意。

“配偶、父母、子女除外”指的是：第一，如果是证明无罪就不能除外。第二，亲人自觉自愿地证明自己的亲人有罪也不能除外。因为是强制的，我今天就要出庭证明你有罪，这个也不能摒弃。第三，被告人要求应该是除外的。薄熙来两次要求让薄古开来出庭作证，法官说不能就拒绝了。但是作为专业人士，这个时候律师就应该马上提出来。哪怕律师说尊重薄熙来的意见，也要尊重薄古开来的意见。哪怕是薄古开来由于害怕伤害夫妻感情，坚决拒绝出庭，这个时候法院也不能强行。但是对于亲属以外的，徐明、王立军就不存在这个问题了。我们的法庭没有顾及这一条的立法本意，这是一个很大的遗憾，一个很大的瑕疵。

思考5 关于技术侦查手段入法

李秀平：近几年，公众参与立法的意识越来越强，因此引发的立法争议也越来越多。在2013年1月1日实施的《刑事诉讼法》修改时，关于技术侦查入法，曾引发了很大的争议。钱律师有过10年在公安机关工作的经历，相信你对这个问题有独到的见解。

钱列阳：《刑事诉讼法》修改时一个特别大的争议点，就是技术侦查手段进入了法律。大家也看到了监听、录音这一系列的技侦手段获取的证据，不需要经过证据转换，直接就可以送上法庭成为定罪的证据。比如说，你们上个礼拜的微信、微博、手机短信，你们之间的谈话录音，直接就可以上庭。征求意见的时候，社会上一片反对，说“从此以后没有隐私了，大家都在裸奔”；说“会侵犯人权”。

有个比较极端的例子：有一个搞监听的女警察，有一天把自己老公的手机监听了，发现老公在外面有小三，由此提起离婚诉讼。怎么办？证据是真实的，但是证据的来源是不合法的。因为技侦手段是公权力，这是典型的公权私用。

当时，一片反对之声。但是，我要说这仍然是我国法治在进步。为什么这样讲？

第一，我们进入了信息时代。这个技术侦查不管你爱与不爱，它都在那里。《刑事诉讼法》制定之前，技术侦查手段早就在采用了，只不过拿到法庭需要证据转换，而现在不用转换了。道高一尺，魔高一丈。罪犯在用技术手段作案，侦查机关也在用技术手段破案。这在哪个国家都一样，此消彼长。

第二，我们传统的侦查一直是口供中心主义。电视里面，美国的一个杀人犯被抓住了,最后左弄右弄,知道是他,但是证据不足,只能放。接着,他又杀了俩人,又抓住了,最后终于找到证据了。在中国,杀了第一个人以后,拿来一顿暴打,就把尸体和凶器在哪里都说出来了,根本就轮不到杀第二个、第三个人就被绳之以法了。这就是法治的代价。

重证据,轻口供。这句话大家都听过,可是司法实践中落实不了。我们的侦查机关获取证据的手段太单一。我们如果不打一顿,有的时候真的是搞不出线索,搞不出证据。所以,刑讯逼供屡禁不止。

1980 年《刑法》里就有一个“刑讯逼供罪”,你只要打了人就构成犯罪,这个罪,我们法律上叫行为犯。比如说我拿刀,顶着李博士,让你把钱拿出来。尽管李博士只有两毛钱,只要我有这个抢的行为,抢劫罪就构成。如果李博士在玩电脑,我悄悄地把手伸到他的包里偷了两毛钱,这不是盗窃罪,只是盗窃行为。因为盗窃是结果犯,只有达到了法定条件,掏出来一看是 2000 块钱,才构成盗窃罪。《刑法》中,行为犯和结果犯是有严格区分的。犯罪以后达到一定结果才构成犯罪的,叫结果犯。一有行为就构成犯罪的,叫行为犯。

刑讯逼供罪是个行为犯,你只要有打人的行为就构成犯罪。但在我们的司法实践中,却人为地把它变成了结果犯。打死人了、打残人了、打出冤假错案了,这才是有了结果。公安局局长、刑警队队长为了保护干警的工作积极性,只要不打死、不打残、不打错,则睁一只眼闭一只眼。打了一顿之后,就把尸体在哪里说出来了。刑讯逼供 80%打出来的是真话,这样一来破案成本就降低了,破案效率就提高了,我们公安机关迅速破案了。所以,我们在电视上老是看到公安干警又立功了。

什么情况下会被追究责任?要么把人打死了,要么打出冤假错案。比如说,前段时间媒体说的那些冤案,最后都是被打得没办法了,屈打成招。事实证明,“死者”活着出现了,杀人者肯定不是他,这才回过头来找旧账,原来这个冤假错案是什么原因。

我们的很多领导干部,有个非常错误的观念,认为刑讯逼供是冤假错案滋生的温床。错!刑讯逼供直接触犯的是《宪法》对人权的保障,而不是后果,这就是刑讯逼供是行为犯,而不是结果犯的立法本意。

换句话说,刑讯逼供出来是真的,这个证据也要排除。这才体现了《宪法》对人权保障的一个基本的理念。

直到今天，在各种媒体上还会看到刑讯逼供产生冤假错案。但是，刑讯逼供只要没有产生冤假错案，就“打了活该”这个理念，到现在都没有修正过来。而这一次技术侦查手段进入了刑事司法的刑事侦查领域，目的是改变侦查模式，抑制刑讯逼供，增加侦查手段，而逐步实现《宪法》所规定的保护人权的目的。刑讯逼供只有成为不必要，才会真正杜绝。靠纪律约束是约束不了的，只要有必要，一定会存在。因为它能提高效率、带来立功、使罪犯绳之以法，这样一来干警立功了、局长有面子了。

这一次技术手段入法的目的是杜绝刑讯逼供，不然很难杜绝。

简单说，牛车马车的时代引入了蒸汽机机动车，牛车马车撞了后果不会很严重，机动车出了交通事故人仰马翻，损失惨重。技术侦查手段捅出来的篓子那就大了去了，技术侦查手段甚至可以监听到高层，针对这一点，《刑事诉讼法》马上有一条规定，对技术侦查手段的批准、使用、监督权由检察院行使，检察院是侦查监督部门。但遗憾的是，到现在也没有看到检察院关于技侦手段的监督制约的法律规定。这就如同柏油马路铺好了，机动车可以跑了，但是斑马线、红绿灯迟迟没跟上。所以在这几年内，技侦手段的滥用恐怕不可避免。

一个人只有面临更严重的后果的时候，他才不会滥用权力。就像我刚才说的那个女警察，她如果知道不通过局长的批准就去窃听她丈夫的手机，她就要脱掉制服、丢掉饭碗，她一定不敢。监听的范围、监听的时间，都需要有严格限制的。技术侦查手段，从根本上改变的是侦查模式。

我们国家的法律有一个很大的问题，有违法禁止，没有违法后果的落实。我们的法律经常是没有后果的“无牙条款”。而传统的中国法律是很简单的，杀人者死！杀人者偿命！这就是后果，我们今天很多法律，尤其是对公权力的制约是没有后果的，只是反对、不许。对私权利倒是有后果，《刑法》每一条都有后果。

思考6 打击犯罪的“宁纵勿枉”

陈海阳:行内有一句话,放纵了一个罪犯等于污染水流。钱律师有个观点,就是“不能因为一个人、一个案子而撕破了一张法网,动摇老百姓对法治的信念”。

钱列阳:打个最简单的比方,渔民永远在补渔网。他在下海之前一定要把渔网织好再下海,他绝不会拿着一张破网去抓鱼。明明这个网上有两个洞,我就去抓鱼,他宁可放纵掉某些抓鱼的机会,漏掉一些大鱼,他也不能把网弄破,破了就得马上补。而我们国家今天法治的不成熟在于过于强调对个案中的被告人的绳之以法,而忽略了整张法网的完整,忽略了人民对法律审判的信任,而一个法治社会最主要的就是老百姓对法治理念的信任。

从法律人的习惯来说,我们的观点在于整个社会进入一个有规则效率的时候,他一定是以牺牲个人的效率为代价的。比如说交通,穿过马路直接走过去,三步两步就过去了,就你个人来说效率最高。但是今天的大城市不行,你得走斑马线,你得走天桥,如果是所有人都一步走到对面,汽车就要出交通事故了,或者是车就开不动。为了保证汽车能够高速行驶,所有人都要遵守交规,于是要绕很大一圈儿,每个人都牺牲了个人的“小我”,换成了整个社会的高效率。我们今天能不能容忍个案中的不公正,从而换得有利于整个社会的规则?这是我们今天的文化不能接受的。

就像辛普森杀了人,但恰恰是没有翻案,也没有再去追诉他,联邦法院也没有提审这个案件,就这样让一个有罪的杀人犯到今天还逍遥法外,但是他换来的是整个美国法治文化的传承和完整。今天这种观念上的改变，特别值得大家思考。我们的文化要逐渐地从一个人凭良心做事变成两个人相互制约形成一个公正。这个文化要走过来。

就社会来讲，法律是最低层次的道德，道德是最高层次的法律。这就是法律和道德应有的地位，这同样是我们法治文化的一个组成部分。法治就是法治，不要再提德治，德治是最高层次的法律，考试60分及格就是60分，你不要变成90分及格。90分及格就把规则打破了，90分是你将来可以努力的方向，但是学校的规则60分就是一个底线。别把道德标准和法律标准混为一谈。

法国有一个伟大的人物孟德斯鸠写了一本书，叫《论法的精神》，里面有一句话“君主的国家需要荣誉，专制的国家需要恐惧，民主的国家需要品德”，就这么简单的一句话，其实讲出了三个制度下道德伦理的基础。君主的国家需要荣誉来支撑，为君王效力，赢得身前身后名。专制的国家靠恐惧，这就不举例了。民主的国家需要品德，而这种品德，我认为是真正的德治。他不是法治，他已经不以法作为标准了，而是以良心作为标准。

在今天这个时代，很多人问我在中国这个社会怎么做律师？怎么生存下去？怎么发展下去？

《犹太法典》里有三句话：

有耐心，容忍我们不能改变的事情；

有勇气，改变我们可以改变的事情；

有智慧，区分前两者。

思考7 “死刑”的存与废

李秀平:死刑也是一个和“人权保障”高度相关的问题,你作为一名近距离接触这一问题的刑辩律师,怎么看待死刑和废除死刑的问题?

钱列阳:死刑问题,是一个大家很关心的问题,也是一个比较敏感的问题。

大家知道欧盟东扩,加入欧盟的一个最基本的标准是这个国家不能有死刑。所以整个的国家结构里头,加入欧盟就是所有死刑都要取消掉。

我们注意到一个问题,就是我国台湾地区曾有一个“法务部部长”,叫王清峰,在国民党马英九上台以后,她被邀请出任台湾地区“法务部部长”。这个人是反对死刑的。在我国台湾地区法院判了死刑以后,最终执行死刑是要由“法务部部长”签字的,结果她就一个字都不签。她不签字,判完死刑后就执行不了,执行不了就挂在那里,她最后终于受到弹劾请辞。因为我国台湾地区并没有取消死刑。

那么,死刑到底有多大的意义?其实我们大多数法律人,包括我本人是反对死刑的。但是我不会在我的辩护工作中体现出来,我不能说:“因为我反对死刑,所以我为他做的是无罪辩护。”我是依据法条辩护,不是依据法理辩护,不是依据我个人的价值取向辩护。

死刑在世界各国分几种情况,第一种情况如欧盟,绝对禁止死刑,任何时候都没有死刑;第二种情况,暴力犯罪有死刑,危害公共安全的暴力犯罪有死刑,非暴力的没有死刑;第三种情况像我们中国,是暴力的和非暴力的犯罪都有死刑,贪污受贿也有死刑。实际上一个国家保留死刑带有同态复仇的心态,就是你杀了人所以你也要被杀,这是同态复仇。

同态复仇是甲乙双方,而现代文明里政府是居中裁判,被告人把受害人生命剥夺了,这是不对的,他要受到处罚,天赋人权。但是政府如果也剥夺了这个人的生命,那么政府这样做也是不对的。在基督教义里面,生命是上帝创造的,所以要求不要判处死刑,但是可以终身监禁不得保释。

我个人认为,对于一个犯罪的惩罚,最严重的其实并不是判处死刑,而是终身监禁。我认为,终身监禁其实更有威慑力。

有很多被告人不怕死,尤其是财产类犯罪,财产类犯罪不是剥夺人生命的,我个人认为不应该判死刑。但我们国家的《刑法》仍然保留了死刑,只是少用、慎用死刑,杀贪官尽量少用。就是说没有重大的特别的影响的话,一般都不怎么判死刑,判死缓也好、无期也好。立法本意是逐渐少用、慎用死刑。

从法理上讲,人身权是第一位的,财产权是第二位的,名誉权是第三位的,知识产权等是第四位的。不同的权利在不同段位上,侵害了这个段位的权利,就应当受到这个层面的惩罚。你侵犯了别人的财产权,你可能后半辈子一贫如洗。你伤害了人的身体,你可能就要失去人身自由,但是尽量不要剥夺生命权,不要跨这个档次。这是法理上一直在讨论、在争论的问题。

我把这个问题提出来, 是因为现在在中国是慎用死刑的阶段,但是最近又有点儿苗头。比如,湖南两个上亿元的贪官,法院一审就判了死刑。后来记者采访我,我就觉得慎用死刑为好,我认为其实贪官不怕死。从 2003 年到现在,贪官判死刑的总共没几个,但是据统计已经有 100 多个贪官在被调查阶段就从楼上跳下来了或用其他方式自杀了。

官方统计的就死了 100 多人。所以,我说:“官不畏死,奈何以死惧之?”没想到,我对记者说的这个话,记者就给登出来了。各网站就一通地转发,然后我们律师事务所的主任就找我谈话,马上问我说:“你有数据吗?你说自杀的贪官比判死刑的贪官还多。”我说真的有数据,自杀的 100 多个了,但咱们这 10 年可没判 100 多个死刑。话说完刚三天,无锡市委副书记就从塔上跳下去了,又给我佐证了。

我只是想说,从法治的角度来讲,死刑并不是最严厉的惩罚,并不是说谁都怕死。而很多时候，恰恰是“死”给很多侦查工作带来了很大的麻烦。

像北京一个很高级别的中将，中央纪委和军纪委找他谈话，谈完话以后中间休息上厕所的时候，他就从 14 层楼跳下去了。没有来得及立案，只是找他谈话他就跳下去了，最后他们家的所有财产也不能按非法所得对待，不能像徐才厚似的，把他们的钱全没收，还得给他按组织程序按中将级别举行一个葬礼。这样的事情在北京也没少发生。所以说，实际上死亡的威慑力是很有限的。

我觉得今天中国的法治还很不完善，中国特色社会主义还在进行中，还有很多不尽如人意的地方。在此，我想起了《犹太法典》里的一句话：“有耐心容忍我们不能改变的事情；有勇气改变我们可以改变的事情；有智慧区别前两者。”

下编　演讲录

伍 刑辩业务的7个专题

2010年9月，一所特殊的学校——中国人民大学律师学院开办。这年9月11日，钱列阳律师站上了“刑辩班”的讲坛。此后，“9·11”成了属于他的日子——每年的这一天，他都会登台讲课。

与其说在上课，不如说是在演讲。钱列阳的每一堂课都充满智慧、比喻和“段子”，因而深受欢迎。

这里，集纳了钱列阳在中国人民大学律师学院7次“演讲”的完整内容。这些爆发于5年里的智慧火花不仅光芒四射，而且每一次都有不同的“亮点”。

演讲 1 法庭辩护技巧

——人大律师学院第一届“刑辩班”讲座(2010年)

法庭辩论技巧带有明显的个人性格特点。像我这个年龄的律师,比如翟建、顾永忠等人在法庭辩论中都各有各的风格，没有固定的规则和规矩。但有几个基本的框架是一样的,在沟通交流中大家发现不谋而合。

我先简单讲一讲我个人对于刑事法庭辩护中的法庭辩论这一项工作的理解。

(从法官和当事人家属)两方面看,一方面,对法官来说,是不喜欢法庭辩论的。他认为意思到了,书面意见交上来即可。言外之意就是我也不一定看,反正不是很重视。另一方面,家属则无论如何都希望在法庭上看到辩护律师的表现。这实际上形成了一种矛盾，法官希望听到的和旁听的家属希望听到的,不完全一样。

法官要干货,越简单越好。家属则希望你慷慨激昂,讲得越多他才觉得给律师付的钱越值。而我们作为律师，在这个问题上是处在矛盾的夹缝中。我们需要取得一种平衡,有的时候,偏向于滔滔雄辩了,法官烦,客户觉得很满意,但是判决效果会受影响;有的时候,抛了太多的干货了,法官觉得很好,但家属觉得不值得,我花了这么多律师费你才讲10分钟就讲完了。这方面我觉得,不同案件我们需要进行不同的把握。在这里,我把我办案的习惯和经历分享出来供大家做参考。

庭前准备三个习惯

第一个工作习惯,是庭前准备“画几何图”。

我有个习惯,从接案当天开始画几何图。比如,A公司100万元转到

B 公司,B 公司把这 100 万元中的 30 万元转到 C 公司，自己留了 20 万元,又把 50 万元转到 D 公司。这样一画图,你会发现即使我们手里的案子很多,但只要一看到这张几何图,马上就想起当时是怎么回事了。

在办案过程中,从接案到法庭辩论不断地修改,这张图已经画得非常丰满、完整了。在我的桌子上,一定放了一张关系复杂的案件的几何图,便于我随时矫正。

第二个工作习惯,是“列大事纪要”。

一个案件从案发到最后的整个过程中，什么时间什么人做了什么事,完全按照历史书编年体的编年方式列出大事纪要。正是因为列出了一张大事纪要,当法庭上某个被告人或者某个证人在说某件事的时候,通过大事纪要我们一下子就能看出来。他的话是不对的、矛盾的,或者当时他不可能知道这些情况,我们马上就能够发现问题。

这两项工作,(到了)法庭上是非常重要的。

第三个工作习惯,是把案件的相关“法律法规通通集中起来”。

特别是某些部门规章,某些特定的名词的定义、含义,要把它集中起来。这些在整个法庭辩论过程中随时都可能用到,用的时候我们需要一把拿过来。

这三样东西,我在开庭之前都会准备好,放在左手边。几何图、大事纪要、法律法规汇编。有的人会觉得这些输入电脑很方便,我试了好几次,不行。在法庭上,你是主辩律师,最好不要用电脑,因为电脑的页面太冷,重点不突出。我每次在法庭上,助理们用电脑,我自己带一张白纸、一支笔,对于法庭的变化随时做个记号、记录。因为来不及将这么多东西随时输进电脑。

从实战主义出发,在庭审中,白纸是不可或缺的。这个白纸上的所有记录,只有自己能看懂。某一个证人、某一个被告人突然讲了几句话,马上就要记下来。这些是庭前准备中必须要有的。

这是我这么多年,法庭上慢慢摸索出来的一些习惯。

如何应对法庭上的变化

从辩论内容的角度来讲,刑事案件开庭前准备好的辩护意见,等到法庭调查结束进入法庭辩论的时候，呈现在我们面前的法庭的内容、案情的变化，已经跟开庭前准备的辩护内容至少有一半发生了变化，这几乎成了开庭的惯例。

换句话说，我们到了法庭辩论的时候，再去宣读开庭前已经写好的辩护词，已经跟案情不贴切，有所脱离了，所以法庭辩护的效果会变得很差。我们的对手公诉人，往往是被告人预审口供认罪而法庭上不认罪，但法庭调查结束开始法庭辩论，检察官念公诉意见的时候还是紧紧围绕被告人已经认罪的供述进行。因为这个公诉意见是经过检委会通过的，所以他必须一字不落地念下来。

实际上，他念的公诉意见和法庭调查结束之后呈现在法庭上，呈现在听众面前，呈现在律师面前的事实，已经发生了很大变化。比如，一起共同犯罪案件，预审口供中，第二被告人、第三被告人都把责任推到第一被告人身上，你是第一被告人的辩护律师，你准备在法庭上对第二被告人和第三被告人在预审口供中的不真实的地方提出质问，并准备了充分的材料和发问提纲。到了法庭上第二被告人说这不是老大干的，是我干的。第三被告人说，这是我自己干的，我没请示过老大，那是公安局预审让我签的，笔录我没有看过。我想大家都遇到过这种情况，这个时候我们就要及时放弃，我们不能再把准备了半天的质问第二被告人、第三被告人的问题拿出来问了。人家已经当庭否认了，何必再树一个敌人呢？

刑事法庭上特别重要的一条，是随机应变。

按照目前的《刑事诉讼法》的规定，我们在开庭之前不能见同案被告人，但 1997 年以前还可以，现在只有到法庭上才能见到同案被告人。在这种情况下，我们要懂得放弃。你可能花了很大功夫准备了很多材料，准备在法庭上突破，最后呈现在法庭上的时候可能已经不需要突破了。这个时候你再把功夫花出来，等于画蛇添足。无论以前花了多少功夫，一定要紧紧依附于法庭调查中发生的新变化，及时放弃。

开庭前，你准备了辩护意见是一、二、三、四、五，可能最后上法庭，轮到你的时候，二、三、四已经变了，只剩下一和五，但你同时又加进了六、七、八、九，所以轮到你发言的时候变成一、五、六、七、八、九。

法庭变化就是这么快，千变万化。

比如说，一起被告人众多的共同犯罪案件。我们跟被告人约好这个案子做罪轻辩护，我们认为从证据、策略等各方面来看作罪轻辩护比较好。但一审开庭，同案被告人提出了很多不同的观点，同案被告人纷纷在法庭上做无罪辩护。而从检察院的证据来看，我们以前预审上看到的认罪的这些被告人的口供，最后都发生了变化。我来不及跟我的当事人沟通，但我注意到，我的当事人在法庭上也改了，也给自己做无罪辩护了，怎么办？

这个时候，如果再做罪轻辩护，我就成为第二公诉人了！我只能把以前我们的约定放弃，紧紧依附于当事人。因为我是他的辩护律师，我们就像左脚和右脚一样。作为辩护律师我必须跟得上当事人的脚步，而当事人的脚步可能是随着案情的变化而变化。

我曾办理过北京一中院审理的一个虚开增值税发票的案件，20个被告人。我跟我的当事人约定作罪轻辩护，结果在法庭上其他被告人所呈现出来的口供，纷纷显示出这个案子有罪证据不充分，应该作疑罪从无的辩护。可是我跟当事人已经没办法沟通了，怎么办呢？

当法庭调查结束后，进入法庭辩论的时候，我死死盯着我的当事人，看他在法庭上的自我辩护这一部分是怎么说的？我想知道随着庭审发生的变化，他的内心发生了什么变化。

果然，由于法庭调查中发生的一连串变化，起诉书上讲到我的当事人有自首情节，但是到了公诉意见的时候，公诉人讲我的当事人由于没有如实交代事实，不具有自首情节。起诉书里认定的自首，在公诉意见里被拿掉了。而被告人这个时候基于在法庭上听到其他被告人的各种证据和供述以后，他给自己做了无罪辩护。

我们曾经约定好的罪轻辩护，在法庭上临时被改了。本来11页的辩护词在电脑里都已经打好了，只好临时改。这个案件我临时提出疑点，把问题突出出来。这就需要我紧紧跟上当事人的脚步，如果我当时还接着说他是有罪的，有自首情节，抱着自首情节不放，在法庭上就会很可笑。有时候，在法庭上来不及跟你的当事人商量，只能死死盯着他的眼睛听他怎么讲，我们再跟上他的脚步，这是作为一名刑辩律师所必须具备的能力。

辩护律师的随机应变是要跟上当事人的脚步，就好比跳交谊舞，随时跟上当事人变换的舞步,不然的话就会踩乱点,把当事人的脚给踩了。在这个问题上,提醒大家注意。

另外一个在法庭上的机会，是我们能够看到公诉人的思路发生着变化。

公诉人的公诉意见是他庭前的思路，法庭调查中出现的新情况和庭前思路之间的差异,在他宣读公诉意见的时候你就会发现缺口很大,这个缺口有时候是我们律师可以利用的。比如说第二被告人、第三被告人都把责任推给第一被告人,自己当从犯的思路,而不是第二被告人、第三被告人自己来分担责任。这样的一种思路上的不同,使得公诉人指控第一被告人的基石发生了动摇。他原来的基石可能是建立在原来第二被告人、第三被告人证言的基础上,而这个基石发生了动摇。我如果是第一被告人的律师，我会抓住这个机会，说明他所指控的第二被告人、第三被告人最主要的基石已经被法庭上的第二被告人、第三被告人本人推翻了。由此,对第一被告人的新的指控往往是悬空的,公诉人来不及补,但是法庭上老练的公诉人会先宣读公诉意见,这是规定动作他必须念完。但是念完以后,他会根据刚才法庭上的情况再说几点,这几点是最精华的,这充分反映出来他所有的观点。

律师一定要注意公诉意见宣读完以后,老练的公诉人再多说的“几点”,这几点往往是本案接下来法庭辩论的焦点。所以“念”不可怕,可怕的是“说”。因此,我们作为辩护律师,法庭上不要“念”,要“说”,这是很重要。内容不要放在纸上,要放在脑子里。

我们在法庭辩论的时候,很多辩护律师是不抬头看的,而是低头写或者看案卷。案卷应该早就看过了，一定要时刻捕捉法庭上的千变万化,然后一张白纸、一个铅笔头,记两个字、三个字,时刻把控着整个法庭的变化。

法庭上的眼神

刑事辩护律师在法庭上看什么?什么时候看?看哪?扫视还是盯视?什么时候用?

语言是基础,眼神是语言作用的倍增器。有眼神交流的谈话,效果是最好的，因为你当场就能听懂。相反我低头念，你们低头记，有什么作用？

在法庭上，无论现在是电脑时代还是信息时代，都要使旁听人员无论法官还是听众当场能听懂、接受你的发言，这是非常重要的。这个时候，眼神就很重要了，它是你语言作用的倍增器。

比如说，被告人在法庭上回答检察官、法官提问，你一定要盯着他。因为他在回答每一个问题的时候，不论是回答过程中或者结束的时候，他一定会把眼睛投向辩护律师。他是在用眼神问你，我这样做对吗？这个时候你的眼神一定要接招，这是对他的支持。当他传过来一个需要得到你认可的、需要增强他信心的眼神，甩过来，你没有去接，掉在地上了，这直接影响到你们之间在法庭上心灵的默契，乃至语言的配合。

互相要接招。当被告人回答完问题之后，他瞟你一眼，你一摇头，他的语言一下子就乱了。你一定要鼓励他。如果他真的说得不对，说错了，你直接打断他，并告诉审判长你认为这个问题已经超出本案的范围；或者本案是公开审理的案件，他说的内容已经涉及国家机密或者涉及个人隐私，不应该在法庭上讲；或者检察官的这个问题不应该回答，等等。要公开打断他，而不要暗示或者摇头。

我到美国参观美国法庭，发现辩护人和被告人坐在一起，这个设置是很有道理的。我们今天的辩护人和被告人之间的位置设置得很远，没有办法进行语言上的交流，这个时候眼神上的支持和沟通尤为重要。

当你在法庭发言的时候，被告人的眼睛一定是一直盯着你的，因为他要仔细听你讲的每一个辩护意见，然后来给他的心理上找到一种慰藉。这个时候你的眼神不需要盯着他，扫一眼即可。

法庭辩论的目的不是驳倒公诉人，而是说服法官。不是拳击赛而是田径赛。我们要抢先用最简单、最通俗明了的话说服了法官，我们的目就达到了。当涉及本案的核心问题，对立法本意的理解，对证据的理解，对某个控方观点法理上最核心的内容反驳的时候，我们的眼神要投向法官，而且是主审法官、具体承办人，不一定是审判长。当我们讲到核心观点的时候看着他，他也一定会看着你，这是一个方式。

对公诉人进行反驳的时候，我们可以看公诉人，但总体来讲，我不认为眼神要过多地看公诉人。而我们法庭辩论讲的合情合理而不是核心的时候，我们的眼神可以扫视听众。对于公诉人有明显错误的地方揪出来，我们可以盯着公诉人，但一般情况下，我们只需要盯着法官，对被告人、公诉人、听众扫视一下即可。而当公诉人发言的时候，我们的眼睛要从头到尾盯着公诉人，听清楚他讲的每一个字，因为他的某些观点可能会有矛盾，可能会有不合常理的地方，也可能会露出破绽。

听公诉人讲、被告人讲和我们自己讲，这三种场合的眼神是不一样的，看哪里的角度也是不同的。同时，我们讲到法理、人情的时候，不必过于渲染。当我们有更合理的角度来讲的时候，还要注意听众中的不同成分，有被告人家属、被害人家属、司法机关承办人、普通的旁听的中立的观众，成分是不一样的。

同样的话说出来，你会发现，不同层面、位置的人，看你的眼神、给你的雷达波反射是不一样的。他们会给你不同的反应，被告人家属会频频点头，被害人家属会对你怒目而视。这个时候，我们不要用眼神去挑战受害人家属。因为一句话、一个眼神可能会激化矛盾。

我们尽量不要在给一个十恶不赦的被告人做辩护的时候，再用语言和眼神去激起民愤。眼神有的时候是会伤人的、有挑战的。说带刺的话的时候，眼神盯着你那是明显的挑战，要眼神滑过去了就没有这么明显的激烈对抗。正是在这个时候，我们要掌握好整个法庭的情绪。

刑辩律师扮演的不同角色

刑事辩护律师，在不同的情况下，扮演着不同的角色。有时候是独唱，有的时候合唱，有的时候则是伴唱。

没有几个法官喜欢听长时间的法庭辩论。法官不想听你讲，可是程序上又必须听你讲，而我们必须要讲，同时不管法官爱听不爱听，我都要把我的意见说出来。在这种时候，尤其是有多个辩护律师参与的案件，任何人滔滔不绝地进行长时间的发言，都会激起所有人的讨厌，特别是法官的厌烦，会使法庭辩论的效果非常差。即使当事人家属觉得你讲的真好，但实际上法官听不进去。

在这种时候，发言就需要简短一点儿。只讲几条，而每一条都要切中要害。不煽情，不去讲法理。因为你是大合唱中的一员，简简单单几句话，要点突出、条理清晰、语言干净、嗓音洪亮。让大家都听懂了，法官明白了，最好。

法官考虑你的辩护意见，第一是简短，第二才是有深度。我们要达到辩护效果的最大化而不是自己作秀，应是尽可能掌握法官的心态。但家属却希望我们在法庭上滔滔不绝，这是需要跟家属沟通的，我们写的辩护词与我们在法庭上的讲话，只要不矛盾冲突就行。我们写的十几页甚至几十页的辩护词，家属看得涕泪横流了，认为找了个好律师，说得太贴切了；可是，你交给法官他却不一定爱看。所以，我们在法庭上，必须提炼出来，让法官当庭就听懂，而不是去看了你的辩护词才看懂你想说什么。

我们要注意我们的辩护意见是让法官消化、吸收、理解的时间点是在法庭上，而不是在法庭下。在今天这个信息时代，产生的最佳效果要当场取得。

北京有个兼职律师是个大学教授，在法庭上慷慨激扬地宣读辩护词，把他写的法律书里的内容都引进辩护词里，法官说："你在给我讲课吗？需要吗？你给公诉人讲课？听吗？你给被告人讲课？晚啦！"

今天，一批中青年的、有经验的法官、检察官已经走到了舞台正中间。我们之间的博弈，我明显感觉到，力度在发生变化。以前的公诉人充满集正义和力量于一身的豪气，但是没有多少法律功底，很容易找出几个点把他打倒；今天的公诉人，专业化、年轻化程度已经越来越高。刑辩律师，更需要职业性、专业性、平和冷静、语言凝练，没有那么多的气话。条理清晰，法官爱听，公诉人爱听，家属一听就明白，这才是个好律师。

律师之间的配合问题

有些大的集团案件，几十个律师一起参与辩护。你千万别滔滔雄辩几十分钟，让所有人都烦透了。这几十分钟的内容如果你改成几分钟，效果会非常好。再好的内容，你讲几十分钟就没有人听了，也变成垃圾了。所以，第一个是简洁，第二个是律师和律师之间的相互配合。

如果说几个被告人，几个辩护律师之间的意见是相左的。比如说单位犯罪案件，单位有辩护律师，我是单位下面的具体责任人的辩护律师。我认为单位是有罪的，而它的辩护律师做了一个无罪辩护，而我要给我的当事人作无罪辩护，作疑罪从无的辩护。我个人认为单位犯罪是构成的，但是我的当事人是否应该作为主要责任人或者直接责任来追究个人责任，前提是他主观明知。我既不能说同意单位的律师的意见，我也不能说我不同意。我只能说我尊重单位律师的意见。如果这个案子构成单位犯罪，我的当事人在其中的作用，以及是否应承担主要责任或者其他直接责任人的责任，我来谈几点看法……

这个时候，我一方面要搞好统一战线，尽量不要让辩护律师之间同一个主体发生冲突；另一方面，我还要把我的意思讲出来。有的时候，不妨把观点建立在假如或者假设的基础上。在共同犯罪的辩护当中，尽量要避免与其他律师发生矛盾，即使不可避免也要争取把矛盾降到最低。

在语言的把握上，辩护律师在法庭上的语言内容要有很强的可伸缩性。语言的把控、要点的提炼，是刑辩律师的基本功。当法官嫌辩护律师说得过于冗长拖沓，要求辩护律师提炼的时候，很多刑辩律师无法提炼。

刑辩律师既要会做主辩律师，唱主角，也要学会做好二辩律师，唱配角。有话则长，无话则短。当主辩律师已经滔滔不绝地表达了主要观点，就像一朵牡丹花大面积已经开放。我们作为第二辩，不要做第二朵牡丹，而要做第一朵牡丹花的绿叶，给他做陪衬，拾遗补漏。

作为刑辩律师，既要当得了花也当得了叶，当得了主角也当得了配角。当配角时，要精确制导，就讲几个重点。最后，主配角合起来的形象，是一朵大花和底下几片绿叶，整体形象非常美。相反，你是月季你也要争先开放，不同的花放在一起，之间没有形成无缝衔接，该陪衬的地方没有点到，效果很差。

作为辩护律师，在与同行就某个案件相互配合的时候，相互之间的衔接很重要，要找到自己的位置，然后在自己的位置上把作用发挥到极致，这样最好。在我看来，一辩就好比 B52，地毯式轰炸，把公诉人的意见排山倒海地“推”过去；而一辩的配角，第二辩护人，更像精确制导。前者是机关枪，后者是狙击手，把几个要害点，“点”出来。这样一来，有大有小，有粗有细。这是法庭辩论中律师之间的技巧，而不是争奇斗艳。

作为辩护律师,既要会独唱又要会合唱还要会重唱。作为“歌唱家”在不同的场合应该有不同的唱法,调到不同的频道,找对不同的位置,做最好的自己。

在法庭辩论中,同样需要灵活掌握。在内容上,几时舍几时得。在定位上,主角还是配角。在整个大环境上,我们一定要明白,审时度势。我们不论在什么时候,都要懂得临时讲出在这个时候法官最听得进去的话,将客户的利益最大化。

如何质问证人

在法庭上质问证人,尤其是控方证人出庭质证,我们要注意几个问题。

第一,一次只问一个问题。突出重点,不要一次问多个问题。如果一次问多个问题,对方可能只回答简单的问题,把时间都占了,难回答的问题就会被掩盖。

第二,在尖锐的问题上,让对方只回答“是”或者“不是”。

第三,询问证人或者同案被告人,是一个心理上的较量,懂得留下“飞白”(即毛笔字甩过去留下的空隙)。要懂得留下真空,此时无声胜有声。

“当天,你到底看到了还是没有看到?你只需要回答是或者不是。”问完之后停住,语言简单利索。把问题问清楚,让他只回答“是”或者“不是”,然后不出声儿了。全场盯着他一个人,他的心理压力极大。你如果反复去重复这个问题,他的心理压力反而减轻了。

当你问完之后,停下来,留下一个极其安静的真空,让时间停下来。过30秒钟,对于他来说像过30分钟一样,他浑身的汗就下来。这个时候全部人的眼光都看着他,而他心理压力很大。你只需要问一个关键问题,你当初到底看见还是没看见?你笔录里的回答和你今天的回答是前后矛盾的,看见了还没有看见,只需要回答有还是没有?你把话说出口就停住了,没有任何人讲话,此时无声胜有声。

证人或者同案被告人,他们没有法庭经验,非常紧张,对于律师的提问,他们的压力非常大,把他逼到一个墙角以后,不说话的压力更大。这就是庭审中把握法庭的这个气氛，一种斗志。这种时候就属于一种心理上的角力，然后就看着他，你眼光千万不要挪开，你就盯着他！只需要听他回答“是”或“不是”。纹丝不动，看着他。不说话了，盯着他。他肯定不说话了，盯着你。你眼睛都不眨地看着他，他也看着你，被你的问题问住了。盯到后来，先眨眼睛的肯定是他。

这一瞬间，你已经胜利了。因为他的不回答本身就是回答了。他回答不出来本身就已经向法庭显示出来了，他说了假话。不实！不那么的理直气壮！在这种心理上的无形力量的较量中，他已经败下阵来。

如果这个证人说得斩钉截铁，而且确实对你的当事人不利，询问尽快结束，绝对不要让他滔滔不绝地说很多话，说得越多越不利。在证人出庭以后，你要尽快地判断证人手里的牌是实的还是虚的，是虚的你可以攻他，是实的马上收回来。

这是在法庭上与证人在心理上的博弈。

在法庭辩论中的声音

刑事辩护律师在法庭上发言的声音，也有技术含量。

法庭发言的时候，你要测试一下离你最远的那个角落的人。从他是“看着你”还是“睡着了”，你就知道你的声音是不是到达了他的耳朵里。

基本上，进入法庭辩论阶段会是这样，无论法庭调查时间多么拖沓，到了法庭辩论时大家都会竖起耳朵。这时，我们一定要把声音提高，所以刑辩律师都是大嗓门。一个律师事务所，诉讼律师和非诉讼的律师在一起，马上就能分辨出来了，非诉讼律师口才没有诉讼律师那么好，民事诉讼律师口才怎么也比不上刑事诉讼律师。

在这方面，我们要把握好我们的声音、语言、气质、眼神，形成一个综合气场。这个气场就是当我发言的时候，大家都跟着我走，我把大家带到哪里就是哪里。在这样的前提下，几句话一讲大家当庭听懂了，就此打住，干净利索地收尾，达到最好的法庭辩论效果。

法庭辩论的时候即使涉及法理问题，你说出来也应该通俗易懂，而不应该去念法理上的某个问题。要讲、说，不要读、念。只有一种情况可以读、念，那就是很具体的阿拉伯数字，或者很专业的定义、术语，你要给大家翻译一下。比如,什么叫"中心静脉压",人体的中心静脉压是什么意思,一般人都不懂,你需要给大家讲讲。

每个人都会对自己能听懂的话,记忆犹新,每个人都记不住听不懂的话。当事人到底有罪没罪,用最通俗易懂的话讲出来。法官希望你很"干",客户期望你很"稀",而你要把握又"干"又"稀"的度。这个时候"干"的几句话甩给法院,"稀"的话甩给观众。这两边,要把握一个平衡,效果会最好。

对"主观证据"的思考

分享一个我与汤忠赞大律师合作的案子,我从法庭外提问证人的角度来讲。

我们两人给公安局刑侦队长作辩护,涉嫌刑讯逼供罪,他的下属(刑侦队员)打死人了。当时在对犯罪嫌疑人进行讯问时,分两班 24 小时进行讯问,讯问进行到第 22 小时,犯罪嫌疑人就休克了,送到医院抢救无效死亡。因此,当时将第二班进行讯问的刑侦队员以刑讯逼供为由逮捕,这些刑侦队员当时就把领导给供出来了,说是队长让他们这么做的。

这里涉及一个情节,当时对犯罪嫌疑人的讯问是从晚上开始的,一直持续到第二天晚上。

在第一天的下午,刑侦队长将两班刑侦队员叫到了会议室进行工作布置。在这次工作布置中,有没有讲到以暴制暴这类的话,有没有暗示刑侦队员可以采取刑讯逼供的方式进行讯问,当时的证据并不充分。被告人(我们的当事人)当时肯定是不承认的。但是那几个打死人的警察,为了减轻自己的罪责,就说领导是这么交代的,这就产生了供证上的不一致。

本来,这类情况在这种案件中也很正常。可就在这个时候,公安局里有一名科长对副局长说,这次工作布置会议其在现场,对整个工作布置一清二楚,当时这名刑侦队长并未让刑侦队员进行刑讯逼供,这名科长可以为刑侦队长证明。公安局当然希望能够保住这位刑侦队长,因此,副局长就将这一情况告诉了被告人的家属。

家属一听非常高兴,马上就找到了汤律师,希望其赶紧找到这位科长取证,并交给法院,如能查清事实,就能证明刑侦队长是无罪的。但我当时跟汤律师说，我们不去取证，我们让这名科长出庭作证，有什么话当庭讲明就好了。

汤律师是赞同我的想法的，但迫于家属的压力（当时家属迫切地希望被告人能够早日恢复自由），只能去找这名科长取证。我与汤律师及其一名助理，专门去了公安局一间会议室，并严格按照法定程序进行调查取证。取证过程中提问事无巨细，当时是否在现场、在什么位置、都有谁出席、在圆桌会议室里每一个人所坐的位置、队长坐在什么位置、队长说了什么话、这个人如何回应、那个人怎么说……我们希望将当时的情景就如录像一般进行完全的重放，汤律师的助理将本次调查取证的过程完完整整地记录了下来（共记录了 12 页的笔录）。

我们将笔录拿给被调查取证人看，我们让其仔细看，有没有不对的地方，有没有不准确的地方，看完之后逐页签字并写明“情况完全属实”，该修改的地方当场就进行修改。对于这种主观证据，我们律师一般不太敢做，但这次非做不可。

调查取证之后，我们就把这份证据交给了法院。检察院马上就找到这名科长，据说前前后后一共问了七次。最后，这名科长的说法是“确实有这么一次会议，但不是这个案子，是别的案子，我记错了。跟律师讲的是另外一档子事，我记混淆了”。

这件事到此结束，客观事实已经无可考证，而法律事实是，我们律师调查取证所找到的被告人无罪的证据，被检察院通过司法程序在庭前就给掰过来。如果再假设一下，当时我们不找他取证，而是就让他出现在法庭上，我们当场对他提问，而他如实的回答，每一句话在当庭就落在了地上，然后再由公诉人发问，这个案子会是什么样一个情况？

现在的公诉机关非常强硬，它要求公诉的准确率是百分之百，所以，但凡有主观口供证明被告人无罪的，公诉机关会用十万分的努力把这件事情搞清楚。在这里，有没有可能把正的说成歪的，把歪的说成正的？我们无法考证。但这样的获证，我们当时感到非常可惜。

汤律师当时也说：“如果当初听你的就好了。”他也知道我是对的，但当时我们顶不住当事人家属的压力。能不能顶得住家属压力，有时候是对我们律师的考验。

如果我们不去做调查取证，让证人出庭，那么效果会非常好；如果我们不去做调查取证，证人临了不出庭，我们又落埋怨。家属会认为，因为辩护律师不尽职去获取无罪证据，致使被告人最终被判有罪。

这件事让我们必须正视这么一个现实，无罪辩护在当今的司法制度中走到审判阶段，靠主观证据给掰过来，可能性是零，除非拿客观证据来证明。

在这个问题上，涉及一个法律上的缺失，这是需要大家考虑的。

就是在审查起诉阶段，律师和公诉人之间的关系，对于证据的开示是不是应该有一个规则？我们在了解了相关的案件之后，我们要求检察官出示证据，我们是不是要做对等开示？国外是不做对等开示的，国外就是辩护人知道控方的证据，而控方不知道辩护人的证据，但前提是，国外的无罪率是很高的。但在我们今天无罪率这么低的情况下，我们是不是要主动做证据开示？这是一个值得研究和探讨的问题。

无论是否开示无罪的证据，都存在两种可能：第一种，这种证据被对方给灭失了，就如上述情况；第二种，这一罪名就真给“拿掉了”，求得了我的当事人利益的最大化。所以，我们该不该把在审查起诉阶段获取的无罪证据向检察官出示？如果出示了，检察官能不能对此进行改变，再去找证人将证言给掰过来？这就涉及我们立法上面关于证据规则的一个缺失，如果我找证人调取了证言，那么检察官就不能再找证人了，直到法庭上公诉人才能向证人进行询问，而不是在私底下就能找证人询问。比如，检察官问证人：“这个问题在你办公室谈不谈得清楚，谈不清楚的话，就到我办公室来谈吧。”就这么一句话，可能就把证人给吓坏了。

以上问题涉及一个“对等开示”证据的问题。应不应该对等开示，对等开示之后，是不是应该禁止检察院的一些行为？在这个问题上，我认为是立法上的一个漏洞。

无罪辩护中的辩护策略

我们做无罪辩护时，需要讲一些策略。

第一种辩护策略是，如果被告人事实上真的没有犯罪，而且有罪证据也不充分，被告人也坚决认为自己无罪，不管这个案件最后会怎么样，我都会坚决地按照无罪进行辩护。

12 年以前，在江西南昌，一个“德国牙医”的案件，我作的是无罪辩护。而《中国青年报》却说我冒天下之大不韪，特地从北京赶到南昌给一个“德国牙医”作无罪辩护，但我至今都没有后悔过当年作的无罪辩护。我一直都认为，当时定非法行医罪是冤枉我的当事人的，从法理上是说不过去的。这个案件事实上很清楚，而在法律上产生了不同看法，最后以法官的意见为准，但至今我仍对法官的认定持保留意见。

据说，有一个领导说这个案子就算一百年也要把它翻过来。因为最高人民法院的法官其实也是认同我在法律上的看法的，但迫于当时的形势，如果改成无罪的话，可能会产生一连串的问题。

如果是这种情况，作为律师，我们只考虑在法律上站得住脚，而不考虑其他，坚决地作无罪辩护。

第二种辩护策略是，辩护人或者被告人的家属在当时无罪放人已无可能之时，找一个轻罪，意图赶紧将被告人放出来。这就是我们常说的“围三放一”。其实这三个罪名都不成立，但我把两个重罪坚决作无罪辩护，把一个轻罪作罪轻辩护，为的是让法官最后能采信我的意见的同时，也给公诉机关一个台阶下。这个案子没抓错，羁押时间也没有超出刑期，让这个案子能够顺坡下驴地走下来，这种策略也就是从这个角度出发的。这种策略，在现在的司法实践中也越来越多。

我认为，作为辩护律师，应当有一个基本的定位：被告人是否认罪；我们是否认为他有罪；委托人要求我们作无罪、有罪的辩护，这是三码事。这三者之间有时候是会产生冲突的。比如，委托人花钱请律师作无罪辩护，而当事人起初觉得自己无罪，但到了看守所，与狱友交流之后觉得自己无罪放出去的可能性很低，转变了观点，觉得不如低头弯腰地认罪以求早点儿出去。

当辩护律师处在这两种对立的意见中时，应当如何决策？一方是委托人，另一方是你真正需要提供服务的对象。在法庭上，是辩护律师与当事人之间的配合，而不是与委托人之间的配合。这是一对矛盾冲突。

对于这个问题，我们跟美国的同行交流过。美国律师的态度是：没有任何的犹豫，坚决与当事人保持一致。法律业务的忠诚是忠诚于自己的当事人，也即法律服务的对象，而不是掏钱的人。所以，律师辩护的独立，是独立于委托人，而不是独立于当事人。我觉得，美国同行的态度很值得我们参考。所以，在这个问题上，如果被告人认罪，我们可以作罪轻辩护，但我们确实还有一条路，就是作无罪辩护。

这是因为，在认定事实平台的基础上，我们尊重被告人认为其有罪的个人的法律观点。但是，作为辩护律师，我们从专业角度出发，认为该案的事实平台仍然具有不构成犯罪的法律上的理由（包括法理及学术观点）。我认为，这在刑事辩护中是有存在空间的。相反，被告人认为自己无罪，但是辩护律师能不能认为他有罪？我认为是不行的。即使事实很清楚，被告人也确实杀了人，但是被告人认为自己无罪，辩护律师也只能作无罪辩护。

根据《刑事诉讼法》第 31 条和《律师法》第 39 条的规定，辩护律师的职责是收集和证明被告人无罪或者罪轻的证据，不含有指控职能。这个时候，摆在辩护律师面前的只有两条路：一条路，辞去委托，我认为你是有罪的，我没有办法在法庭上睁着眼睛说瞎话；另外一条路，你能指出检察院事实平台中某方面的证据不够充分，证据存疑，作疑罪从无的辩护。我们不能违逆当事人的意思，当事人认为无罪，而我们认为有罪。

在法庭上，辩护人虽然作的是独立辩护，但我认为，这一“独立”，不能独立于被告人的意志。公诉人认为有罪，我们也认为有罪，然后作罪轻辩护，这实际上我们就成为公诉人之后的“第二公诉人”，这则成为一种职业的扭曲。

对“五部委规定”的解读

关于死刑问题

五部委《关于办理死刑案件审查判断证据若干问题的规定》第 5 条规定，有罪的证据必须确实充分，要达到的是哪些标准。同时，第二部分关于办理死刑案件，须达到证据确实充分的七种情况，其中最后一种，即“对被告人从重处罚的事实”必须达到证据确实、充分。

对这句话，可以从两个角度来看：第一个角度，对于办理死刑案件，罗列了七项情形，没有“等”，言外之意，这七项以外的事项，如被告人无罪、罪轻的证据，是否需要确实、充分呢？并没有要求。这才是这一次立法中一个很大的进步，即对于被告人有罪、罪重的证据与对于被告人无罪、罪轻的证据标准不统一了。这里仅提及死刑案件，其他案件目前是参照执行，不过总有一天会遵照执行。第二个角度，我们反过来理解，所谓“准确、充分”指的是要排除“唯一性”，但凡获得了被告人有检举揭发的立功线索，这个线索即使没有被查实，但已经反衬出了证据的“准确、充分”没有达到既定的程度。

实际上，这为辩护律师进行罪轻辩护提供了很大的空间。律师毕竟不具备侦查功能，我们不是求真，而是证伪。我们提供被告人罪轻的证据，包括检举、立功等，我们只要把证据线索提出来，并不要求证据线索确实达到了一个落地的程度，法庭就应当采信，这个案子就有可能从死刑变为死缓。这是我对于该法条的解读。

关于“非法证据排除”

在刑讯逼供方面，我认为不要寄予太大的希望。刑讯逼供在中国司法界的根治，只有当刑讯逼供成为不必要之时。

刑讯逼供的目的是让犯罪嫌疑人说出真话，减少诉讼资源的浪费，准确地找出犯罪证据。刑讯逼供是侦查的重要手段。正因为其存在具有合理性，不论其是否合法，在实践中是很难被废除的。

在非法证据排除规则中，专列了一款，如果司法机关出具的证明，没有盖章、没有侦查人员的签字不能作为证据使用。这一句话就成为了“放水条款”。因为仅凭侦查人员签字说明没有刑讯逼供的一张纸，法庭就可以不传唤侦查人员出庭，被告人宣称自己无罪的理由就站不住脚了。

此外，还有一个问题，就是对被告人和证人在获取口供和证据的标准不一致。对被告人不能采取刑讯逼供，但没有说不能引诱、欺骗、威胁；对证人不能暴力取证，不能威胁、利诱、欺骗。

公权力在获证的过程中要求证人客观作证，这种证据不能以欺骗或者其他手段获得，这没有错，但对被告人能不能欺骗、威胁、利诱？这些行为在这一次的规定中并不一样。在草案中一直都规定对被告人不能欺骗、威胁、引诱，但在最后一稿给拿掉了。因为公安部门认为，威胁、欺骗、利诱实际上是一种预审策略，所以，对被告人的口供仅限于不能采用暴力。

五部委的规定实际上是从《刑事诉讼法》上的倒退，实际上在我们代理的案件中，经常出现当事人被引诱、被欺骗所做的口供，而这些口供则成为法院定罪的依据。

我也曾给法学家提出这么一个建议，预审口供不作为定罪的证据，而作为起诉的依据，一切以当庭陈述为准，行不行？如果这个建议能被采纳，那么刑讯逼供可能从根上就被拔掉了。

被告人的阅卷权

在阅卷中，目前存有一个盲点，就是被告人有没有阅卷权？

法律专家、教授们说，在1997年修改《刑事诉讼法》时并没有考虑到阅卷权的问题，因为都认为被告人的阅卷权是天经地义的。但在现实中所产生的争议是，公诉人所坚持的观点是，被告人对自己的犯罪指控证据知晓的时间是在法庭上，而不是在开庭前。在这一方面，公诉人的观点与我们辩护律师的观点产生了不一致。

由于法律上对被告人的阅卷权并没有明文的规定，因此，如果我们给被告人看了卷宗，由此使得案件无法进行下去，有可能会成为检察院找律师茬儿的一个盲点。也正因为如此，全国律协等一直呼吁将被告人的阅卷权明确化。《刑事诉讼法》预计在2011年将大修，《刑事诉讼法(修正案)》可能会对此进行相关的规定。但在目前，在没有明确规定被告人有阅卷权的情况下，我们必须慎重。尤其是对于被取保候审的犯罪嫌疑人，虽然这类人有90%以上会被认定为无罪，或不起诉，或被判缓刑，但也有可能被判罪重，10年以上有期徒刑等，但因重要证据缺失，以至于羁押的期限到了，诉不起来，不得不取保，但在取保期间，重要证人找到了或在逃犯罪嫌疑人被抓获，而之前所缺失的证据就补上了。

律师在阅卷之后，对于当事人是被取保候审的人，怎么办？如果当事人知晓后跟证人拼命，或由此脱逃，开庭时拒不到庭，律师则可能会以泄密罪被追究刑事责任。

在我国香港地区，律师完全可以跟自己的当事人说，要么跑，要么被判10年以上徒刑。但这在内地是完全不可能的。以上这点是我国目前在证据规则上的一个缺失。

（编者注：此处的阅卷权问题，为2010年授课时的情况。2013年实施的新《刑事诉讼法》第37条规定，案件移送起诉后，辩护律师可以向犯罪嫌疑人和被告人核实案卷中的证据。）

共同犯罪的辩护

在共同犯罪中,往往希望共犯的辩护律师能够加强合作,形成统一战线,强力对抗公诉人。但会不会因为这样的沟通导致串供?现在虽没有这样的判例,但这一问题存不存在?

因为在共同犯罪中,往往存在利益上的冲突。谁是主犯,谁是从犯?此外,共犯之间互相招揽责任,使得某一主犯的罪行无法认定。在我国目前的法律中,并没有对共同犯罪的辩护人之间的横向沟通进行规定,这就为因串供而对辩护律师追究责任埋下了伏笔。

这些制度上的空缺,就如马路上掉了个井盖,只有当律师掉进去了,我们才知道那里有一个井,但我不希望各位成为第一个掉进去的律师。因此,我希望将这些制度上的缺失暴露出来,引起大家注意。

通过李庄案,我要谈的最后一个问题,是否应有谈话规则?是不是与本案无关的话、无关的事不能讲?对于当事人咨询的本案以外的罪名,我们又应如何对待?这些规则一旦明了,有利于明确我们的行为。

对律师的限制实际上也是对律师的保护,这是一个相辅相成的关系。以《刑法》第306条规定的辩护人、代理人毁灭、伪造证据罪为例,对于证据以及证据的范围,假设本案有10个证据,公安局获取了8个,检察院从公安局那里得到转交的5个,送了3个到法院(未全案提送),而此时,辩护律师从家属那获知了两个上述证据之外且对被告人不利的证据,那么辩护律师是不是可以暗示家属可以将这两份证据灭失掉?

律师如果这么做了,构不构成毁灭、伪造证据罪?对于证据的范围,是与本案有关的一切证据,还是仅限于司法机关获取的证据,抑或是检察院移送法院的证据范围?对这一切并无任何司法解释进行规定。学理上也产生了很大的争议。但正因如此,公安机关会从广义上最有利于公安机关的角度进行理解。所以,从对我们自身防护的角度上看,在司法解释对此进行明确规定之前,作为辩护律师,我们应该广义地理解"与本案有关的证据"。

希望以上的问题引起大家的注意,谢谢大家!

演讲2 刑事辩护的前沿问题

——人大律师学院第二届“刑辩班”讲座(2011 年)

我一直在思考一些问题,即“当前的形势和我们的任务”。这是毛泽东文章的题目。我们今天坐在人民大学律师学院的培训班里,我们这个培训班该怎么办?

2010 年 9 月,我们做第一次“刑辩班”尝试,一共 32 个同学。今年第二期,72 个同学。一期期地办下去,我特别想知道,大家想得到什么?人民大学律师学院能给我们什么?形成一个最大公约数是什么?律师学院办了这么多期培训班,刑事业务培训班是唯一的,一年接着一年一定要办下去的,是一个并非纯商业目的的培训班。

我们这样做,第一个原因是法治理想驱动我们坐到一起,来做这些事情。

人民大学律师学院的刑事业务培训班是一个学术园地,也就是有些同学所说的黄埔一期、黄埔二期。在北伐战争的时候,大部分的军官都是黄埔军校的毕业生,但是黄埔军校本身并非作为军队冲向战场,而是将校的摇篮。人民大学律师学院的培训班的定位不是政治组织,而是学术组织。我们最基本的目的,是让大家在现有的刑事司法环境条件下,通过提高办理刑事案件的业务水准、业务水平来养活自己。只有靠刑事业务能够养活自己,才不会改行去做房地产、金融或者其他律师业务。通过能力和技巧经验的提升让大家能吃饱,这是我们最基本的任务。

第二个原因是我们是法律人,我们怀着对法治理想的情怀,我们不能被冷酷的现实磨灭。我们探索国家法治之路、刑事司法之路该怎么走。第一期培训班报名的人非常少,因为李庄案件的判决使得刑辩律师乃至整个律师行业在社会上灰头土脸，走入低潮。在徐建院长的领导下，我们坚决把人民大学律师学院“刑辩班”办了起来。一共招生32个同学，是律师学院里招生最少的一个班。去年年底总结，虽然“刑辩班”是所有培训班中人数最少的班，却是影响最大的一个班。“刑辩班”相当于帽子上的帽徽，它不负责保暖，但却是亮点。“刑辩班”一期期地办下去，这是我们律师行业的生命线。律师学院，无论多么富丽堂皇，如果没有刑事业务这个专业，是不完整的。也正因为这样，对于“刑辩班”，我们不求广而阔，但求细而长。

今年，整个社会环境有了新的变化，北海事件、刑诉法修正案的热烈讨论等，在这个时候人民大学刑事辩护培训班能否做到“乱云飞渡仍从容”？能不能把这个班继续办下去？在这一次北海事件发生期间，就有同学提出来以人大“刑辩班”的名义去声援。社会的热点问题永远需要刑辩律师的关心，个人怎么做都可以，但是需不需要让人大律师学院“刑辩班”作为一个独立的组织加入？我个人持保守态度，我认为不应该这样。我担心有一天，领导说人大有个律师学院“刑辩班”，下期别办了。这句话，会使我们所有的努力泡汤。至于在座的个人的政治取向，是平和的、激烈的、左的、右的，完全可以。但是我们班，不作为独立的政治实体或准政治实体存在。

大家看看讲课名单，授课的老师是来自全国各地的知名的律师、著名的法学家、前辈。这一系列的活动，实际上，是让我们刑辩律师变成杂食动物而不是只吃一碗饭。一个好律师，真正的大家，一定不是三句话不离本行的人，因为那是专家。而真正的大家，是有相当宽的知识面且能融会贯通。让大家吸收完各位老师的精华之后，形成自己的思想。

要让政治问题法律化

作为一个刑辩律师，要明确自己说的话、做的事应该与自己的身份、地位、职位相吻合。我们要把政治问题法律化。我们在公共场合，要以律师的身份、以法律的眼光来看问题，来发言。我之所以这么说，是希望大家给自己留一条退路，这条退路或许是在关键时候唯一的生路。

从法律和政治的关系来看，法律往往会成为政治的装饰品、消费品。法律无论是否代表真理或正义,在政治面前,法律无法代表力量。力量在政治一边,不在法律这一边。徒法不足以自行,决定社会发展的一定是力量,而非简单的真理的旗帜。当我们决定以法律的方式介入政治生活的时候,你要想清楚,你可能坚信自己代表真理,但你是否拥有这样的力量?就像李庄案的第二季,不起诉李庄了,最后放了。有些学者觉得这是中国法治的胜利,我就不敢苟同。

实事求是地讲,在今天的中国社会,我们的法治不具备取得胜利的力量。今天并没有达到法治与政治或人治,在进行激烈 PK 时不分上下。李庄案,无论是从逮捕、审理还是释放的过程,这之间有法律的含量,但其占有多少百分比?大家各有各的看法。所以,我们要清醒地认识到我们今天所处的 21 世纪的初叶,在这样的环境下,我们要做到有能力改变的,去改变;没有能力改变的,适应它。这是生存的基本法则。

如果要在这块土地上生存下去并且一步一个脚印把刑辩律师做下去,我们就需要有一个对现实很清醒的认识。换句话说,美好与合理,总是矛盾的。我们向往美好,但是选择合理。

我个人认为,人大律师学院的一个宗旨是把根留住,保住 20 多万律师中少数的对刑辩律师的业务有积极性的人,让大家能够抱有顽强的坚持下去的勇气。律师学院的培训班实际上是构建一个平台,让来自全国各地的,有志于作为刑辩律师的人在这个平台上,交朋友,相互认识,并产生思想上的碰撞,进行业务的交流,并形成一个自己的学术园地。这里是中国的最高学府,是刑事辩护探讨的最高层次的领域,这里的老师都是全国各地最有经验的老师。

现在的刑辩律师,就好比红军二万五千里长征,30 万人参加红军长征,一年下来就剩 3 万人了。百分之九十被打掉了,从战术上讲失败了,但从战略上讲成功了。为什么?答案就是“把根留住”。恰恰是这剩下了的 3 万“残兵败将”,领导了 15 年以后的百万雄师过了大江。红军长征过程中四渡赤水出奇兵,这是没办法的选择,红军当时是被追着打,只好来回跑,为了生存。但当红军打过长江去,解放全中国,百万雄师过长江,这时候就掌握主动权了。

律师,某种意义上讲是个经验活。各种业务的操作,每个人有每个人的特点,这些特点融进了自己的性格、习惯、文化、经历,形成自身的个性。就如同以前的修铜锣，锣的面必须很平整，稍微磕碰一下，有个鼓包，锣的声音就劈了。在以前，有一个职业就是修铜锣的师傅，锣的平面上有个凹坑，必须要打回去它才能恢复，如果打不好，这个锣就没办法用了，修铜锣的老师傅就像庖丁解牛一样，有一个很专业的技能，就是老师傅会闭着眼睛，静下心来，在铜锣鼓出来的地方不断地摸、揉，到了一定程度，拿出锤子，“duang”的一声，准确地打在锣鼓出来的地方，力度正好地把鼓出来的地方打回去，这就是功夫。

从某种意义上讲，律师办案就如同老师傅修锣一样，就这一锤子功夫。辩护完了，将来判决也就出来了，操作得好与坏，对或错，仅供以后总结经验用，但对于这个案子来说，已经完事了。从这个意义上讲，律师更带有个人色彩，尤其是刑辩律师。我希望在座律师所要学会的，应是在个人技能培训上，广种薄收，大家各取所需，并形成自己个人的辩护特色。

做“战士”不做“烈士”

在今天的社会上，刑事辩护律师是战士，但我不希望大家成为烈士。因此，打出去的拳头要收得回来，说出去的话要圆得回来。

我们的律师执照不能被一次性消费掉。就如部队，之所以穿迷彩服戴钢盔，就因为他们是战士。如果他们是敢死队的战士，那么他们也无需穿迷彩服戴钢盔，因为他们上了战场也就再也回不来了。我们在座的各位也一样，大家是要一辈子参与中国的法治，因此希望各位律师能够一个案子接一个案子地办下来，不仅挣了钱，客户满意了，而且还能全身而退。

庖丁解牛的故事，庖丁的“妙”就在于他把牛肢解了以后，他所用的刀并未出现一丁点卷刃，因为他的每一刀都下在牛的骨头缝里的，没有与牛的任何一根骨头硬碰硬，因而在解牛了之后，这把刀还是完整如新的。我们刑辩律师这把刀也应该像庖丁解牛的刀一样，在案子办完之后全身而退。对于度的拿捏和掌握是一个人法治思想、法律技巧以及是否成熟的标志。

我们经常看到有些律师涉嫌犯罪，这并非是律师在接案子之初所设想的。所以,保护好自己需要区分一个界限:追求司法正义的法治理想和我们脚踏实地做好案件的关系。比如,《刑法》第306条,大家都知道不合理。广西北海案,杨在新律师就是因第306条被抓,我不知道他的辩护律师将怎样为他辩护,但在成都召开的一次会议上,我就提出来要把认为第306条的不合理与具体个案的操作区分开来。

恶法亦法,这既然是生效的法律,我们就应该按照生效的法律来做,而不应把个人情绪以及对法律的不满掺和进来。按照现行的《刑法》、《刑事诉讼法》的游戏规则来操作案件,这既追求了当事人利益的最大化,也保护了我们自己。有些律师在法庭上大肆谩骂第306条本身的不合理,把第306条扣在当事人的案子上在事实上、证据上、法理上是不是行得通,而没有把它放在核心的点上,自作主张地把法庭变成了自己的学术观点的讲坛,这是法律人的职业精神吗?如果在课堂上发表这是你的学术思想,但在法庭上为当事人服务,这时就要放弃学术思想,要做的是将本案的相关证据、法理与本案的事实,以及是否构成犯罪,达到第306条的定罪标准结合在一起。

举一个例子,马英九执政后任命了一个女性的法务部部长。台湾当时没有取消死刑,而她是反对死刑的,她在任法务部部长期间,一个死刑令都不签署,但最后迫于群众压力她不得不向马英九提出辞呈。原因很简单,她把她个人的学术思想和她工作中应履行的职责混为一谈。

法律人是理性客观地看待社会的群体,我们要有明确的分界。想法是一回事,履行职责是另外一回事。履行过程中有一定的倾向性可以,但不能越界,不能因为反对死刑,就在在职期间一个死刑令都不签署。同样的,作为一名律师,我非常同情我的当事人,我拼了命地给他辩护,最后判决不如意我大哭一场、大病一场,这样做对不对?反过来,我特别讨厌当事人,我在辩护时点到为止,走个过程,行不行?把个人的喜好和工作职责连在一起,这样对吗?

我在微博里看到,广东的一名女性,因与丈夫吵架,一生气,把自己一岁半的女儿用枕头捂死了,她构成了杀人或者故意伤害致死罪。在微博上,有些号称著名的律师马上对这条消息发出评论表示"这样的人坚决不给她辩护"。

这样对吗?我认为这是错的!当所有的老百姓对这种亲妈捂死自

己孩子的行为指责谩骂的时候，我们应该站出来，给她辩护。因为她是公民，是人。无论她的行为有多么的不耻，我也会把这个案子接下来。接下来我会做的第一件事情，就是对她进行司法精神病鉴定，看她是不是激情，这种激情是不是超越了正常人的范围？这是医学问题，我不懂。但我至少要提起司法精神病鉴定，鉴定如果她真的是有病，该怎么办怎么办。如果她没病，她就是行为恶劣，我还是要全心全意地给她辩护，为她争取到每一个合法权益。而不是当万民唾骂的时候，我也跟着骂，或者我就可以消极怠工。

作为刑辩律师要有一个基本的心理准备，就是“与天下为敌”。这就是我们古人所讲的“举国皆吾敌，而不改其度”。我们相信内心的真理，我们能够说服自己，无论别人怎么误解我们，那又怎么样？作为刑辩律师，面对网民的谩骂，亲朋的误解，我们不为之所动。这是因为我们内心有自己的底数，这个底数就是我们自己的法律思想、法学理论，以及靠良心和责任感支撑起来的完整的法律思想体系。这样的法律思想体系使我们能够咬定青山不放松。在这方面，我希望人大律师学院培养的律师，是在岩石中生长出来的青松。只要我们有自己的根，就不会成为墙上芦苇，头重脚轻根基浅，我不会随风而动。而如何达到这样的境地，这就是人大律师学院创办的初衷。

北京大学有一条著名的校训，“自由之思想，独立之精神，高尚之人格”。作为一个搞学术的人、探索真理的人、有社会责任感的人，一定要有自己的思想，自己的根底，这个根底就需要一个自由的学术平台。在人大律师学院培训班里，我很希望看到经过几天的学习，同学们之间可以有激烈的交锋，进行不同意见的争论。只要你有自己的思想，哪怕有缺陷、错误，但这是你自己的东西，你的这个思想的法律之根，就开始植入你的土壤，别人就会推不倒，接下来所需要的只是如何完善问题。

这是对于本次人大“刑辩班”我自己的想法之一，和大家一起探讨。

刑辩律师的职业素养

第一，要有理性客观的思维方式。

我们不感性，不戴着有色眼镜来看问题。今天的司法现实是什么？其一，立法上，有很多漏洞；其二，执法上，有很多扭曲。这个立法漏洞和执法扭曲造成了一连串的冤假错案。我们律师看在眼里急在心里，痛苦无比。对于这样的状况，我们该怎么办？是愤而撒手，还是坚守下去？大家正因为选择了坚守才坐在这里。但即使如此，我们也应该正视冷酷的现实。李庄案第二季一出来，案件撤回之后，有些律师朋友一片欢呼，我却一点儿都笑不出来，我在思考为什么，为什么会反常规，是我们的法治真的进步了，检察官良心发现了，还是其他原因？

当我把相关问题了解了一下，我思考了一圈认为，这绝不是中国法治进步的标志，不是中国法治的胜利。当我们真话不敢说的时候，我们假话不该说，空话不必说，大话不要说。我们应该理性客观地来看待我们周围的现实，不要被自己的冲动的主观想法和有色眼镜来阻碍我们的判断。

从哲学上，体现为认识论和方法论的问题。客观、理性地看待，认识到今天的现实，是认识论。该如何操作刑辩技巧，是方法论。有人说，看了月亮的照片才明白“月亮代表我的心”的涵义，因为月球表面被撞得坑坑洼洼的。刑辩律师亦如此，内心不也被不公正的判决、不公正的待遇状况撞得坑坑洼洼的吗？但撞完了就算了，月亮依旧是那个月亮，该运行依然要运行。

第二，要运用方法论。

在通过客观、理性看待这一认识论之后，要有方法论，即耐心细致地操作，谨慎果断地出手。

细节决定成败。看案卷，抠字眼，查细节。把每一个案件耐心、细致地操作好。陈有西律师已经给大家做了很好的范例，在代理某个案件时，在3个小时内做了16页的笔录，耐心、细致，终于发现了案件中的问题，形成了笔录交着给最高法院起到了很大作用，这就是耐心细致的操作。当你有了这些底数之后，谨慎之下果断出手，一步到位，把案件拿下来。这个过程，就是刑辩律师方法论的基本原则。

第三，平和释然的心态。

十有八九的判决不如意，这个时候要有一个平和、释然的心态。我们用心办案、全力以赴工作，但是要拿得起、放得下。就如同演员，面对摄像机时要完全投入地演戏，进入角色，但是一停机，他就要走出角色，回归到老百姓的位置上。一定要有自我痊愈的能力，自我修复的心态。大家都问我这么多年了为什么还在干刑案，磕磕碰碰，多少气愤，多少无奈，有时候恨不得把杯子往墙上砸。但是生过气了，释然了，一定要有自我化解、解毒的能力。

我喜欢看动物世界，有食肉动物、食草动物还有食腐动物。比如蜥蜴，全身都是细菌，它食腐肉，为什么？因为它体内有更强的对其他毒物、细菌的化解能力。

在中国律师行业内，刑辩律师内心的坚强和化解的能力可能最强。做非诉的律师、涉外的律师，可能很有尊严，很有面子，在咖啡厅或其他高档场所一坐就能赚不少钱，这种滋味谁都喜欢。可是，刑辩律师你别问他去过的哪些宾馆，你问他哪个看守所没去过？当其他人坐在宾馆里，跷着二郎腿喝咖啡的时候，我们正满身尘土地在通往看守所的崎岖道路上，颠得骨头架都快散了，在太阳下长时间暴晒，到了看守所后人家告诉你今天不让会见。一场大雨来了，雨里泥里滚回来后随便找个招待所住下，第二天一早打个出租车再去。这种经历刑辩律师都经历过。

我曾到过一座山城，那里除了摩托车没有其他交通工具。为了到看守所，我只能找一辆摩的，戴一顶安全帽，抱着师傅的腰，从一个山坡颠簸到另一个山坡。这何尝不是刑辩律师的潇洒？只有这样的苦中作乐的阿Q一般的自我排解，我们才能回味出刑辩律师苦中的甜。就是这样释然的心态、平和的心态使我们面对各种坎坷都能继续坚持下去的，这是我们重要的“解毒剂”。

第四，总结反思的习惯。

从理性客观地思考，到谨慎果断地出手办案，致以平和的心态面对判决，最后是总结反思的习惯。我们对这些案件，要归纳，要合并同类项，要总结，要反思。这是我们应该做的作业，否则，我们吃进的东西就无法存留在我们身体内。律师水平进步的快慢不仅取决于他办理的案件有多少，更取决于他的归纳总结能力有多强。

在北京发生的一起杀人案，现任丈夫向前任丈夫的心脏捅了两刀，致死。我当时做的是无罪辩护，原因是：在2月14日情人节的晚上12点多钟，前夫，30多岁，人高马大，喝醉了酒，叫他哥们开车把他送到前妻家楼下。他与前妻有一个8岁的孩子,离婚时孩子判给了前妻。他来看孩子,来到前妻家楼下,见孩子上了楼,他不请自来地也上了楼,闯进前妻家。当时他已喝得醉醺醺,忘了自己已与前妻离婚的事实,且把此处误认为是自己家。此时前妻由于怀孕挺着个大肚子,他气不打一处来,质问前妻。又看到旁边坐着一个看电视的男的,借着酒劲,他就扑了过去,抽出随身携带的一把英吉沙短刀,不仅刺伤了前妻的胳膊,并在前妻现任丈夫的手上划了三处刀伤。结果,现任丈夫把刀夺过来,捅了他两刀,这两刀正好捅在心脏上。

事发之后,他们马上拨打了110,但因抢救无效死亡。公诉人认为防卫过当。被告人受过高等教育,文化素质较高,在我接这个案子时他已经熟读了故意伤害、无限防卫、故意杀人罪等相关规定,他认为自己属于正当防卫。我关注到他刚被抓进去的时候,公安对他的一场讯问笔录对他十分不利。

当时警察问:“你当时扎他的时候他在扎你吗?”答:“没有。”紧接着就继续下一个问题。这样一来就不像正当防卫了,而像防卫过当或者无限防卫了。

从死者动手到最终打完一共20秒。这个行为,是正当防卫还是防卫过当?公诉人说:“你夺过刀来捅了两刀再把刀扔掉,为什么不夺过刀来就把刀扔掉,还要捅他两刀?可见有杀人的故意。”实际上,公诉人把整个打斗过程断章取义地分解开来看,所以这就成了公诉人指控的理由。

被告人由于自身文化素质较高,经过几个月潜心研究故意杀人、故意伤害、正当防卫、防卫过当等之后,已形成了对法律的一定认知,就在法庭上与公诉人就该行为属于正当防卫抑或防卫过当进行了激烈的争论。

轮到我发言时,我说第一我同意被告人的辩解,就如今天当庭陈述的过程,这就是正当防卫不属于防卫过当。但是作为辩护律师,我提出独立的辩护意见。我认为本案应适用《刑法》第20条第三款关于无限防卫的规定。原因就在该条明确规定了,对于正在进行的行凶、杀人、抢劫、绑架等案件致不法侵害人伤亡的,不是防卫过当,不负刑事责任。在本案中,有两个事实,一个大事实,一个小事实。小事实就是被告人和被害人具体打斗的详情因无旁观者或录像而无法知情，从预审口供上看似防卫过当。但今天听被告人这么一讲则更像是正当防卫。明天如果被告人改口，说我夺过刀来就跪在被害人面前求饶，之后再上去捅了他两刀，则成了故意杀人了。那么整个判决就会让被告人的一张嘴牵着鼻子走。但是小事实不清楚不要紧，大事实永远清楚。

大事实是本案案发在 2 月 14 日晚上 12 点，地点在被告人家里，情节为带刀，醉酒，不请自来，夜闯民宅。大事实框架是改变不了的，醉酒情况，刀的归属是不是一个违法行为？带刀去行凶，并主动出手，符合《刑法》第 20 条第三款规定的致正在行凶的不法者伤亡的，不负刑事责任。所以，我认为本案应该适用《刑法》第 20 条第三款无限防卫，被告人无罪。

当被告人和公诉人双方的坦克在地面上打得很激烈的时候，我让空军飞机过去把对方的坦克给炸了。这样一种操作方式，使得我们不至于跟在被告人后面重复被告人的观点，也不需要去指责公诉人，而是提出自己的观点，并给法官一个启发，该案是否可以从无限防卫的角度来考虑？

这样的思考方式，好比三十六计中的“明修栈道，暗度陈仓”。我先让双方各自把正当防卫和防卫过当的理由都说尽，再亮出第三张牌“无限防卫”。这样一来，以最后压倒性的优势，说服当事人、说服听众、提醒法官沿着这个思路去思考。

因此，作为刑事辩护律师，很多时候需要“跳出案件来看案件”。

刑事辩护的十大矛盾

问题 1　如何处理“追求司法公正”与“追求客户利益最大化”的矛盾

在有些案件中，司法公正和客户利益最大化之间是有矛盾的。比如说，有些疑罪的案件，即“灰色地带”的案件。如果认罪，认定从轻，就可以少判几年。如果坚决走疑罪从无的路线，从理论上直截了当，干净利索，但实际上并不是客户利益的最大化。

因为在司法实践当中，我们经常遇到，做了无罪辩护就无法做罪轻辩护，做了罪轻辩护就无法再做无罪辩护了。如果要求得客户利益最大化，就要看客户能不能理解了。绝大部分刑事案件的当事人，都是自己平生第一次身陷囹圄，家属也是第一次来找刑事辩护律师。他想要买的，并自以为得到的是司法公正，他们认为无罪释放才能体现司法公正。实际上，他们不知道他们的亲人可能真的有罪，或者当事人自己并不知道自己的这个行为是违法的。比如受贿，他以为是私人馈赠，但按照现行的司法制度，所谓的私人馈赠就是有罪的受贿行为。

在这种情况下，我们是该顺着客户走（作无罪辩护），还是该提出与客户意见不太一致的看法？我认为，作为刑辩律师，应当提出自己独立的辩护意见，应当坦诚地告诉客户在中国目前的法律制度下，接受私人的馈赠被认定为受贿行为，所以应当做罪轻辩护，以求得客户利益的最大化。

当然，当经过仔细分析、广泛收集证据之后提出与委托人不同的观点时，要冒着委托人不请你转而委托他人的风险。

对于这对矛盾，我们是挣这笔律师费还是要保住内心做律师的原则？这个问题提出来，供大家考虑。

问题 2　如何处理对客户的信任与防范的矛盾

李庄案件，树立了一个非常坏的典型，就是被告人在实在无路可走的时候，为了活命，把自己的辩护律师出卖了以换得自己的一颗人头或得到刑罚上的减轻。这种情况，古今中外都没有发生过。

在英美国家的律师看来，这是不可能发生的，因为这是诚信的问题。辩护律师基于信任全心全意地为当事人服务，当事人基于信任将自己所有的底子都亮出来。就如辩护律师不可能去揭发自己的当事人，因为不能破坏诚信的这一最基本底线。

如果哪一名律师将自己当事人的其他情况向警方揭发的话，一定会被律师行业所不齿。同样，当律师讲出自己的观点后，犯罪嫌疑人将律师所述拿出来出卖给警方这种情况，在英美国家也从未发生过。所以在当时李庄案发生之后，我紧盯着的就一条，龚刚模最后的判决是死是活？当最后的判决出来的结果是活，而其他几个被告人都死的时候，我真的是一声哀叹。我觉得可能出了一个可怕的判例。

果不其然，没有超过半年，在某省高院的毒品案件审理的法庭上，一个被判处死刑的毒贩，在法庭上突然向法官说“我错了，我以前听信我的辩护律师的话，所以不认罪。是他教我这么做的”，同时还向法庭提供了一张字条，“其实我认罪，请审判长绕我一命”。法庭立刻休庭，对该字条进行笔迹鉴定，好在该字条是被告人自己所写，才保住了辩护律师。

全中国在押的人中，每年大约有150万左右的未决疑犯，这些人貌似消息不通，其实全通。李庄案一下子就给了这些人这样一个判例，就在人类法治进程中第一次从根本上动摇了辩护律师和当事人相互信任的最基本的基石。

如果当事人或委托人来见律师的时候，拿出录音笔来，你的每句话都给你录下，你是什么感觉？那你也拿出来一个录音笔，相互印证？这还有辩护工作最基本的话可谈吗？这样的话，以后当事人来找辩护律师的话，辩护律师就只剩念法条了，李庄案把整个刑辩服务行业中的服务的精髓都改变了。

在这个问题上，我希望通过对《刑事诉讼法》的修改能把这个裂缝补上，但是至今仍没有看到，辩护律师在这方面没有任何免责。

问题3　如何处理客户要求调取证与证人可能不出庭作证的矛盾

《刑事诉讼法修正案》对于证人的保护有了专门的规定，但这个规定仍然是单方面的。也就是说，如果证人出庭做了对被告人不利的证言，而遭到被告人家属或被告人等的报复的话，那么该证人是受到国家法律保护的；但如果证人做了对被告人有利的证言，如何防止国家公权力对证人进行报复？在制度设计上对此并没有设置挡风的墙，这仍然是一个单项的规定。

因此，被告人出庭所面临的风险，一方面来自民间的私人报复，另一方面来自公权力的职业报复。这两个方面，都需要绝对保护证人的安全，而我们今天的《刑事诉讼法》只有单一面的保护没有双面。这也是大家需要呼吁的问题。

问题4　如何处理被告人认为无罪，律师认为有罪之间的矛盾

大家在工作中经常遇到过这么一个问题，就是被告人有的时候睁

着眼睛说瞎话，明明是他做的，他却坚决不承认，而我们看了证据很充分。这时候对于我们，只有两个选择，要么辞去委托，要么在法庭上说两句不痛不痒的话。但是有一条，就是我不能作有罪辩护。因为不论是根据《律师法》第31条，还是《刑事诉讼法》第39条，辩护人的职责是证明被告人无罪或者罪轻，而不是证明其有罪。所以，在这个问题上，如果辩护律师实在无法与被告人沟通，被告人坚决做无罪辩护，那么辩护律师很可能会失去这个客户，以前的工作可能会白忙。从技巧上来讲，可以在法庭上做疑罪从无的，不痛不痒的辩护或许能保住辩护人的位置。但实际上作为职业律师，我们的内心会很痛苦。

问题5 如何处理被告人认为有罪，而律师认为无罪的问题

被告人认为自己有罪，你让他讲完，作为辩护人我尊重被告人的看法，被告人没有学过法律，这样说证明其主观态度很好。但是我作为专业人士，从专业的角度、犯罪构成的角度、证据的确凿充分的角度，我认为公诉人对被告人的指控尚存在证据上的如下缺陷：一、……二、……三、……突出独立的辩护观点，这也反映了律师的职业特点，但是这种独立以不损害被告人的利益为前提。

问题6 如何处理委托人与当事人辩护要求不一致的矛盾

在工作中，我们经常会遇到这样的问题，被告人认为自己无罪，委托人综合各方面希望他认罪，早点儿被放出来。律师处在中间，处理得不好，则两头受气；处理得好，两头都能打通。这其中需要记住一个基本点，就是在实在没办法沟通的时候，我们应当以当事人的意见为准，而不是以委托人的意见为准，这只是一个职业道德的底线。

在家属和当事人的沟通之间，提出我们的意见，但是最终我们要说服家属尊重当事人的意见。跟当事人和委托人之间进行很好的沟通，是律师的基本功。

问题7 如何处理法庭辩论中客户希望与法官要求不一致的矛盾

家属希望你在法庭上滔滔不绝地雄辩，可法官希望你讲重点。我做了这么多年律师，也越来越喜欢少而精，只讲干货。这样法官爱听，

但家属觉得我花了这么多钱,你怎么这么几句话就讲完了,一点儿都不过瘾。

我曾给一个黑社会案件作辩护,我和另外一位老律师并肩出现在法庭上,我的辩护观点是不构成黑社会犯罪。在这个案件中,一位老板被指控垄断这个行业,但我举出的证据证明这个垄断是当地主管部门的垄断。政府为了便于管理,只跟他一家签了合同,干了几年之后觉得可以了,然后才放开了让其他部门、其他人也可以来签合同,而在此期间只跟他一家签合同。因此,这样的"垄断",并非因他个人行为所产生,这与立法上的本意是不一样的,由此可以说明这个案件并不符合黑社会犯罪的特点。

我从这一角度入手,并通过合同、公安局的口供等多方面的证据来印证。但与我并肩的老律师却说,黑社会案件都是涉及几十人,上百人的,而这个案件才涉及七八个被告人;黑社会案件中的罪犯都是年轻人,不过二三十岁而已,而本案的被告人都已经五六十岁了,有这么老的黑社会吗;即使这个案件是黑社会案件,那也是十年前的事了,十年之后的今天,他们早就已经金盆洗手了,还有必要再追究吗?这些观点在我们专业律师看来并没有说到点子上,但当时这位老律师走出法庭时,却得到当事人家属的拥戴。虽然这名律师讲的话并没有达到法律的要求,但却是当事人所听得懂的话,当事人只会对自己听得懂的话感兴趣。而由于我所提出的观点过于专业,却未得到当事人家属的理解,这也使我陷入了反思,这一对矛盾要如何调解?

在此,我觉得这也是大家需要考虑的一个问题。

问题8　如何处理已取保的被告人知情权与被告人可能干扰司法的矛盾

取保候审的前提是不会自杀,不会影响诉讼,不会干扰证人。今天上午的课,陈有西律师也讲过,要扩大取保侦查。如果扩大了取保侦查,由于我们传统的侦查都是在这个人不判或者是只判缓刑的基础上进行的,工作量很小。但如果犯罪嫌疑人可能面临十年以上徒刑,这个时候你把他取保了,律师可以阅卷,在卷中发现对自己的当事人不利的证据,你告不告诉自己的委托人?如果告诉他当场有一位很重要的目击证人，那么证人可能面临死亡的危险；如果不告诉他，到了法庭上公诉人再亮出来，被告人说辩护律师事前不告诉我，我们又该怎么办，我们的服务是否尽职？如果犯罪嫌疑人是在押犯，这不会产生问题；而对于取保的，特别是疑罪取保的，突然之间这一证据补充上了，未及时将强制措施由取保改为羁押，这种时候该怎么办？犯罪嫌疑人做出偷逃，或自杀，或危害证人的行为，我们该怎么办？

目前虽未发生过这样的事，但是有一天，对于取保候审的犯罪嫌疑人，我们在案件的知情权上如何把握这个度的问题上，我担心早晚会出大事。如发生上述情形，应以泄密罪或何罪来认定律师的行为？这一下子就把律师放到了职业道德和法律的风口浪尖上。

为此，我把这个问题提出来，就是希望引起大家对自身职业安全上的思考。

问题 9　如何把握律师个人维权和行业整体维权的问题

这是我对北海事件的一些个人看法。这 4 个被抓的律师，包括在押的杨在新律师，以及北海事件律师团。这样的做法，如果能够使当地的公安机关认为律师是有道理的，因此把杨律师放了，这是皆大欢喜的，是我们追求的目标。但是在司法实践中还有一种可能，就是把司法机关逼得非得把杨律师的事情作成铁案，把疑罪从无的空间给挤压掉，杨律师的执照就真的被吊销了。有没有这种可能性？如果全国的公安机关对因《刑法》第 306 条被抓的律师要有所警觉，不要轻易动手。那么，这对于全国律师的职业环境是有一个比较大的好处，一个警示作用，这是我们应该从正面来理解的。

与此同时，就个案而言，我担心杨律师的这种情况会把公安逼到一个极端地方：那就是把公安逼到没有疑罪从无的空间。像在这样的一种情况下，把他变成了一个死案、铁案，这个矛盾怎么解决？孰重，孰轻，孰大，孰小？这是我们总体上的职业环境。大家想要改善一点，就可能付出的牺牲某个律师的代价。过一段时间环境又恶劣了，我们又牺牲了一个律师，由此使环境再改善一点儿，周而复始。

我们可不可以这么做？就我个人的理解，律师群体是由每个律师所构成的，而每一个律师的职业生涯，后半辈子的饭碗，养家糊口的手段是最重要的。在这个问题上,我甚至认为行业的维权应该是第二位的,而保住律师个人的执业安全、执业执照才是第一位的。

这是我脑子里的倾向性的想法,提出来供大家批判和考虑。

谁都不愿意当那个牺牲掉的人,除非你自己说为了使得职业环境好一点儿,我自己可以做牺牲。除此之外,别人不能把他“被”董存瑞了。这种强加于人的人权我认为是不行的。

我记得早年北京有一名律师在陕西榆林处理一起涉群众的群体性案件的时候被公安机关抓了,关了四五个月。北京律师协会多次去交涉、沟通,最后派我过去把他从看守所(晚上七点多钟)接了出来。吃完饭、洗了澡并住了一晚,第二天一早就驱车前往西安,坐第一班飞机回北京。最后,我们给当地公安机关留下了一个疑罪从无不诉。这样做不管对不对,至少我们既保住了公安机关的面子,还保住了律师的执照,保住了后半辈子的饭碗。

这种处理方式,从司法公正、公平正义的角度来讲,显得比较弱,不如今天的北海事件这么强硬。但是从个人的角度来讲,我们这么做,保住了律师的饭碗。所以,我们的做法,可能在50年后的后人看来,太客气,太软弱了。但在今天的司法环境下,我们这样的做法,虽然与杨在新律师的做法属于两种不同操作模式,但我们所追求价值取向立马就反映了出来。

问题10 律师和当事人之间的关系

律师是代理人还是代言人?一字之差。

代言人是指,我说什么你就说什么。很多被告人认为自己冤,找到了律师就是找到了麦克风;找到了大律师,就是找到了大麦克风。被告人会让律师在微博上给他号召,让全世界都知道被告人冤。这是不是法律所设定的刑辩律师的功能?刑辩律师的主要职能、作用,刑辩律师受社会尊重的理由,在于它是个扩音器、传声筒吗?

如果辩护律师是一个代理人,他就要有自己对实体的意见,对被告人不合理的要求、不合法的请求是要驳回、有筛选的。最后,律师所维护的是被告人的合法权利,用的应当是合法的手段。

我很支持陈有西律师说的对《刑事诉讼法》修改中对秘密手段介入

的意见，我也认为秘密手段的介入在《刑事诉讼法》中确定，很有可能存在滥用的情形。如果滥用的话，那么辩护律师为了在法庭上和司法抗衡，他也可以用秘密手段录音、录像、跟踪等手段来调查取证？如果双方在调查取证上都没有了程序上的合法性及合理性了，在打击犯罪的程序上都使用了非常规的手段，这还是一个法治社会吗？

在案件的审理中，我们不应该做自己当事人的代言人，把什么事都放到网络上去。终究我们是专业律师，我始终坚持一条底线：司法精英化。也就是专门机关、专业人士的专门工作，它不是全民公决。药家鑫案听说法院还拿出来征询公民的意见，这样的话法院的判决不就成了全民公决了吗？如果成了全民公决，还有司法的尊严吗？如果变成了全民公决，法庭辩论成了社会大讨论，那么司法就民粹主义化，这是我始终坚持的观点。民粹主义要不得。在司法上的民粹主义是对法治的破坏。立法是人民意志的体现，但司法是专业人士的作为。老百姓可以监督司法，但不可以代替司法。

我们今天的司法环境比较恶劣。从本质上讲，法律是约束公权力对私权利可能的侵害。这是它的首要功能。就像交通规则，它的作用首先在于防止机动对非机动车和行人的侵害。法律所体现出来的作用，在对公权力对私权利的保护上是不平等的，是倾斜的。这就是为什么规定了“疑罪从无”而不是“疑罪从有”。

《刑事诉讼法》的制定，首先画出了国家公权力和公民私权利之间的“三八线”。随着《刑事诉讼法》的一次次修改，这条“三八线”一点一点地向私权方面扩大，而使公权不断地缩小，这是法治文明进步的标志。

公权力本身是巨大的，而私权利是渺小的，所以应该有所倾斜，这样才是公正的。表面的公平不一定是实体的公正。只有倾向于弱者，才能体现出公正来。既然是这样的结构，在《刑事诉讼法》的修改中，应该是代表公权力一方的公、检、法，与代表私权利一方的学者、律师、社会人士进行同样的探讨、商榷，并选举出代表在进行投票、选举的时候代表大家的意志，这样才能体现出人民的意志。这是第一个层次。至于第二个层次，才是在公权力内部，公、检、法权力如何分割的问题。第一个层次是公权力与私权利的让渡，第二个层次是公权力内部权力的分配、分工。

而我们今天《刑事诉讼法修正案》并没有征求律师、教授等的意见，等到拿出草案时，反而是公权力自己搞出来的东西。这就是为什么大家说这是在倒退。这是本末倒置，把第二个层次的问题提升到了第一层次，而把第一层次的问题降低到第二甚至是更低的层次了。

我们作为律师、学者，我们认为更重要的问题是公权力与私权利的分界线，而不是公、检、法三家内部的分配问题。这就是在这样的修法的大环境下所产生的《刑事诉讼法修正案》，改革的空间确实在减小。

无论对于改革的空间或是目前的环境，就如徐建院长、陈有西律师所讲的，希望在十八大以后，法律人走进国家最高领导层之后，能够好一些。这是美好的理想。但我们法治建设的推进是不是就应该寄希望于几个人的变化？

这个时候，摆在我们面前的，回到了我讲课之初所讨论的基本命题：当前的形势和我们的任务。我们是做改革者，还是做革命者？

最近，我在微博上看到了一篇关于施洋与吴佩孚的文章。施洋，我们的同行、前辈，他与吴佩孚是认识的。吴佩孚在1920年专门召见了施洋，赠其一部《华盛顿法典》，并希望与施洋一同建设民主法治的国家。但7年之后，正是吴佩孚下令枪毙了施洋。施洋始终都不相信自己会被枪毙。如果当时林祥谦、施洋不再闹罢工，对于吴佩孚军阀就有了一个妥协的余地。当时外国侵略者希望在国内分得利益，而作为民族主义者的吴佩孚，致力于抵御外国势力的侵略，希望国内能够停止罢工，恢复工作。但是国内罢工的工人却拒绝低头，因此吴佩孚只得下令将林祥谦、施洋枪毙。施洋采取的是将吴佩孚逼到绝路的这一做法，但当把对手逼上绝路的时候，自己也就走投无路了。

在我们日常工作中，我们不能圆滑，但是要圆通。给对方留余地就是给自己留余地。

回过头来讲，我们是做改革者还是做革命者？改革者是对现有制度的改良，这种改良很难，很辛苦，事倍功半，且往往不被人理解；而作为革命者，一把推翻，很干脆。打碎旧的国家机器，建立新的国家机器，不留任何余地，不是你死就是我亡。我们接受的是法律教育，我们搞的是法治。但在今天的社会上，是不是出现了“有的改革者把自己变成了实际的革命者”这样的问题，我把它提出来，供大家思考。

我最后给大家讲一个第二次世界大战的故事,在太平洋战场上的冲绳岛战役,当时的日军守将是牛岛中将。如果冲绳岛沦陷,那么日本将国门大开,因此,牛岛中将担负着很重的保卫国门的任务。在美军开始攻打冲绳岛之后,由于地面军队打不过美军,日军就挖了大量的地下工事,将部队转移至地下,在地下与美军进行抗争。就在这时,日军守卫军队的内部发生了激烈的争论,牛岛中将认为既然冲不出去,那么就坚守在地堡里。但军队中一些年轻的将校认为,为了维护大日本帝国的领土,不让美军直接从冲绳地界顺利地进入日本领土,应当冲出去与美军作殊死搏斗。

按我们今天的话说,这些年轻人的思想是一种极"左"的、愤青的思想;而牛岛中将的想法是一种比较老成的想法。牛岛中将最后迫于压力,只能命令全军冲出地堡,与美军搏斗,但最后被美军全歼,牛岛中将也被迫自杀。

这个故事涉及了一个在力量悬殊、自己处于弱势时的主导思想:如果按照牛岛中将的意思,会被国内舆论所谩骂,但在军事角度来讲,守住了地堡,就使守卫冲绳岛的部队成了美军踏过冲绳岛,继续进攻的一枚钉子。

到底孰重孰轻?这个经典案例让我有所感悟,生活中,在绝大多数时间,弱者是需要智慧的。无论是在法庭上,还是在国家政治生活中,刑辩律师始终都是处于弱势地位的,当逼着需要我们发挥智慧的时候,我们应当怎样设定自己在办案中的定位,我们的行业在国家政治生活中的定位?

这些问题我提出来,供大家考虑。

演讲3 新《刑事诉讼法》实施后实务操作中应注意的几个问题

——人大律师学院第三届“刑辩班”讲座(2012 年)

对于刑辩律师来说,最重要的事情是风险,其次是技巧,最后才是挣钱。因此,大家急需学习和掌握的是提高风险意识。

很多年轻律师在第一次办理刑事案件时,就在《刑法》第 306 条上栽了跟头。

我认为,发现问题有时候比解决问题更为重要。就如同在马路上面对一口没有井盖的井,你是从左边绕,还是从右边绕,或者直接将车开过去,这是方法论的问题,但大家要发现这是一口没有井盖的井,这很重要。每次人民大学律师学院“刑辩班”开课,我都坚持做第一讲,我的任务是提出问题,让大家带着问题进行后续几天的学习。这样一来,大家会发现接下来的授课老师对于同一个问题会从不同的角度来考虑,有的人认为对于这口井应该从左边绕,有的人认为应该从右边绕,而有的人则认为自己有能力直接跨过去,这些方法都可以供大家借鉴。至于将来在实践工作中大家如何选择,具体问题具体分析,但是这个陷阱确实存在,这是需要大家达成共识的问题。

人大律师学院培养的是刑事辩护领域中的“战士”,但不是“烈士”。我们不希望大家像董存瑞、黄继光一样与一个案件共存亡。到最后案件没解决,但自己的律师资格反而丧失掉了,成为第二个、第三个李庄。我们会发现,很多事情当我们成功时,我们默默无闻;但当我们失败时,却广而告之。从技术层面来讲,李庄案对于李庄来说是一个失败的案子,失败的标志是他被判刑了,被剥夺了律师执照,成为一名“著名的非律师”。

下面,我从此次《刑事诉讼法》修改入手,和大家谈一下几个需要注意的问题。

问题1 侦查模式的转变

新《刑事诉讼法》从第148条到第152条规定了技术侦查手段。2011年9月,在刚拿到草案,看到监听等技术侦查手段在法律上合法化时,大家立即感觉到人人自危,手机通信等私人信息将来公安局可以随便监听了,我还有何隐私可言,个人隐私还如何保护?因此,这一规定引起了强烈的反对。

技术侦查手段运用到刑事侦查中,对公民的个人隐私会产生很大的威胁。对此,我也产生了很大的疑惑,《刑事诉讼法》在保障人权方面不就产生了很大的退步吗?通过与有关方面人士的沟通、交流之后,我的认识发生了一定的改变。具体如下:

第一,我们今天迎来了信息时代,手机网络的到来,就如同人类文明史上发明了汽车一样,给大家带来了方便的同时,也会产生交通事故,因此需要用交通法规来规范汽车的运行。虽然交通法规不足以杜绝交通事故的发生,但会尽可能地减少交通事故的发生。同样,电脑网络走进了千家万户的生活,方便了生活的同时,也使个人隐私面临被泄露的风险。因此,我们需要法律法规来限制侦查手段的介入泄露公民隐私的同时,也无法做到所有公民隐私都不会被泄露。保护的目的是无法完整的,仍然会有泄密的情况出现,仍然会有侵犯公民个人隐私的情况发生,但尽可能做到限制这些情况的产生。这就如同汽车走入大众生活一样,我们并不会因为汽车会对生命带来威胁而不使用汽车。当犯罪分子运用各种技术手段进行犯罪时,侦查机关也要运用技术侦查手段来打击犯罪。就如同歹徒开汽车跑时,警察也只能开着汽车追一样,运用的都是汽车。

不论愿不愿意运用技术侦查手段,这种手段都在法律上予以规定了。有关方面能做的,是通过相关的政府规章来规范、制约这些侦查手段,使之尽量不侵犯公民的合法权益,而只用于打击犯罪。但任何一部法律都只能做到尽可能地杜绝,而无法做到技术侦查手段完全不用于侵犯公民个人隐私。技术侦查手段在司法实践中当然可能存在滥用的情形,但两害相权取其轻,我们只能通过法律尽可能地规范它。

事实上,即使不将技术侦查手段规定于法律之中,侦查机关也一直在运用它。所以，这是一个在信息时代我们必须面对的技术侦查手段合法化的问题。

第二，“重证据，轻口供”是刑事司法最根本的宗旨。黑格尔的哲学是“存在即为合理”，中国司法实践中，因对口供的重视而使得刑讯逼供屡禁不止。因为这在现实中对提高破案率具有很重要的作用，而各地的领导也对刑讯逼供“睁一只眼，闭一只眼”。

刑讯逼供罪并不是新罪名，早在1979年的《刑法》中就有所规定。从刑讯逼供罪的法律规定我们可以看到，这不是结果犯而是行为犯，只要有刑讯逼供的行为就构成了犯罪。但是现实中它变成了结果犯，把嫌疑人打死了，打残了，打出冤假错案了，如佘祥林案、杜培武案，才把侦查人员给抓起来。

在司法实践中，刑讯逼供普遍存在是因为它对于破案有用。

如何才能在打击犯罪，保证破案率不下降的前提下，尽可能保障人权不刑讯逼供？答案是：“只有在刑讯逼供已不需要之时。”如何才能做到刑讯逼供不需要？答案是：“当口供已不需要之时。”如何才能做到不需要口供？答案是：“重证据轻口供，通过技术侦查手段已经收集到足够的客观证据，足以认定犯罪嫌疑人有罪。犯罪嫌疑人认不认罪已不重要之时。”

只有在这个时候，刑讯逼供才能被真正杜绝。因此，减轻口供在破案、定罪中的作用，必须把重心转移到客观证据上来。

“重证据，轻口供”这一我们说了几十年的话在司法实践中落实，就是侦查模式的转变。它会逐渐让大家意识通过侦查工作，可以把口供的分量减轻。这样一来，我们的侦查模式就真正向“重证据，轻口供”迈出了第一步，并逐渐使刑讯逼供在侦查实践中变得不太重要了，并把这个问题真正地提到了立法层面，给予侦查机关更多的获取证据的手段。

当然，技术侦查手段也存在滥用的情形。这里，举一个实例，在某公安局里面搞监听的女警察监听了自己丈夫的手机，结果发现自己的丈夫有小三，因此向法院提出了离婚诉讼。这份因监听而形成的证据拿到法庭上后，使公安局难堪不已。因此，对于证据获取的方式是需要规范的，但不能因此而取消监听工作。

同样的道理，侦查模式的转变，在侵犯公民的隐私权和侵犯公民人身权之间，两害相较，只能，也不得不取其轻。就是通过取前者，将侦查人员的思维逐渐引导向公民人身权的保护上来，最终从根本上杜绝刑讯逼供这个顽疾。

我认为，作为律师，一定要懂得换位思考。律师的职责在于保障人权，而警察的职责则是打击犯罪。保障人权与打击犯罪是对立统一的关系，有其矛盾的地方。就如效率与公正也永远是一对矛盾一样。所有案件都讲求效率了，公正就很难保障；每个案件都如辛普森案一样审理，那么，全国每年那么多刑事案件将会产生多大的积压率。所以，这也是为什么在西方国家会通过辩诉交易制度的设置来解决效率问题，通过陪审团制度的设置来解决公正的问题。

我们律师虽然是天平一端的砝码，用来保障人权，但是我们也要从全局的角度看，要换位考虑。律师从保障人权出发，换位到打击犯罪上来；司法机关从打击犯罪出发，换位到考虑保障人权上来。只有双方之间懂得换位思考，交叉思考，我们才有共同语言，才好沟通，才容易达成最后的共识。

以上是我对口供中心主义模式转变的理解。这是我个人的看法，供大家批判，并不代表官方的观点。

问题2　对新《刑事诉讼法》第36、40、41条的解读

首先，我想提出一个问题，"在侦查阶段，我们辩护人有调查取证权吗？"

1979年《刑法》规定，辩护人在审判阶段介入。而1997年《刑法》规定，辩护人的工作提前到了审查起诉阶段。而这一次的修改，辩护人介入案件的时间则提前到了侦查阶段。我认为，辩护人走到哪个阶段，在该阶段辩护人就自然拥有了调查取证权。

今天，我们把几个法条拿出来进行一下对比：第36条，辩护律师在侦查阶段会见被告人的过程中，可以代为申诉、控告、法律咨询、提出法律意见申请等；第40条，辩护人收集的有关犯罪嫌疑人不在犯罪现场、未达到刑事责任年龄、属于依法不负刑事责任的精神病人的证据，应当及时告诉公安机关、人民检察院；第41条，辩护律师经证人或者其

他有关单位和个人同意,可以向他们收集与本案有关的材料,也可以申请人民检察院、人民法院收集、调取证据,或者申请人民法院通知证人出庭作证。

我们大家看一看,上面这三条规定是否都是用于侦查阶段?

第40条里面没有规定人民法院,只有公安机关和人民检察院。这是什么意思?换句话说,我以前认为,律师既然叫作辩护人,在侦查阶段,所有调查取证工作都可以做。结果我发现,广大律师和广大的学者都和我有一样的看法,辩护人在侦查阶段当然可以做第41条所规定的事情。但是,全国人大、最高法院、最高检察院是参与立法的,学者中直接参与立法的人士告诉我,这一次新《刑事诉讼法》的修改,在侦查阶段,只给了律师两样东西,第一样是一顶帽子,就是在侦查阶段,不是叫"提供法律帮助的人"而叫"辩护人";第二样是在侦查阶段,律师除了传统的法律咨询、代为申诉控告、申请变更强制措施以外,只允许做三件事情,那就是第40条新增加的内容,收集不在犯罪现场、没有达到责任年龄、不负刑事责任的精神病人的证据。

这其中,并没有规定第36条适用于侦查阶段,第40条适用于侦查阶段和审查起诉阶段,第41条适用于审查起诉阶段和审判阶段。第40条最重要的六个字是"应当及时告知",这是权利还是义务?这是义务,换句话说,我们律师无论在侦查阶段还是审查起诉阶段,只要收集到了被告人不在犯罪现场的、年龄不满十四周岁的、是精神病的证据,无权留在手里,而应当及时告知公安机关、检察院。

新增的这一条,既限定了律师在侦查阶段和审查起诉阶段的作为,同时给了我们一个铁定的义务,即"应当及时告知"。权利是可以放弃的,义务则是愿不愿意都必须要做的。律师有权做这三类调查,但同时,调查出来的证据必须及时告知公安机关、检察院。

除此之外,我们还可以做其他方面的调查吗?根据第41条的规定,这里并没有规定公安机关,如果我们进行调查,就等于与公安机关进行平行调查。但是,我担心在2013年1月1号以后的司法实践中,很多律师会被当事人催着去做调查取证工作。

这时候,我们该怎么办?

在这个问题上,由于第40条和第41条之间没有画出一条明确的横杠,很多客户会产生误解。以上是立法界对于这三条规定的官方解读。我们可以写学术论文来证明,律师有必要在侦查阶段同样具有调查一切的权利。但是,在实务操作中,我们面对的是执法机关的警察,不是学者教授,他们是按照规章制度执行的。无论在学理上有多么深刻的解释,他仍然会按照新《刑事诉讼法》的规定把你抓起来。

在我们"刑辩班",学理探讨是第二位的,而实务操作是第一位的,这是律师学院与法学院的区别。我们必须明白,它合理不合理,正确不正确,2012 年 3 月 14 日全国人大一投票,这个问题已经明了。不管我们是否满意,这一规定在未来十年也不会再改了,我们只能去接受它,去适应它。然后兢兢业业地按照也许并不太合理的、在侦查阶段的法律规定去做。

随后,公安部关于办理刑事案件的规则的修改,我相信律师在侦查阶段的调查权这些问题上,是绝对不会让步于某些学者的观点的,因为这妨碍公安机关的侦查工作。如果在这个点上放开了,律师可以做调查工作,那么全国律协马上需要和公安部达成共识,既然要搞平行侦查,那么就要有一个快慢车的分道线以保证律师的安全。那就需要制定一个新的规则,规定律师如何调查是合法的,否则可能涉嫌妨害作证。正因为没有这样一个新的实施细则,也恰恰说明了在这里对律师权利的限制。

问题 3　被告人阅卷权的定位

阅卷问题是一个我们抗争了很长时间的问题,关键词是"何时"。

被告人的阅卷权在国外和我国台湾地区早就有了。在陈水扁案件审理过程当中,陈水扁可以通宵达旦地阅卷。他曾当过职业律师,不管有没有用,阅卷是他的权利。

在这个问题上,北京市检察院有一位同志,在大会小会上关于被告人阅卷权问题,都要跟我争得面红耳赤。他代表了相当一部分检察机关(工作人员)的观点,就是对于证明被告人有罪的证据,被告人知悉的时间应该是在法庭上。我坚决反对这种观点:第一,被告人无法跟律师进行有效的沟通,以形成有效的辩护;第二,由于法庭上的时间有限,检察院经常在法庭上念的是证据节录。我个人认为,检察院这么处理是不合适的。

学者普遍认为,律师与被告人应当有阅卷权,法官对此的态度则对半开,全国人大莫衷一是,这样的情况存续了好几年。而这一次法律规定终于出台了,是折中了现代汉语中的两个字,形成"核实"二字。我认为应当与国际接轨,明确规定被告人有阅卷权,尤其是在押的被告人。但是学者们积极地解读"核实"二字,认为"核实"就是赋予了被告人阅卷权,如果没有阅卷权,其如何与律师进行证据核实?但我们面对的执法者——警察,又会如何解读?这就如我刚才所举例说的,我们面对马路上一个没有井盖的井,对这个"核实"二字的不同解读,我担心在未来的司法实践中又成为一个找律师茬儿的理由。

当律师抱着一堆案卷进看守所会见被告人时,如何进行核实?可不可以翻出其中一本案卷,让被告人看案卷材料?曾经有一起发生在北京的大案要案,被告人本人是中国政法大学的博士生,他的辩护律师将案卷拿到看守所给他看,他在看了案卷后做了详细的记录。到了法庭上,当公诉人宣读到某份案卷的节录之后,问被告人有什么意见。他马上就回答说,这份笔录不完整,紧接着从口袋中拿出一张纸说道:"在这份笔录中,另一段话是对我有利的。"检察官马上就问道:"你是如何知道的?"被告人回答是"律师给我看的案卷"。检察官立马要求休庭,并对律师是不是该给被告人看案卷进行讨论。

好在这个案件发生在北京,我们立马将律师联合起来跟检察院沟通,这才使这名律师逃过一劫。但凡在法律的盲区,法律有漏洞的地方,律师和侦查机关的 PK,谁能说了算?我们在核实证据这一问题上,在 2012 年 10 月可能出台的新《刑事诉讼法》的解释中,对于这一条如何解释,对"核实"如何解释,都是需要引起大家注意的问题。

第 46 条规定的知悉权的问题。辩护律师对在执业活动中知悉的委托人的有关情况和信息,有权予以保密。但是,辩护律师在执业活动中知悉委托人或者其他人,准备或者正在实施危害国家安全、公共安全以及严重危害他人人身安全的犯罪的,应当及时告知司法机关。我们又看到了熟悉的 6 个字"应当及时告知",这是法定义务,而不是权利。如果辩护人不告诉,就违背了义务,就要承担责任。权利可以放弃,但义务不可以放弃。

这里的关键词,"准备"、"正在实施",用英语的时态来描述讲就是将来时和正在进行时，不是过去时，也不是过去完成时。律师不具备对自己的当事人揭发检举的功能，危害国家安全、公共安全这两条犯罪自不必说，但对于严重危害他人人身安全的犯罪，“严重危害”的标准是什么，人身安全是指死亡还是伤害？打比方说，被告人在派出所跟律师说，今天警察把我抓起来了，肯定是某某告的密，我哥哥饶不了他，非杀了他不可。这句话只有律师、被告人及其哥哥三个人知道。当律师听到这句话的时候，会认为是准备，正在实施还是主观猜测？律师认为这是被告人的主观猜测，他只是说说发泄一下，结果过了两天被告人的哥哥真的把证人给杀害了，一个重要的证人死了。警察找到了被告人，被告人说，我早就跟律师说过，我进来了我哥哥肯定饶不了他。这时候，警察会不会认为律师没有履行应当及时告知的义务，导致严重危害他人人身安全的后果。反过来看，当律师听到这一情况之后，扭过头就告诉了警察，警察立马就找到了被告人的哥哥，被告人的哥哥矢口否认这一情况。

我想说明的是，“严重危害他人人身安全” 这样的措辞在司法实践中如何判断。当律师听到某些信息时，如何判断是不是属于“准备”或“正在实施”的，或是应当及时告知的，或只是主观的猜测、企图？这个问题应该是律师在会见当事人时着重注意的问题。听到案件以外的信息时，应当有一个迅速的判断。如果属于第 46 条的规定，我们应当及时告知；如果不属于，我们不必告知。对于“严重危害他人人身安全”的标准的不同解读，会是律师执业中将要面临的问题。

问题 4　非法证据和瑕疵证据

我个人认为将来在司法实践中，这是很有争论的问题。这里包括两类证据，一类叫非法证据，另一类叫瑕疵证据。

第一个问题，对证人证言的“暴力、威胁”是什么概念？

通过刑讯逼供、暴力取证所得到的证据属非法证据；物证、书证不符合法定程序，通过补证，合理解释的，在学理上被定义为瑕疵证据。但是这条规定的本身，把非法证据和瑕疵证据并列为补证及合理解释。对于刑讯逼供，如果有其他证据佐证证明是刑讯逼供的，可以作为非法证据予以排除。但是我们注意到，对证人证言指的是“暴力、威胁等非法方法”,对证人证言的“暴力、威胁”是什么概念?

在司法实践中,发生一起大案,需要证人作证。但这位证人有犯罪前科,他可能还有其他轻微犯罪,公安机关捏在手中,要求证人出来作证,就不予追究。否则,则可能追究证人轻微犯罪的刑事责任。这是不是对证人的威胁?证人的“小辫子”被公安机关抓在手里,这在司法实践中是普遍存在的。这个时候的作证又分为两部分,真证或是假证。要求证人做一个连证人自己都没有看清却硬要说是看清楚的假证,这算不算威胁?如果他说了真话,但却是通过警察要求追究证人罪责的情况下作证,这样的情况能否予以排除?对于这个问题,法理上都未予以解决。

第二个问题,引诱、欺骗是“预审策略”还是属于“非法方法”?

中国人民公安大学开设了一个预审专业,该专业是研究预审的策略,研究心理,研究怎么样获取被告人的口供,证人的证人证言等。对于这个问题,他们认为属于预审策略的组成部分。引诱、欺骗、威胁,这些在获取主观证据的时候经常使用的手段,哪些该划入非法手段里,哪些该划入合法的预审策略里?在一次公安大学召开的研讨会中,我曾经与公安大学侦查系主任就这些问题进行讨论,结果发现无法达成共识。这个问题在学理上都未得到解决,在法律及司法实践中更是模糊的。因此,对于什么是非法证据,什么是瑕疵证据,这两个概念之间的“三八线”没有真正地区分开来。在这个问题上会产生很多争议。

第三个问题,“补证、合理解释”的标准是什么?

在一次学术会上,检察官曾经提出这么一个问题,检察院拿到一份证人证言,说被告人不认罪,后来公安机关通过刑讯逼供使被告人认罪,形成口供。这份口供属于非法证据,应当被排除;第二天,检察机关在没有对被告人使用暴力的前提下,形成了与前一天一模一样的口供,这份口供属不属于非法证据,应不应当予以排除?这一问题如何解释?

刑讯逼供给被告人带来的不仅是身体上的伤害,还有心理上的恐惧。所以我们认为,有了刑讯逼供产生的口供,以及之后与之相关的证据,都应当作为非法证据予以排除。

在司法实践中,我们律师经常遇到这么一个问题,就是被告人向警察所说的与向律师所述的完全不一致。我们所见的预审口供与会见被告人时所形成的笔录完全不一样。因此,我认为因刑讯逼供所产生的相关口供,包括预审口供等,都应予以排除。至于"补证、合理解释",什么证据需要补证?比如说,从现场取得的凶器,应当由两名侦查人员签字,但这份证据上只有一名侦查人员签字。这种情况,经过程序上的完善,是可以允许通过补证,在法律上得到认可的。但是有些证据是无法补证的,比如办案说明(办案说明是对办案中相关证据无法获取的说明)。在司法实践中,明明是司法证据的断裂,办案说明就好像一份证据,将两份证据连到了一起。因此,办案说明是不是法律中所说的"合理解释"?

我个人认为,无论是补证,还是合理解释,这之间有一个重要的问题。补证是对证据的补充,对证据的补强,可以说是又一个证据。这一证据与之前需要补证的证据形成了完整的证据链。因此,补证属于证据的一部分。但合理解释不是证据,而是对证据的解释。就如红学家对于《红楼梦》的解释,并不能成为《红楼梦》的一部分一样。无论怎么解释,它都不是证据本身。因此,办案说明不是证据本身,而是说明。

我们律师在证据层面上,对于瑕疵证据,对于合理解释,需要有清醒的认识。什么是证据,什么不是证据?我个人主张尽可能地排除办案说明。但在司法实践中,很多法院、基层公安局、检察院没有区分这两者之间的界限,把办案说明当成证据。对办案中应获取的证据实际无法获取的理由并不能成为认定案件事实的证据。不论最高法院在将来的实施细则中会不会对此进行解释,但这两者之间不可能是或者的关系,它们怎么能平行地放在一起呢?

同时,我们会看到,对非法证据、瑕疵证据的排除贯穿于侦查、审查起诉、审判这三个阶段。当这三个阶段都有的时候,又出现了不同的掌握标准。公、检、法三家各自出解释的时候,请大家一定要看它们各自是如何界定"非法证据"、"瑕疵证据"、"补证"、"合理解释"这些概念的,它们排除的标准是什么,采信的标准的是什么?这些问题由于理论上并未得到解释,所以法条上的表述是含糊的,司法实践中则会表现得千奇百怪。

问题5 庭前会议

对于大案要案的审理,由于社会关注度比较高,无论是广西北海案,还是贵州小河案,这些案件在审理过程当中纠结于程序的情况比较多，这样的大量的纠缠于程序的案子使得实体审理难以推进。因此，立法的本意，就是解决庭前程序上的一些问题。

在新《刑事诉讼法》第182条里列举了三种情况，对于回避、出庭证人名单以及非法证据排除，立法部门希望在庭前会议中就得到解决。

我个人认为，这一条在司法实践中的运用，有两个问题：第一个问题，如果要在庭前解决程序问题，只有回避、出庭证人名单和非法证据的排除是不够的。庭前还要解决若干程序问题，比如证据是否申请重新鉴定的问题；律师在无法获取证据的情况下，向法院申请调取证据的问题；开庭时间、是否需要延期审理的问题；旁听家属人数的问题；庭审使用的语言、翻译的问题等。

上述这些作为案件审理的前置问题，同样需要在庭前会议中予以解决。

庭前会议还容易出现如下三个问题：辩护思路、被告人的质证权以及权利的放弃——这一点最重要。法官非常重视庭前会议，有的法官甚至认为庭前会议主要解决的是证据问题。如果庭前会议解决的是证据问题，那么还需要后面的证据程序干什么？完全可以直接进入实体程序的审理。庭前会议和实体审理的“三八线”必须严格区分开来。必须明白庭前会议解决的是程序，不能延伸到实体问题的审理。

此外，法官还会问辩护律师，你能否代表当事人？刑事案件与民事案件不一样。在民事案件中，律师有代为承诺、放弃等权利，在当事人委托的前提下，律师是可以这么做的；但是刑事案件不可以，律师与当事人的关系不是代理人和被代理人的关系。对于很多证据鉴定结论，对于被告人是确认还是否定，我们不能代为作出决定。同样一份证据，被告人是否确认可能会有变数，今天确认了，明天否认了，而后天又确认了，但以当庭的表述并确认在案为准。如果允许律师代被告人进行决定，这等于限制了被告人的权利，包括有罪、无罪、罪轻的辩护。

在司法实践中，我们都遇到过，辩护律师与被告人在庭前说好了做罪轻辩护，但到了法庭上，被告人发现其他被告人不认罪，他也跟着不认罪了。作为一名律师，我们不能做第二公诉人，仍然作罪轻辩护，而只能跟着作无罪辩护。如果跟不上这个节奏，那只能辞职或者要求休庭。我们与当事人之间的关系，尤其是在证据的确认上，在权利的放弃上，我们是不能代表当事人。但有些法官往往想把庭前会议做成实体审理。

这是因为，在庭审前，媒体、领导等给予案件比较大压力，而法官担心在正式开庭中出现问题，因此他们希望在庭前会议把问题都解决了。但这么做，我们等于是帮助法官一起侵犯当事人的权益。所以，我非常担心庭前会议变成提前审理。我们会注意到，庭前会议的书记员把每句话都记录在案，而律师在庭前会议上的所有发言也都记录在案。实际上，这些都成为法院会考虑的问题，成为了判决的依据。

有律师认为，在法庭公开审理的时候，由于当庭被告人很多，而时间有限，无法当庭完全地表达观点，因此，应该在庭前会议的时候表达。我坚决反对这种观点。我认为庭前会议不能够讲案件的实体问题，包括律师对本案的辩护思路。这是因为公诉人非常希望套取辩护人无罪辩护的意见和理由，好在法庭上进行反驳。法官为了在法庭上能够控制局势，也往往帮助检察官，希望我们的辩护思路过早暴露。这里，其实还存在一个问题，我们的辩护思路其实还无法这么早确定。因此自庭前会议到正式的开庭审理，辩护思路都存在变化。我有过这样的经历，在开庭前写了很多辩护意见，但到了法庭上却没有用到，为什么？因为庭审瞬息万变。尤其是共同犯罪的案件，预审笔录中都是被告人认罪，并将犯罪指向老大，作为老大的辩护人，我在庭前准备了很多问题，要把第二、第三被告人的预审笔录推翻。但到了开庭审理阶段，第二、第三被告人却主动一致地把预审笔录给推翻，把责任全往自己身上揽。这时候，必须及时放弃庭前准备好的问题，因为此时的情况已发生改变。谈到阅卷问题，在这里我希望往深里谈的一个问题是，我们要“依靠案卷而不能依赖案卷”。我们通过阅卷了解案情，但如果我们把这些案卷当真了的话，我们则会被案卷牵着鼻子走，从而在法庭上放不开手脚维护被告人的合法权益。所以，阅卷很重要，但不是全部。应该亲耳听自己的当事人在法庭上的发言，更要听我们从未谋面的同案被告人在法庭上的陈述，这才是我们辩护着眼点的依据。至于辩护思路，我的经验是，往往在开庭前准备了几条要在法庭上阐述的问题，但实际上经过法庭调查，经过同案犯的口供、证言之后，我会发现，部分庭前所准备的观点已经不能当庭表达了。比如，对预审笔录的反驳观点，由于同案其他被告人自己已经推翻了预审笔录，则不需要我们再发表反驳的观点了。在删去已经不适宜的观点之后，我们还应根据庭审实况，增加其他的观点。法官、检察官特别想知道辩护律师的辩护思路,因为检察官的公诉意见由于需要提前通过领导的批示,所以一般不会改变,所以我们在法庭上会看到公诉意见是宣读的。而且公诉意见与刚经过法庭调查所呈现的案件事实有一定的区别。有经验的公诉人在念完公诉意见之后,往往会再补充几点,而这几点至关重要。所补充的这几点是根据庭审实况临时总结出来的,一定是法庭辩论的焦点。辩护律师也需要依据法庭的变化和调查总结出新的辩护观点。接下来,要仔细倾听公诉人发表公诉意见后所补充的几点意见,这是法庭辩论中至关重要的基础。

上面说的所有的这些问题都不能迈过当事人。换言之,这些问题是不可以在庭前会议中说出来的。我的办案习惯是在开庭之前"给被告人上庭前辅导课"。这个时间点卡在开庭审理的前一天下午。我把法庭的标准程序先说一遍,然后告诉他,本案在开庭审理当中的关键点。我会怎么发问,检察官怎么发问,法官会怎么问。这几个点怎么回答由被告人灵活掌握,但主导思想只有一个。我会把开庭审理中所有的相关问题在这次庭前辅导课中都跟当事人说完。但有可能出现的情况是,本来在庭前已经与被告人约定好作无罪辩护,但他想了一夜之后,第二天还是作了罪轻辩护。那么,作为律师只有两条路可走,一条路就是我跟着他作罪轻辩护。但我个人认为,虽然律师独立辩护,不独立于当事人。但在无罪辩护上,我们发表的观点,只要是有利于当事人的,可以独立于当事人。我会这么说:"被告人刚才所做的认罪供述,作为辩护人,我理解他的态度。这反映出其主观上的悔过表示。但作为律师,作为法律人,我们还是要讲证据,本案指控被告人的证据存在着如下的瑕疵:一、……;二、……;三、……所以,本着疑罪从无的规则,现有的证据不足以证明其有罪,应当根据疑罪从无认定其无罪。"我认为在被告人认罪的角度上,还是有作无罪辩护的空间的,不需要在这方面把自己限制得太死。这样的辩护思路在庭前会议中同样确定不了。所以,对于辩护思路,我个人认为早说无益。

我相信在 2013 年 1 月 1 日庭前会议推广之后, 会大量出现法官、检察官利用庭前会议套取律师的辩护思路,挤压被告人权利的空间的问题。

此外,非法证据的排除会成为庭前会议中纠缠最大的问题。因刑讯逼供、暴力取证所产生的非法证据该不该排除,这个问题的争议可能会使本来20至30分钟的庭前会议延长至半天甚至是一天。这是需要引起大家注意的问题。

我个人认为，对于非法证据的排除，应当列入正式审理中的质证环节。但这次法条将其放入庭前会议中，我认为立法机关是为了减轻审判的压力。但是非法证据排除是实体审理中非常重要的一部分，而不是程序问题。但法条已经这么规定了，我们也没有办法，但一定要注意不要让庭前会议变相地剥夺被告人的质证权。

问题6　专家出庭

新《刑事诉讼法》第192条规定了专家出庭事宜，规定公诉人、当事人、诉讼代理人可以申请有专门知识的人出庭。这一条规定是我国《刑事诉讼法》的重大进步。

在国外，早就有专家证人出庭制度，而在我国这几十年来的司法实践中，需要鉴定的案件，都是由鉴定结论牵着判决的鼻子走。对于伤害案件，重伤或者轻伤，直接决定最后的判决。往往案件本身没什么好审理的，一切以鉴定结论为准，而鉴定往往是很专业的问题，法院很少能够否认鉴定结论，除非有级别更高的鉴定机构出具鉴定结论能够否定级别较低的鉴定机构出具的鉴定结论。

在今天的社会上，鉴定结论有可能被伪造，也可能因鉴定人员收黑钱而作伪证。对于虚假的鉴定结论是要负刑事责任的，但是，这么多年来，未曾出现过鉴定人因出具虚假的鉴定结论而受到刑事追究的情况。在司法实践中，鉴定结论一直处于一个很高的地位。我曾办过一起案件，对同样一种伤，区级公安机关作出一个"轻伤上限"的结论，被害人找到了市级公安机关，结果市级公安机关出具了重伤鉴定。

最后在法庭上，我把两个鉴定结论的司法鉴定人都请到了法庭上。由于控辩审三方都不是医疗专业的人士，结果我们在庭上听了两方的论证都觉得很有道理，不知如何是好。这次新《刑事诉讼法》规定专家证人出庭制度，我认为是一个非常好的事。但作为律师，在司法实践中，又会遇到许多新的问题。

谁找专家证人？谁支付专家出庭费？如果是家属找，那么律师一点儿责任都没有。但事实是家属往往不懂，只能委托律师找。那么，可能出现这样的情况：这些专家会被很多案件的律师家属邀请，费用是从我们的律师费里出，还是家属直接出？如果是家属出，那么律师在这之间起到的作用是什么，是中介作用，牵线搭桥吗？请来的专家在法庭上跟鉴定人 PK，但是败下阵来，这个责任谁承担？家属可能建议把鉴定人求学期间的本科、硕士或博士生导师聘请过来出庭，认为这样的把握更大。这时候家属一定是不惜血本的。但临开庭时，这些专家由于种种原因无法及时出庭，能否以此为由申请延期开庭？

以上这些，都是司法实践中应该考虑的问题。

问题 7　简易程序

新《刑事诉讼法》第 208 条规定了简易程序，简易程序的推广带来了我们业务结构的变化。

传统的简易程序包括两部分：3 年以下简易程序、3 年以上认罪的案件普通程序简易审。在司法实践当中，使用简易程序审理案件，公诉人往往不出庭。书记员实际上成为简易程序案件中真正的承办人。他们拿着起诉书向主办法官汇报，将来他还要写判决书，提讯被告人等所有的事情都是书记员在做。

到了现在，这样的案件扩大到 15 年有期徒刑，基层法院所有的刑事案件都可以简易审理。这样一来，会导致“普通程序简易审”这个概念被取消，一律变成简易程序案件。只要被告人认罪，证据确实充分，就走简易程序，这是为了解决基层法院效率问题。

我个人认为，在中国的法治进程当中，这个思路的确定是好的。重大案件、无期、死刑这一类需要开庭审理，而简易程序是为了高效。我国平均一年大概 150 多万起刑事案件，经过统计约三分之一的案件是 3 年以下有期徒刑的案件，有三分之一是 15 年有期徒刑以下的案件，这两类案件占了 70%左右。

换句话说，新《刑事诉讼法》出台后，从 2013 年 1 月 1 日开始，对于刑事案件。只要是被告人认罪的，证据确实充分的，将有 70%的案件，为了解决高效的问题，会按照简易程序审理。新《刑事诉讼法》第 208 条一经推广，从某种意义上讲，刑事律师的业务会萎缩，很多案件就不需要律师了。对于当事人的选择上看，走简易程序还是普通程序，成为了罪轻辩护或者无罪辩护的分水岭。

律师真正介入到简易程序的案件以后，我们的工作是什么？量刑辩护，这是律师业务的新变化。我预测，无罪辩护的数量，由于简易程序的扩大化，会变少，而量刑辩护会增加。因此，需要对量刑辩护重新进行认真的学习。

问题8 发回重审案件

新《刑事诉讼法》立法中一个很大的变化，就是发回重审只能一次而不能多次了。

我们律师遇到已经发回重审过又提上来的案子，应当怎么办？只要正式开庭审理，那么就意味着这样的案子是一裁终局。判决结果就是最终的结果，再也没有回旋的余地了。

这时，我们对证据应当怎么把握？对案件应当如何审理？这是应当注意的问题。

在普通的一审案件中，如果专家证人临时有事该出庭而无法出庭，而这个案件就这么判了。我们到了二审的时候，可以因一审有程序上的问题，提出发回一审重审。但到了二审，这个专家，或者关键证人不出庭时，我们必须要求休庭，因为已经没有回旋余地了。

法律有规定如果有重要的证人应当出庭而没出庭将如何处理，却没有规定辩护人聘请的有专门资质的专家证人应当出庭而没有出庭应如何处理，这是否能成为休庭的理由？

因此，对于发回重审后又提上来的案件，对于包括程序问题、实体问题都要引起高度的重视。这样的庭审，不论压力或重要性均远远超过了一审或者二审。

问题9 特别程序

很多贪官席卷了国有资产外逃，他们的汽车、房产等不动产不能随身携带，而这些外逃的贪官就留在国外不回国了。由于无法认定他们的罪行，对于这些贪官(犯罪嫌疑人)，我们无法没收他们的财产，也没办法变现，只能任其空置。对于这些财产应当如处置？对于这种情况，由执法部门反映到立法部门，加快了这一程序的颁布。

作为律师，当我们介入到这一程序中，我们的工作是什么？答案是“把违法所得和合法所得切开”。

这些外逃贪官的家属、亲人仍未出国，他们担心国家将这些房产等一并作为违法所得没收而致使当事人的合法权益受到侵害。这个程序并不是对被告人的缺席审判，而仅是没收被告人的违法所得。

打比方说，被告人 10 年前拿 200 万元买 一套房，其中，100 万元是由家庭财产支付，而另 100 万元是违法所得支付。10 年过去了，这套房如今值 1000 万元。如果通过司法拍卖将这套房子拍卖出去了，家属是该拿 500 万元，还是 100 万元？这一孳息应属于犯罪孳息还是合法孳息？还是应当扣下 100 万元违法所得，其余 900 万元归家属所有？亦或者是扣下 900 万元，给家属 100 万元？这一界定的规则是什么？更重要的是，如果这 100 万元是违法所得，如何证明？被告人并未出庭，其他行贿人等人的证言是否能成为证明违法所得的证据(证据采信的依据)？我们律师应当怎么反驳？

这是我们辩护律师辩护的空间。

演讲4 新《刑事诉讼法》的若干规定在司法实践中的运用

——人大律师学院第四届“刑辩班”讲座(2013 年)

人民大学律师学院不知道从什么时候开始,形成了这样一个传统,每一期刑事辩护班的第一讲都是我来讲,起到抛砖引玉的作用。从教学的角度上讲,我希望大家带着问题来听课,我的讲课也会从当前刑事司法中的问题中引发一些思考。这里没有标准答案,一家之言,供大家批评。大家一起共同探讨、切磋技艺。

我们从李庄案讲到贵阳小河案,再到今天刘志军案、薄熙来案、李某某案,有人开玩笑称为“留薄礼”,没有留下贵重的礼物。这些案件,不仅仅是法律人所关心的,更是老百姓茶余饭后的谈资。

这几个案件,恰恰反映出的新《刑事诉讼法》中的几个问题。通过这些问题折射出刑事辩护领域里出现的新问题。

从刘志军案,看庭前会议制度

刘志军案是我职业生涯中一个比较特别的案件。开完庭后自己感觉很满意,结果一上网发现自己被骂得狗血淋头。到底怎么回事?从对案子的驾驭来看,我个人觉得没有什么问题。但为什么社会反响这么大?

这件事情,使我明白了几个道理:第一,作为专业律师,我们往往只从专业角度考虑这个问题,很难超越案件谈案件。律师在办理案件的时候,既要就案论案,专心致志地办理一个案件,还要具备跳出案件站在社会的角度考虑本案的能力。这是我们以前从来没有考虑过的,给了我很大的启示。第二,以前总以为不言自明、清者自清,说好听点儿是沉默是金,说不好听点儿则是“鸵鸟政策”。在当今的自媒体时代,我们应该这样吗？我们是不是应该有一个积极的回应？很多的机关部门不愿做、不敢做、不能做，有它们各种各样的理由。但是律师不一样，律师是“活”的。对于社会上的各种议论我们要有一个反馈，做正面应对。所以我就开始解释这三个半小时的庭审，虽然原计划开一天的庭，最后从八点半开到了十二点，虽然这是审判长把握的庭审节奏，但有一个重要的原因就是大量的证据已经在庭前会议出示完了。“庭前会议”这四个字，别说社会大众不知道，就连相当多的律师也没有接触过。2013 年 1 月 1 日实施的新《刑事诉讼法》第 182 条规定了庭前会议，所以我今天首先要讲的恰恰是庭前会议的问题。

按照法律规定，庭前会议是解决庭前程序上的问题。但是最高人民法院出台的[2012]21 号司法解释第 184 条第二款规定，“审判人员可以询问控辩双方对证据材料有无异议，对有异议的证据，应当在庭审时重点调查，无异议的，在庭审时举证、质证可以简化”。这个规定意味着，庭前会议可以切入案件本身的实体内容。

司法解释超越了法律规定的边界，不管其合理与否，它是生效的条款。我们在此不讨论它是否合理，立法为何如此规定，立法本意在哪？国外早已有了成熟的庭前会议制度，但在中国却是案件直接催生这一制度，据我所知是因为贵阳小河案。关键的实体问题和各种各样的程序问题混在一起，使庭审拖沓得很厉害，促使最高法院推出了庭前会议制度。这使得法官原本的一步走，变成两步了。对于普通程序审理的案件，特别是不认罪的案件，法院百分之八九十使用的都是庭前会议制度。这使得律师的辩护工作向前延伸了，庭前会议实际上已经是法庭辩护工作的开始。

我归纳了庭前会议的四个特点：第一，不公开，庭前会议是不对社会公开的；第二，庭前会议可以开多次，没有法律规定庭前会议只能开一次；什么时候开、怎么开，是法院主导的；第三，庭前会议律师的发言与法庭的发言具有同等效力；第四，庭前会议的目的是理清本案争议焦点。

庭前会议由于可以直接切入案情本身，使得法官往往更加重视。法官希望案件公开审理的时候越简单约好，矛盾突出、焦点突出，事实审理清楚了，审判起来就简单、容易多了。检察官希望通过庭前会议知道辩护律师的主导思想和辩护观点，以便在庭审的时候及时应对。作为辩护人，在本案中的辩护焦点我们应该坚决提出来，画出一道明确的“三八线”。如果我们在筛选当中把重要的辩护焦点给遗漏了,那么就等于失败了一半。

庭前会议制度中会出现被告人到庭或者不到庭两种状态，这其中辩护律师的工作有很大差别。被告人到庭的案件,如刘志军案件。庭前会议是在羁押场所进行的,公诉人、法官、律师,扛着所有的案卷材料赶到秦城看守所。整整一天的庭前会议,直接切入了案情本身。如果被告人不在场，辩护人能否代替被告人承认证据呢?在法理上来说是可以的。但是在实务操作中,这样就等于变相地剥夺了被告人的质证权。

刑事案件与民事案件中,当事人与律师的关系完全不同。在民事案件中,只要当事人授权,那么,他就可以一句话都不用说,由律师全权代理了。但是刑事法庭上,法官绝对不会越过被告人只问律师,被告人与律师是两个独立的主体。庭前会议则恰恰相反，法官希望被告人和律师是一个主体。从理论上说,被告人与律师还是两个主体,但在庭前会议中则简化了。当我们与被告人沟通好了之后,庭前会议就可以简化。比如刘志军案,他的任职,他从一个临时工走上了正部长,这已经是一个奇迹了。但他的履历、简历在庭上就一笔带过了。此外,还有一些基本案件,他表示全部承认,律师也只能尊重当事人的意思表示。我们也只能且必须认可。虽然对于一些证据我们也提出了我们的疑虑，在会见的时候跟当事人也做过沟通,但是被告人有被告人的道理,所以只能尊重他的意思。

被告人在场的庭前会议,法官、检察官、律师、被告人的要求很容易达成一致，但被告人不在场的庭前会议占百分之八十。这是因为法院警力有限,法警要去看守所把被告人提出来,法院承担不了这么大的警力。所以不太可能到看守所开庭前会议,一般都是在法院举行。绝大多数的庭前会议,是在被告人没有到场的情况下召开的。在很多案件中,庭前与被告人沟通好了,却发现根据庭审的变化他自己就改变了,这个时候我们不能做第二公诉人,我们只能跟着去改变。

我认为,被告人的质证权非常重要。我们大量地替代被告人质证的时候,实际上剥夺了被告人的质证权,成了民事代理律师。由于被告人不到场，很多证据我们需要在庭审的时候展示。对于非法证据排除的规定,实际上就使得案件进入实体了,对哪些证据需要排除,庭前会议应该解决。这不妨碍在庭上由于被告人对某个证据的看法发生了变化,而重新启动非法证据排除程序。

辩护律师在庭前会议应该准备哪些材料?第一,证人出庭申请书;第二,延期审理申请;第三,申请法院或者检察院调取证据函;第四,变更强制措施申请。除此以外,还要准备“吵架”。当被告人不出庭,而法官强迫律师认可某些证据的时候,律师要把持住。庭前会议有被告人到庭的,要完全等同于庭审。相当于多次开庭,把重点往后放。

由于庭前会议而造成的庭审中的变化,我认为是正确的。正式庭审的时候就是应该突出焦点问题,双方进行充分的质证、辩论。而对于庭前会议中对其他部分进行梳理,对案件是有利的,同时也对律师提出了更高的要求。千万不要认为庭前会议只是走形式。在有些案件中,庭前会议更为重要,庭审反而变成了过程,这都是有可能的。因此,不要忽略了庭前会议的作用,这是对辩护律师提出的新的要求。

刘志军案,正是由于庭前会议刘志军在场,在庭审中对案情的焦点,控、辩、审三方进行了激烈的交锋。针对丁书苗为刘志军花的钱是否是给刘志军的钱,我认为从法理上很值得探讨。虽然当事人对我的要求是“最好的辩护是不辩护”,但是指定辩护区别于接受委托的案件。如果是委托辩护的案子,被告人说不辩护,我让他把字一签,律师费一退我就走了,很简单。但是,刘志军案是法律援助案件,是指定辩护,这是义务。

网上很多人问,为什么指定我作为刘志军的辩护人而不是别人?因为北京有个得天独厚的条件就是首都,中央办理的一系列的案件需要律师的基本条件都是从在北京执业的资历较老的刑辩律师中找。以前也有高官指定辩护,只是没有刘志军这么有名。

北京资历较老的刑辩律师每年都会被指定做一些法律援助案件。根据《北京市法律援助条例》的规定,对指定的案件,律师是不可以“辞去”的,否则是要受处分的,这是义务。对于犯罪嫌疑人,他有辞去法律援助律师的权利,但是只能辞去一次。

我当时也跟刘志军说:第一,我要履行辩护律师的职责。至于怎么履行我们之间做协商、沟通。这是服务和被服务的关系。第二,你可以辞掉我,我不能辞掉你。你如果辞掉我,白纸黑字写清楚我马上就走。

法律援助中心会撤回对我的指定,马上为你指定第二个律师。但是第二次指定是强制指定,不能再被辞退。律师和当事人之间需要讲得清清楚楚。指定辩护的硬性规定使得我跟刘志军之间,双方的太极推手过招了好几个回合。绕了半天,他还是希望我别辩护。最后我们约定,我不是你事实部分的参与人,我不干预;但对于法律层面,你不要干预我。我必须要避免在法庭上出现当事人阻止律师作辩护的尴尬情况发生。这就促使我们之间要进行充分的沟通,达成一条“三八线”。哪些属于被告人认定的事实,我不干预;哪些属于需要专业人士提出专业观点的地方,你尊重我的专业。

在庭审中, 被告人和律师的沟通非常能体现辩护律师的基本素质。犯罪嫌疑人,特别是前高官,他们的阅历、眼界,可能比我们这些专业人士强得多。除了刑法专业,他们的综合素质可能远在我们之上。不能低估他们对事物的判断能力,也不能把我们的思想强加于他们。

我非常尊重我的当事人,非常重视与他们的沟通。我跟刘志军,最开始从书谈起。他不愿意跟我谈法律,他说“谈高铁心疼,谈法律头疼”。跟当事人有了基本的沟通之后,再逐步涉及案件,逐步划清我们的界限。

律师要有个基本的心态,绝不是居高临下地指挥当事人。前高官案件在最后一次会见的时候,我都希望跟他们多谈一下,聊聊社会现象。这些人平常都很忙,只有被抓进去了才有时间反思、想问题。正是因为我们有这种谦卑的精神、认真的态度处理案件,才构成了我们与当事人之间沟通的平台和基础。

从薄熙来案,看证人强制出庭制度

《刑事诉讼法》第 188 条规定,“经人民法院通知,证人没有正当理由不出庭作证的,人民法院可以强制证人到庭,但是被告人的配偶、父母、子女除外。”这一规定是我国法治的很大进步,把我国传统的“亲亲相隐”的文化在法条中体现出来,家庭的亲情伦理高于司法公正伦理。

对这条规定,我有三个解读:第一,以前证人出庭是自愿的,现在有了强制出庭权(亲属除外);第二,亲属可自愿证明亲人有罪,而且证言是有效的，但法律不强制亲属作证；第三，这一条规定仅限于“入罪”的指控，禁止强制亲人作证。

那么，“出罪”呢？在薄熙来案开庭时，薄熙来多次要求妻子薄谷开来出庭作证，但是法院均依据第188条以她不愿意出庭为由拒绝了。这个拒绝分两种情况，第一，证人在出庭作证前已录过像，因此而不愿再出庭作证；第二，薄谷开来如果知道薄熙来作无罪辩护，法庭要求薄谷开来出庭质证，以期达到“出罪”的目的。那么，此时薄谷开来拒绝出庭的话，济南中院作出的决定就是没有错的。因为他既要保护薄熙来主张证人出庭的感情，还要考虑到薄谷开来对于感情的尊重。现在的情况是，我并没有看到第二种情况，看到的是第一种情况。薄谷开来完全不知道法庭的情况，因为她是被羁押的，这种情况下要求其出庭作证，谁都会选择拒绝。所以，法院依据该条简单地拒绝了薄熙来的请求，我认为，这个案件在法庭的把握上并没有做到位。

如果换成是我该如何做？首先，我要提出立法本意。这个立法本意强制出庭的是“入罪”的情况，如果是“出罪”的能否强制？只要证人同意可以强制，如果不同意则不可以强制。证人如何知道？作为辩护律师是否可以要求出庭？或者与薄古开来沟通。被告人要求证人出庭一定是证明自己无罪，不是证明自己有罪。如果薄谷开来实在不愿意出庭，那么这项工作到此结束。所以，这项工作是不是应该做呢？律师的作为和法院对第188条的理解可能有问题。我分析，薄谷开来不知道庭审的真实状况也不可能知道薄熙来要她出庭的真正动机。

将来证人出庭会越来越多，薄熙来案开了一个很好的先例就是在押嫌疑人出庭。我们可能会遇到亲人强制出庭的问题，一定明确，第188条的立法本意在“入罪”上而不是“出罪”上。

从李某某案，看辩护律师策略制定及与媒体关系

李某某案反映出了很多问题，该案最大特点是涉及隐私和未成年人的案件是不允许公开的。但是该案在庭前就被披露出去了，引起了社会的广泛讨论。

第一，如果李某某的父亲不是李双江，该案绝对不会有这么多人关注;第二,这个披露,是律师披露的,还是社会上其他人披露的,这个披露有什么好处吗?

这就给了我们一个新的思考:律师与媒体之间的关系问题。

律师向媒体这种披露应该披露到什么程度?侦查阶段,审查起诉阶段,审判阶段的开庭前、开庭后,一审判决之后,二审判决之后,还是待事件彻底走入历史之后?

在任何阶段,律师面对媒体,我认为是有严格的区别的。而且每个案件对待的方式不一样。有些案情是绝对不可以披露的,比如,你在案件中看到的证人或者受害人的名字、家庭住址、家庭情况、所在工作单位等纯私人信息,这些信息在案件里一目了然。但是在本案的任何阶段,甚至二审结束后都是不可以向社会公布的,辩护律师必须履行对这些私人信息终身保密的义务。公民代理有别于职业律师,没有阅卷权就是这个道理。刑事案件的特点就在这里。

我们应明白,刑事侦查机密仍然是《保密法》"管辖"的一部分。我们经常在案卷中看到"庭审前机密"字样。律师过早地披露案情,有两种目的:第一,给自己做广告;第二,借助社会舆论,希望通过舆论给司法机关施压,以期得到对自己的当事人有利的判决。而这种希望的结果却经常适得其反。律师与媒体之间的关系,以及李某某的律师对案件的把握这方面是需要我们研究的。如果我们是李某某的辩护律师,我们会怎么做?

顺便说一个问题,是同行之间的关系问题。

作为外人,无法理解辩护律师在看完案件材料之后的压力;作为同行,不同的学术观点可以探讨,但是一定要尊重同行。吵架是没有赢家的,会使我们这个行业的颜面丢光。同行之间,要相互尊重、理性探讨,而不要落井下石。

在制定辩护策略的时候,要制定多套辩护方案。

李某某案,所有人都作无罪辩护是第一套方案;所有人作罪轻辩护,而我继续作无罪辩护是第二套方案;当所有人都作罪轻辩护,我也退一步作罪轻辩护这是第三套方案;别人都不认罪而我认罪了,求得当事人利益最大化为第四个方案。在这些方案中,作为辩护人,要把几类情况都想到。除了跟委托人沟通外,对被告人的庭前培训极为重要。

李某某案件中,重点不是李某某与受害者之间有没有发生性行为,而在于是不是“强迫的”,是不是构成强奸罪。庭前培训直接涉及在法庭上的配合。辩护律师要与委托人进行充分的沟通,最终上庭的是被告人,并请委托人尊重当事人的意见。

此外,作无罪还是作罪轻辩护?如被告人要求无罪辩护,律师必须尊重当事人,作无罪辩护。我们可以作罪轻辩护吗?除非这个案件很特殊,辩护律师从策略上进行考虑,或者辩护律师有更高一级的技能,且经过被告人同意的,可以作罪轻辩护。但从整体上来讲,律师是不能做第二公诉人的。当被告人作罪轻辩护时,辩护律师是可以作无罪辩护的,但也需要征得当事人的同意。

在这个案件中,当被告人作无罪辩护的时候,律师作有罪辩护的依据是什么?这里面产生了一个职业伦理的问题,这个问题,我始终认为是一个很值得关注的问题。作为同行,作为专业人士,特别想知道当时的情况。作为法官在把握一个案件的时候,照理说当被告人作无罪辩护,律师作罪轻辩护的时候,法官应该马上询问被告人:“你是作无罪辩护,你的律师作的是有罪辩护,你是坚持律师的观点还是坚持自己的观点?”我认为法官应该做这样的询问。

几年前,北京昌平区法院审理过一起案件。被告人被指控犯诈骗罪,被告人作无罪辩护,而辩护人却说该案不仅是诈骗罪,而且还是金融诈骗罪,被告人当庭就提出解除委托。这是真实发生的一起案件。我们律师虽然拿的是委托人的钱,但我们更应该忠诚于自己的工作对象,即当事人而不是委托人。

律师的独立辩护到底应该独立到一个什么程度?是不是可以违逆委托人的意思,在法庭上与委托人反着说?这是一个核心问题。从目前的主流观点来看,我们均认为,律师的独立辩护绝对不能独立于自己的当事人。对于李某某案,我最初认为是李某某的辩护律师的辩护策略不到位。如果在庭前会议中,当其他被告人都认罪了,李某某是否还应该坚守自己的观点?但后来,我才发现不是这么回事,是被告人不认罪而律师认罪。这马上就引申出了一个职业伦理的问题。

这个案件所折射出来的,是律师与委托人之间,律师与当事人之间,律师与同案律师之间,律师与新闻媒体之间,如何沟通与把握的问题?李某某案一下子就把这些问题全部带出来了。

我提出这些问题，本身还没有答案，处于辩护律师的位置，我们未必比他们做得更好。我们也许有很多的无奈，没有外界所说的那么简单。这个案件所反映出来的律师在这个行业中的表现，值得大家思考。

对于大家关心的热点案件，在此没有任何结论性的意见，仅给大家做一个思考。正确的说法是什么？没有。因为：第一，我们今天认为正确的做法，若干年后回头看却不一定是正确的；第二，我们不要把自己的想法强加于别人。很多人认为自己的就一定是正确，别人就得按自己的想法来做。这种强加于人的想法同样是对同行的不尊重。

理性、平和地看待每一个案件，才是专业人士应该做的事情。外行看热闹，内行看门道。内行在社会上占极少数，外行则占极大数，要不怎么体现出我们是内行呢？当别人热血冲头作道德、是非评价的时候，律师应当客观地作法理评价。

譬如李某某案，受害人该不该出庭？法官说受害人身体不好所以不出庭。但是对于一个至关重要的证人，如果受害人确实因身体不好，律师是不是可以要求延期审理，等她身体好了再出庭？举报是一个公民的权利，举报后出庭作证却是公民的义务。

在李某某案中，被告人和被害人之间是否有性行为是第二位的；而第一位，是不是强制发生？我们专业人士更关心的是，是不是违背妇女意志？这是强奸罪中最主要的一条，本案中是否充分有证据体现出来？所谓“违背妇女意志”，分三种情况：第一，纯粹实施暴力，这肯定有伤；第二，以暴力相威胁；第三，麻醉、醉酒。这三种情况可以被认定为违背妇女意志的强奸犯罪。而这三种情况都需要被告人和被害人之间当庭对质。

作为律师，不考虑该案的社会舆论和背景如何。我们把社会问题、政治问题法律化、法治化。我们作为法律专业人士应该按照法律的规定、标准来衡量、判断，站在理性、法治的角度上看待。无论现在的老百姓的观点如何左右摇摆，如何讨厌“官二代”、“星二代”，这些大众的情绪是吹不倒“以事实为依据，以法律为准绳”这棵大树的。作为专业人士，我们要坚守法律这棵大树，无论风吹得枝杈如何左右摇晃，风就是风，吹过之后这棵大树还是这么坚强地立着。这是我们的根，这是我们所受的教育，我们的理念。这就是法治主义。

通过以上的几个案件,都指向了下面几个问题。

律师和新闻媒体的关系

我把媒体分成了三类:第一类是电视;第二类是报纸、杂志;第三类是自媒体,如微博。同样一句话、同一个意思表示,通过这三类媒体可能变成三种完全不同的结果,造成三类完全不同的社会效果。

第一类是电视。基本上是正能量,负能量播不出来。而且电视还能删减,负能量的都被删减掉了。

第二类是平面媒体,报纸、杂志。中国记者和外国记者有一个差别,就是外国记者很尊重采访对象。他们会问你,这句话我可以报道吗?那句话我可以报道吗?外国记者在采访我的时候,经常问这样的问题。而中国记者不会,你说的每一句话都有可能上报纸。当记者把录音笔放在你面前后,记者提问,你会完全忽略了哪些是可以在报纸上说的,哪些是私下聊天。

作为法律专业人士,你说的话是法律关系的核心,以此证明你办理这个案件的合法性、合理性,这是每一个专业人士面对媒体的时候想达到的目的。但是记者不这么想,他们更关心是否吸引眼球。他们不会通过报道来证明你是一个正确的律师,你的案子办得漂亮,这不是他们的职责。他们的关心点是新闻的噱头。作为刘志军案的辩护律师,我一些不注意的言论被记者拿到报纸上大做文章,而对于我对本案的观点,他们要么就一笔带过,要么就什么都没说。

你不能要求记者是法律人,但是作为法律人,我们应要求自己懂得"换位考虑"。

对于平面媒体,我们不能要求记者以法律人的思维来思考,只能要求自己具备新闻人的思维。这就是我们常说的一句话,分清客观事实和法律事实。客观事实是我们心知肚明地知道我们在做的事情;法律事实是你的外在表现,通过媒体,你所想表示的一、二、三、四、五,最后通过媒体表达出来的却是一、五、六、七、八、九、十。核心的二、三、四他们没说,却给你附加了六、七、八、九、十。

跟媒体之间的沟通,我们要注意双方的立足点、侧重点不同。比如说刘志军案，检察官直接在法庭上讲出了被告人有如下从轻情节，这是一个技巧，以显示司法公正。既证明被告人有罪、罪重，又显示了罪轻、从轻情节。公诉人有这个权力，但我们律师不能去指出被告人有罪、罪重。

庭后，记者问我对公诉人的看法如何看待，我说公诉人还是很客观的，他讲述了被告人罪轻的情节。记者又问我："有检举揭发吗？"我说："被告人没有检举揭发的表现。"结果记者把这个放到网上，标题为《公诉人说当事人有罪轻情节，辩护人说当事人没有检举立功》，他们把律师和公诉人做了一个大换位，这让我百口莫辩。他们把法庭上的语言和庭下的话放在一起，这样张冠李戴才最有新闻噱头。(这种做法)直接侮辱了我作为律师的人格，以至于我花了很多时间来澄清这个问题。

在刘志军的案件上，这是我的一个教训。

刘志军的罪名是滥用职权罪，无论其如何滥用职权，他个人都是不得利的。他把四个项目交给丁书苗去做，丁书苗由此获利 39 亿元，但这 39 个亿没有给到刘志军手里。而丁书苗把这些钱买了 374 套房、股票等。检察官为了证明这些房产已经被查封扣押冻结了，没有对国家造成损失，即被告人滥用职权的行为给国家造成的损失已经挽回了，把这些行为都罗列了出来。记者却把丁书苗买的 374 套房子直接挂到了刘志军的名下，于是刘志军就"有了"374 套房。马上就有人计算出这 374 套房子价值最低 80 亿元。

老百姓根本不会去做贪污受贿和滥用职权之间的法律区分，记者也不会去做区分。把 374 套丁书苗买的房子直接挂到刘志军的名下，法律专业人士都知道这是不对的。但是记者这样说，新闻就有了噱头，达到了夺取眼球的目的。

当我们面对新闻媒体的时候，无论主流媒体还是街头小报，要明白记者绝不可能是你的广告推销员。所谓"防火防盗防记者"，记者的关心点、利益点、新闻点和你的点是岔开的。

第三类是以微博为代表的自媒体，这是一个言论自由的平台。今天的微博和几年前的微博有一个最大区别，就是理性的声音越来越少，发怨气的越来越多，尤其是草根阶层。遭遇到不公平对待的、房子被强拆的、经济上遭受巨大损失的、对社会对政府有怨气的，他们每个人发出的都是打击司法机关、打击政府的声音。没有记者采访他们，官员也不理他们，而在微博中，会在你的话中找到一句话符合他们要求的话发出来，断章取义，并作为个人情绪的发泄点，然后引起别人误解，而你自己却有口难辩。

微博上的负能量太多了，这是社会矛盾在中国社会的体现。它和电视媒体正好相反，这是我们这个社会多元化走到信息社会必然的产物。当你的某些纯学术观点在微博上发表以后，他人未必理性地、客观地来看待你的微博，而是在你的字里行间中找到满足他要求的、心理需要的东西来借题发挥。我不是提倡大家不要玩微博，而是提醒大家在微博上谈案情或者发泄某些对案情不满时应小心被别人利用、扩大、拔高、扭曲，而最终的根源在于你自己。

微博所体现出来的法律关系、社会关系会使你发现，这些问题我们根本控制不住。比如说，清华大学某教授说了一番对良家妇女的侵害哪个重哪个轻的话语。这些拿到学术研讨会上大家都觉得很正常，理性的沟通都没问题。但是拿到微博上，他的学术语言当天就被 6 万人民给淹没了。就是因为微博平台在今天已不是一个理性的平台，理性的占少数。

面对微博，我们所要做的事情又不一样了。

辩护词能不能在网上披露

我和娄秋琴律师办的刘志军案的辩护词，很多人要求我们发到网上披露。我坚决反对，不是不能披露，没有任何法律规定不准披露。但是，我担心的是一旦披露出来以后，又有一拨人会站在各种角度评论这个辩得对、那个辩得错。经过一堆“高参”评论之后又拔高到一个政治高度。何必惹麻烦。

如果开案例研讨会，我可以把起诉书、辩护词、判决书，拿出来供大家一起探讨。辩护点对不对、切入点对不对。但是，你如果在微博上把它晒出来，想达到什么目的？没有目的的行为，我们要为此买单。有目的以后，能不能达到目的？又是一个技巧、技术上的分析。

为什么李某某案的辩护词在网上可以查到，到底是谁泄露出去的？拿到网上来公布，是否构成对他人隐私的侵犯？是否合适？如果起诉律师,律师要证明这个辩护词是怎么传播出去的。

作为律师,我不主张"鸵鸟政策"。公众知情权很重要,阳光是最好的消毒剂。我们在不侵犯当事人利益和社会公共利益、国家利益、个人隐私的情况下,就应该公开出来。让老百姓有知情权,这是法律工作者的责任,这是民主与法治的表现。但是我们所发出来的信息的范围、边界是要可控的。对我们刑辩律师来说,自媒体舆论场是一个全新的战场。我们共同面对的是在自媒体时代,在各种媒体的冲击下,我们应该保持什么样的态度和方位。

对媒体的把控,我们要换位思考。要有不同的表达方式,拿不同的标准来衡量。回过头来看李某某案,是否是一个失控的状态。我希望达到的效果和实际达到的效果之间有一个距离, 但这个距离越小越好。我们一定要明白,这个距离是我们要努力弥补的,那就是我一定要知道大家是怎么想的。作为律师,换位思考,法庭上我提出的每一个辩护意见不仅要有应然性,还应当有实然性。换句话说,是要法官听得进去的意见。我们真正要达到的效果是法官能够听得进去的效果。我们要达到的效果不是哗众取宠,更不是借助媒体给法院施压。

我始终认为,刑事辩护律师的辩护技巧、技能中,不应该包括借助社会舆论给法院施加压力这一条。我们是职业律师,专业人士,应该从专业、技术的角度跟公诉人对抗,提出切实有效的、有可操作性的、法官能够听得进去的辩护意见,而不是一个表演,不是借助媒体来这样做。

这里要提一下"公开表演"与"公开审理案件"的区别:看表演,少演一幕的话我会要求退费,因为观众是主角;而公开审理,法官是主角,案件是主角,旁听人员不是主角。在法庭审理中,哪些简化出示,哪些详细出示,这是法庭决定的,而不是听众决定的。法庭不是演出场所,是法官根据自己的需要来把控的审判场所。法庭审案跟剧场演戏是完全不同的。

辩护律师的定位

刚刚讲了换位考虑,对于法官、检察官、受害人,我们都需要换位做不同的考虑;面对媒体,我要从记者角度考虑;对于公众的案件,我还要站在公众的角度考虑。而我们的最终定位是,当事人的刑事法律的辩护律师。

我们的工作有“四条边界”——

第一条边界，我们不是被告人“情感上的代言人”，而是他们“法律上的代理人”。

第二条边界，我们不是被告人“政治观点上的代理人”，而是他们“法律关系上的代理人”。

第一种，成为当事人政治观点代言人。有些案件的当事人的政治观点，我太认可了、太喜欢了，在法庭上要大肆宣讲了，成为他政治观点的第二传播人，这样做对吗？例如颠覆国家政权罪，被告人的言论是属于言论自由的范畴还是属于颠覆国家政权的行为？作为律师，应该拿出来的是他的行为和颠覆国家罪的犯罪构成的证据标准，用证据和证据的标准去对照，如果没有达到颠覆国家政权罪的够罪标准，你可以认为本案不构成颠覆国家罪，这是辩护律师应该做的。而有些律师的辩护是深入到政治观点的内部去讲，而没有超出政治观点的外部表现去衡量。第二种，拿自己对立法上的观点来辩护，认为这个观点不应该存在。如果不同意可以向立法机关去反映你的观点，但是在个案中，对一个指控罪名进行直接否定是不对的。例如，我们都讨论的《刑法》第306条，直至今天仍然是一个有效条款。你应该从法律上去辩护，而不应该去辩护这个罪名应该取消。法官不可能听得进去，这种辩护与其有，不如没有。

我还注意到一个案件，河南省平顶山市一个利用封建迷信犯罪的案件。有意思的是，被告人的辩护律师是信仰基督教的，他要求法官回避，理由是法官是共产党员。共产党员是无神论者，无神论者不能审判有神论者的案件。这样的理由，有法律依据吗？法律里关于回避的理由没有包括宗教信仰的回避。既然没有，你说的话则没有法律依据。很多律师用合理性取代合法性。你的观点找不到法律条款来支撑，你的观点就是错的，在刑事法庭中做法律评价就没有依据。律师是法律工作者，因此，律师的立脚点不应该站在道德的平台上，而是应该站在法律的立场上。

情感应该占我们办案的10%，而90%应该是“公事公办”。有的当事人我很欣赏，有的我很讨厌。但该怎么做就怎么做，合同到期，各奔东西。执业律师要做到“拿得起,放得下”。你的政治倾向和个人感情这两个边界是不可以跨过的。

第三条边界,不要跨过权力斗争的边界。

不要成为权力斗争的知情人,与其知道不如不知道!作为刑事辩护律师,我们仅就本案的事实证据跟被告人核对,法外因素不要关心。

第四条边界,不要介入当事人的私生活。

我没有为他洗清冤枉的义务,也没有对他进行道德评判的权利。作为辩护律师,我们不能对自己的当事人进行道德评判。所有这一切,是他的私生活。你只要陷进这个泥潭你就什么都搞不清楚。由此看李某某案,他母亲的行为,这是母子情感,可以理解,但是律师能不能那样做?情感是圆的,律师的行为是方的,一定是有棱有角的。哪些是我们不能触碰的,哪些是需要我们尽职尽责的,我们都要清楚。

演讲 5 刑辩律师的职业素养

——人大律师学院第五届“刑辩班”讲座(2014 年)

我认为刑事业务分为基础业务、主流业务、前沿业务三个层次。

第一个层次是做刑事业务的标准形式,例如对案情掌控、证据的把控、做笔录的规范等是最基础的业务;第二个层次是主流业务,比如非法证据排除、鉴定等,大家在各个平台上探讨的就是主流业务;第三个层次是前沿业务,指的是紧扣社会现实的发展,对发生的各种新问题进行的刑法学角度、辩护角度的思考。比如,聂树斌案就像一座大山,不同的人从不同的角度、不同的距离会有不同的解读,没有统一标准的格式。同样是律师,从不同的角度看问题,见仁见智。司法机关对聂树斌案的判决与学者和律师的角度又不一样。这种社会热点的前沿业务是我们作为刑辩律师要关心的问题。

以前的讲课,我更侧重于刑事业务的技术层面内容,讲某一个点,谈我个人的执业体会。今年,我改变风格,讲“虚”一点儿的东西,后面有大量的老师会讲“实”的东西,我们有“虚”有“实”。这些“道”的层面的东西,是我一直在思考的问题。

专业素养

第一,法学功底的锤炼与深造。

法学功底的表现不是法律条文的陈述,比它理解更深的是立法本意,立法本意的基础是法学理论的进步程度。换句话说,今天的刑事司法,法律观念决定了法学理论的研究成果,法学理论的研究成果决定了法律条文的一次次更新、产生。法律条文贯彻到司法实践中进行新一轮的磨合。这就是从观念、理论、立法到司法的逻辑过程。

这个过程，是我们每一个律师应该看到的，而不是仅仅看到法条是怎么规定的。

我们在运用法律的时候，要明确立法本意的点在哪里。例如，薄熙来案件的证人出庭的问题。薄熙来在法庭上要求自己的妻子薄谷开来出庭，法庭以《刑事诉讼法》第182条规定的证人强制出庭义务中的“近亲属除外”驳回了薄熙来的要求。作为社会公民还觉得没有关系，但是专业人士就觉得法庭在运用这个法条的时候是错误的，所谓的配偶、父母、子女不能被强制出庭，其立法本意是不能被强制出庭证明被告人有罪，是一个单向的条款。而被告人要求亲人出庭，是要证明自己无罪，这是被告人的权利，法庭要支持该权利。只有当检察院强制薄谷开来出庭，而薄谷开来不愿意出庭，对其他人可以强制，但是对于被告人的妻子，公诉人要求其出庭证明被告人有罪，法庭不能支持。被告人要求亲人出庭证明自己无罪或者罪轻是他的权利，至于出庭以后证明更加有罪了，那是另外一回事，是实体的问题。所以，对于这一程序上的权利，我们应当理解立法的本意。

第二，律师技能的运用与拓展。

律师的技能运用，不能故步自封，今天的经验可能会变成明天再进步的障碍。所以，一定要懂得扬弃，心胸一定要懂得放开，任何获得的经验拿出来和同行交流，从同行的反馈中看到自己的不足，然后不断地完善它。对于新的技能应当如何运用的问题。比如专家证人出庭制度，如何邀请专家证人？谁支付劳动报酬？专家证人出庭以后与法庭上的鉴定人进行PK，理想的话，当然皆大欢喜，但不理想的话应当怎么办？

这些问题法学家、教授不考虑，但是律师要考虑，因为这是我们实实在在要操作的、要面对的问题。

这就是每一个新的司法解释、新的法律条文出台以后，摆在我们面前的问题。

人文素养

第一次世界大战，在英国，整个军队在战场上的死亡率是12%，但是军官的死亡率则高达42%。为什么会出现这样的情况？照理说军官的死亡率应当低于平均值，而士兵的死亡率应该比军官死亡率要大。

经研究发现，这与英国的贵族制度有关。贵族是在和平时期维护社会秩序，在战争的时候率先保家卫国的人。国王、王子带着军队冲上前沿阵地去，这是培养贵族精神重要的核心价值即责任与担当。贵族不是我们理解的高高在上的人，而是懂得担当社会责任的人。这种责任和担当，就是贵族精神。今天，我们应该改变对贵族的旧观念，贵族精神是一个正面的形象。今天的法律不是大清律的后裔，今天的法律起源于罗马法系。

法律来源于宗教，宗教的社会作用在于治国、治理社会、治理民情。换句话说，法律实际上是一门贵族学问，是一门治理国家、社会的学问。我们今天从事法律，应当担当起社会责任，关注社会民情，这个责任所体现出的正是贵族精神。

在人与人之间的问题上，要懂得尊重和包容，这种尊重是带有绅士、骑士风度的。我们国家开放30多年，但道德的沦丧、唯利是图等所有一系列问题，与人们受“文化大革命”的影响，人与人之间阶级斗争的对立的状态是有关系的，没有人与人之间的尊重与包容。

法律人有句话说得好，“我坚决反对你的观点，但我充分保护你自由表达观点的权利”。这句话从专业的角度看问题，我不同意你的观点；但是，我充分保护你自由表达观点的权利，这就是我们法律人应该把握的尺度。

人与人之间的尊重与包容，这些是我在这段时间看微博、网上新闻、我们律师界的这些事，使我觉得在我们律师行业，是不是应该给自己一个警醒：没有那么多人的观点是与我们一致的，当面对不同观点的时候，我们应当怎么办？

面对自己的内心，克制和反思。作为律师，特别是作为刑辩律师，我们经常热血沸腾。我们能不能懂得一点儿克制，理性地、静下心来反思，而不是控制不住自己，有些话破口而出？在很多时候，急躁的脾气，既伤害了别人，也伤害了自己，这属于个人的修养。我们把具体的观点先放一边，静下心来想一想，我们在与不同观点、不同意见的人相处的时候，应该怀着怎么样的心态和状态？

除了法学书以外,律师还应该具备人文素养。这种人文素养包括文、史、哲、宗教。这些知识,是对我们法学非常重要的滋养。如果说法律是你的中指,那么你的食指、拇指则是你的社会实践经验、社会综合知识,而你的无名指和小指就是文、史、哲。这些相关的知识,是为了让你有更开阔的视野,能够从多角度来看问题。

作为法律人,从法律的角度看问题是我们的本能,但是,我们还应从其他角度再看一看,再想一想。有这样的知识储备,会使自己的知识结构更加完整。我们形成自己思想的前提:第一,是要有足够多的专业知识;第二,是要有足够多的相辅相成的其他知识;第三,是我们的内心能够静得下来。作为知识分子,作为律师,我们要有自己的思想,就需要有让自己的思想能够沉淀的空间和素材。

法律人追求的是公平正义, 而公平正义的上一个层次是人道主义。人道主义超出了法学的范围,但实际上,"人道"是一个哲学层面的含义。具体表现在《宪法》中的,是人身权不可侵犯;在《刑法》里只是规定了对人身权遭受侵犯的保护的具体条款。在《宪法》里规定对人身权的保护,是因为《宪法》作为国家的根本法,一定要反映人权中"人道主义"的概念。具体在执法中的表现在于非法证据排除,通过刑讯逼供、暴力取证等得来的证据必须排除。即使这些证据当中反映的是真实的客观情况,但由于获取的方式是通过侵犯人权的方式,所以要排除掉。这种排除,在价值判断上,体现为宁可让有罪的人逃出法网,在《刑法》上被宣告无罪,也要保证《宪法》层面的人权——人道主义。不可以通过对一个犯罪嫌疑人人身的伤害来获得案件的真实情况,从而维护司法公正,这就是在立法中规定了非法证据排除的用意。实际上今天刑讯逼供打出来的80%是真话,非法证据排除的话,会使得很多有罪的人逃出法网,也会使得破案率下降,司法公正就得不到实现。但是司法公正的价值低于人权保障的价值,当《宪法》和《刑法》相冲突的时候,《宪法》优先。所以,宁可为了保障人权而舍弃某些司法公正的实现,这就是人道主义的力量。

薄熙来案,法律的本源来自"亲亲相隐",亲情之间的价值高于司法公正的价值,不能让亲人在法庭上指控自己的家人有罪从而破坏家庭伦理关系。这反映了立法中体现出来的人道主义层面的理念。"人道"和"自由"这两个观念,远比其他的哲学概念、法学概念更体现出一个健康社会的真正价值判断：是否足够体现了人道主义，体现了自由。

作为律师，有一天我们会超越律师行业。作为复合型人才，有一天我们有可能成为慈善家、社会活动家、议员、总统等，这是法学这个领域多年在社会活动实践中大家所一致认可的规律——职业的升华。当技术操作达到一定程度的时候，就开始淡化、弱化对技术层面的要求，而越来越多地思考战略层面的东西。“科学技术”一词，“科学”指的是社会科学，“技术”指的是业务操作。当我们的业务操作达到一定程度的时候，我们会开始转向对生活、科学的研讨。对于生活、科学的研讨反过来，又会支撑我们在技术层面更进一步向前发展。

社会素养

今天的互联网时代，各种观点横行。我把它分为四个层面：第一，批评的有道理的，虚心接受；第二，批评来自于误解的，适度解释；第三，批评来自抬高自己的，淡然一笑；第四，批评来自恶意诽谤的，沉默。

今天的律师界，分为技术派、死磕派、勾兑派等多个派别，但我不认可这样的区分。一个成熟的法治国家是没有这样的派系之分的，律师界本身需要的是团结、尊重、理解、包容。

当今社会，比爆发力、汹涌澎湃更重要的是默默地低头坚持、持之以恒。细水长流、滴水穿石精神在今天这个浮躁社会中更能发挥作用，更能因此显示我们的优势。

关于女律师

对于女律师来说，我认为敬业精神排第一，业务能力排第二，美貌排第三。但面对客户的时候，客户对你的感觉和要求是反过来的，美貌、气质、风度，是你给客户的第一印象。第二个体现的是你的业务能力，你对法律条文的熟悉，对这类案件的经验的积累，以及在这个案子中你具体给客户提出的可操作性的方案，这就是你的业务能力。对于具体如何操作，挑灯夜读，为客户着想，把每一个细节做到极致，这是你的敬业精神。这个敬业精神客户看不到，客户只需要知道结果。

你在客户眼里的排位是美貌、业务能力、敬业精神。但是你对自己的要求应该是反过来的。作为律师、作为同行，我们首先应该把敬业精神放在第一位，我们要把敬业精神放在第一位；至于业务能力，是否达到客户的要求，是否比其他律师更熟练，这是我们自己的事情；而你的外形美貌，恰恰是要放在第三位的。

作为一个律师，我们是职场上的人，把敬业精神放到最高处，把业务能力的跟进放在第二层，别人对我们外形的夸奖放在最后。

自我认识和心态调整

对于自己的赞美，我们会本能地记忆犹新；而对自己的谩骂或侮辱，我们会本能地反唇相讥。但我们会发现，谩骂其实是对我们的伤害最小的东西，就如同脸上的一点儿脏，洗个脸也就过去了。反而赞美所带来的是自我认知的扭曲。

客观地看待自己，不要急功近利，注意一夜成名带来的问题。未来十年，会有相当一批律师在办理某个刑案以后一夜成名。这种一夜成名，在外人看来是你职业生涯的成功、辉煌、巅峰。当一夜成名的时候，如果一个人的“基本功”不扎实的话，那么犯错误也就从这个时候开始了。作为练武之人，两条腿的“桩功”不到位的话，别人把你的脚一抬，你两脚离地就飘起来了。你会容易被别人所利用，也会容易找不到自己的重心，失去自我，产生自我认知的变形。

当你有一天被记者包围，被推到大海浪尖的时候，你会发现所有错误的后果都要自己承担，而后果的起源点就是你的最辉煌的那一刻埋下了种子。因此，我建议大家要有一种“先天下之忧而忧，后天下之乐而乐”的心理准备。

摆正律师跟司法机关的关系

我们在法庭上面对公权力，只有建议权，没有决定权。比如说，被告人生病，法官为了赶时间继续传唤生病的被告人上法庭，我作为辩护律师，建议延期审理，因为被告人身体状况不好不能充分行使被告人的权利，我建议法庭延期审理。这是建议权，但是决定权在法院。如果法庭不同意延期，我们只能上法庭履行辩护职责，我们不能因此而拒不出庭，而应该继续履行自己的职责。一审结束以后，我们提出上诉，在上诉理由中可以提出本案在一审开庭的时候，由于法庭没有尊重被告人在程序上的权利，对被告人造成侵害，我们要求法庭发回重审等。通过这些法律救济渠道来维护当事人的合法权利。

当律师跟法官在执法上意见发生冲突的时候，我们只能在充分表述意见的情况下服从法庭的决定。

我们更不能因为和法官发生冲突而用网上“人肉”的方式报复法官。“人肉”司法工作人员，同样是对人权的侵犯。

对于执法手段的不满意，我可以通过投诉来解决。对于他个人家庭的私人情况是不可以拿出来放在网上的，这是对人权的侵犯。我们的行为要有边界，边界决定了我们的身份。

处理好案件、自身与新闻媒体的关系

刑事案件，很容易成为新闻热点。

有些律师会借助舆论炒作给司法机关施压，炒作知名度，发泄对自己生活的不满。律师和新闻媒体的关系，应该是“到位而不越位”。除了涉及国家机密、个人隐私的案件，正常案件的适度披露，我个人是认可的。我不同意全国律师协会规定的判决生效以前，律师什么都不可以讲的规定。这样的规定是不符合道理的，这不符合文明社会公众的知情权以及社会舆论的监督。

如何把握和媒体的关系？如果拿舆论给司法机关施压，最好的反证就是李某某案件。如果该案不构成犯罪，那是一回事；但如果该案构成犯罪,是否非得判10年?我认为这就是律师用舆论来压司法所形成的"反弹"。北京市律师协会破天荒地在律师办理完该案件后公开对律师进行了处分,其他的律师协会没有发生过类似的事情。

某一个社会热点案件,辩护律师到法庭上给被告人辩护,律师自己行使了沉默权。被告人在最后陈述的时候,讲述了一番自己的道理。被告人什么时候发言、什么时候沉默,这是被告人的权利。但是,作为辩护律师,应该在法庭上,是否为其作罪轻或无罪的辩护,这是你的责任。到了庭后记者采访,律师称不承认这个法庭的合法性。作为职业律师,对于政治观点上的认同、反对,是律师自己的政治价值倾向;而辩护律师的职责、职业行为是自身应该有的素质,要把职责、职业行为和政治喜好区别开来。不要把办理案件履行的法律行为和发泄对国家政治不满的情绪混为一谈。

你认为今天的司法体制有任何问题, 你可以写文章表达你的观点,但是不要影响到自己的职责。借案件发泄自己的政治情绪,此风不可长。

一个成熟的、健康的法治社会,律师是私权利的代表。当事人合法利益永远放在律师职业的第一位;维护社会的公平正义,社会的价值是放在第二位的;个人名利的获取是放在第三位的。

何为法律人思维的局限性?重主观愿望,轻客观实际。刑辩律师往往理想主义,我们重主观愿望,平衡就被打破了。应该思考一下,我们是否真的了解中国社会的客观实际?

有人问美国总统林肯先生,人的腿到底应该长多长?林肯总统的回答是"至少应该够得着地"。这句话很幽默,但是仔细想想这句话的道理。我把这句话理解为:"腿的长短不重要,重要的是两条腿一样长,两只脚都能够踩到地上,而不是一长一短、一粗一细。"

在今天的社会中,理想大家都有,但是我们更应该看清现实社会。中国目前的状况下应该如何去做?去了解最底层。

第一,重本位直观,轻换位思考。作为律师,要懂得换到当事人、委托人、警官、法官、检察官的位置去思考。只有懂得换位思考,己所不欲,勿施于人。这样一来,最后我们提出来的法律意见,是一个换在对方的位置也能够接受的法律意见,而不是一厢情愿的。如果你的法律意见不落地,不让法官在现有法律体制下有可操作性地接受。他没有台阶下,你也下不来台阶。所有的法律意见,就如同谈判,是没有“一边倒”的,最终都是协调、妥协、平衡的产物。有可操作性的法律意见,是法官喜欢的;而完全不沾边、不落地的法律意见,最后都飘在空中。

第二,重专注投入,轻超然思考。当你在法庭上与公诉人交战得热火朝天的时候,突然让自己静下来,把自己当成案外人,然后再来看在该案中,对于被告人的所作所为,外人会怎么看,公诉人有无道理?这都需要我们去超然思考。

第三,重局部严谨,轻整体把握。对于整个事件而言,法律只是一部分。把法律说清楚是律师的专业技能,作为企业家要处理整个事件,需要局部与整体的把握和考虑。需要律师站在委托人、当事人的位置上,全局把握。

第四,重经验推理,轻细节特殊。我们容易犯经验主义错误,容易靠经验来推理,而往往因此而忽略一些细节。细节决定成败,往往认为不重要的地方,反而是本案的关键。我们往往在处理细节问题上,犯经验主义的错误。表现在方法论上,就是我们在处理的时候会把必要性、自身的权利看得很重,但是在特定司法环境下,这些实现起来有多大的可能性?律师办理案件就像建造师在盖房子,有的房子盖在平地上,有的房子盖在山顶上,有的房子盖在斜坡上,还有的房盖在悬崖上。一个好的建筑师,要在看了土壤、环境、地质等实际情况之后才能作出最好的判断。20 世纪 80 年代设计的香山饭店,到今天还不过时。它的设计师一定是到了现场,综合考虑了古树、地形、美观等各方面因素,才做了最后的设计。我们办理的每一个案件,需要考虑到在现实的司法环境下,所处的位置,这个案件的法外因素对于案件的判决影响有多大,我们法律人能够争取到多少?我们把它做到极致,以维护当事人的合法权益,求得最大化。同类、同样的案件,在不同的年份、不同的司法环境、不同的地区、不同的法院,审理结果也不同。作为律师,这些因素是我们在设计方案的时候都需要考虑进去的。

第五,重酣畅的表达、轻礼仪的倾听。我有幸在香港接触了梁爱司律师——香港特别行政区第一任律政司司长。她的表现把我们所有人都震住了。一是她倾听的时候,安安静静,绝不打断对方;二是轮到她发言的时候，语言极其简洁。你问她原因，她再解释一、二、三。你不问她，她不回答，你问到的她给你解答。从头到尾，干净、利索、简单、简洁、头脑清晰，没有一点儿自我吹嘘、自我推广。就是一种极简单的方式。在香港，律师是按小时计费的，她不会耽误你更多的时间。从头到尾，极其简单。我们跟她接触的感觉，就两个字“舒服”。她完全不像一个 76 岁的老人。我从这里看到了礼仪的倾听，这是比表达更重要的律师素养。

第六，重犀利反驳，轻隐忍静思。作为诉讼律师，刑事律师，我们能不能耐得住冲动？

第七，重细致密集，轻空间余地。不要把话讲得太满，让对方有一个消化吸收的过程。让对方有一个自我归纳总结、自我认识的过程。我们把该案的思路都给当事人分析到，至于走不走这条路，能不能得出无罪结果的总判断，要留给当事人，我们不要替他说出来。谈话中要留出空间把握度。一针见血是律师的本事，这是我们的专业训练。但是能不能像针灸一样，绕过血管，一针不见血。针灸的作用，在于保住了对方颜面的同时，问题也讲清楚了。问题解决了，但却像没有发生一样。无论与法官还是与当事人之间的度的把握，是律师职业素养的一部分，我们应该懂得尊重别人的面子。

演讲6 刑事辩护律师需破解的15对矛盾

——人大律师学院第一届“思维班”讲座(2013年)

各位同行，大家好！

上午到现在一直在头脑风暴，大家都很累了，到我这个课就轻松休息，想睡觉可以睡觉，想打盹可以打盹，因为他们的课都非常重要，我的课非常不重要。

跟陈瑞华教授相识了这么多年，上午有幸听他讲了一回课，受益匪浅。所以今天下午讲课的内容，匆忙中我做了些调整。所以，大家在讲义上看到的内容和我待一会儿讲的可能有点儿不一样。

咱们这次法律人思维班的设想，是徐健(人大律师学院)院长提出来的。作为刑事辩护律师，我听说后非常热烈地响应。

我觉得，我们做了若干年公检法各行业不同位置以后，达到了一定高度以后产生了一些共通的问题，很多共通的问题是需要与大家达成共识，这种控辩审公检法司的共识是我们法律职业人的基础。回答问题有对有错，提出问题不存在对错问题，只是幼稚不幼稚。所以我今天一会儿讲完了以后，会有我的老朋友刘桂明做点评。

我今天提出与刑事辩护有关的15个幼稚问题，没有标准答案，只有我个人的一管之见供大家参考，因为我觉得我们大家都面对的是相同的司法实践中的一档档事情。

从我个人的感觉，改革开放35年了，《刑法》《刑事诉讼法》实施这30多年过来，刑事辩护这个行业在我看来，经历了从西周到东周，进入了春秋战国，有一个历史的传承。

换言之，从20世纪80年代张思之大律师他们老一代律师引领下为林彪“四人帮”反党集团作辩护，那个时候如果说是西周礼仪的话；

到了 20 世纪 90 年代，田文昌律师这一代老律师起来引领刑事辩护的第二拨浪潮，进入了东周；差不多到了 10 年前，是我们这些“60 后”这一代律师办刘晓庆案，什么“京城四少”啊，办案的基础、观念上跟前面的田文昌律师和张思之大律师有一种历史的传承，有一致性。然后，从李庄案开始，我觉得就发生了一些变化，各种门派价值观就开始出来了，进入春秋战国。

我没有认为这是一个错误或是正确的问题，我觉得恰恰反映了刑事辩护领域的百花齐放、百家争鸣。在这方面，它所体现出来的这些异彩纷呈的现实，无论是李庄案一季、二季，还是北海案、小河案都是例子。

就所有这些发生的现象，产生的情况，像看电视剧一样，一集一集往下看，而且是每一集都各不相同，最主要的一条是一个很有意思的共同点是律师和法官打起来了，检察官怎么就没声呢？被告人怎么就没声呢？

本来法庭应该是检察官指控被告人，被告人为自己辩解，然后律师作一些辩护，最后由法院裁决。本来应该是这样一个结构，现在变成了检察官没声，被告人也不吭声，然后是律师和法官打起来了，律师到庭被法官给轰出去了，出现了这样的情况。所以，这就涉及我们这些职业法律人，我们要重新思考当前刑事辩护中我们是不是有一些最基本的原则框架定位。那么这些问题其实思考了也不是一天两天了，今天上午听了陈瑞华教授的课一下子我觉得我打开了一个思路。

法律人思维是我们大家一直在思考的问题，职业法律人应该怎么想问题。

问题 1　法律思维遭遇政治思维和道德思维

美国、英国、欧洲各国的法律人，有时候搁到一起开会，大家发现彼此间的思维其实没啥差别。在外国，大家没有太大的争议，学者、教授和律师在一起沟通没障碍，但为什么在中国国内我们反而有障碍？如今我们又进入了微博时代、微信时代，所有的这些言论自由，信息化社会都已经走到了今天这个程度了，为什么我们的刑事辩护路却有“越走越窄”的感觉？

刑辩律师的形象快变成到处解释“我不是坏小孩”了，所以我觉得我们是不是应该静下来思考。我们律师的法律人思维遇到的是官场的政治思维、民间的道德思维。

当法律思维、政治思维、道德思维这三种思维相撞的时候，我们左边是政治思维，右边是道德思维（民众思维），你会发现所有微博、微信上的观点和发言，就这段话本身来讲它一点儿错误都没有，逻辑完整，说得有条有理，就这句话的绝对高度来讲没错，但是它事实上是有问题的。错在哪里？错在它嫁接某一个问题的点时嫁接歪了，或者它片面理解了某一个问题。然后由此引申出来了他自己的观点，其实完全牛头不对马嘴，香蕉长到了苹果树上。实际上问题出在了这个嫁接点上，而这嫁接点的错误恰恰是很多老百姓，很多善良热情、热心关心法律的人的普遍的最容易犯的错误，但是不能怪人家，因为人家不是职业法律人，但是他们却是道德思维的引领者。

这也就是刘涌案件也好，所有别的犯罪案件也好，这些道德思维的引领者们真的都是好人，真的都特别善良，真的特别关心社会公益，但是他们做的事客观上是干预司法，起到的是打乱了我们职业法律人思维的坏作用。在我看来，其实当今这个社会里头80%的坏事是好人花了很大的功夫认认真真干出来的。是因为他们不知道他们的整个思维点，他的立脚点存在什么问题，那么这是我们法律人遇到的一个很大的阻力，于是法庭辩护变成了社会大讨论，法庭的判决经过网上一炒变成了全民公决。

相比之下，我们当今中国社会的司法机关，正如上午陈瑞华教授所说确实是政治思维占了更主导的位置。有他们的无奈，有他们的遗憾，其实他们跟我们一样都是职业法律人。他们所受的教育，所经历的案件，所累积的经验，所有这一切给他们带来的是很高的法律素养和办案经验，陈教授提到的周庭长，其实他是个非常优秀的法官。可是在特定的环境下，惯性的政治思维对法律思维又形成一个冲击。

换言之，刑事辩护律师经常败给道德思维，经常输给政治思维，但是我们是不是应该屡败屡战地坚持？因为法治的国家真的需要法律思维做骨架来支撑，这是我们的历史使命，也许30年、50年以后，我们对我们的孙辈最自豪的是我们就像红军长征一样，30万红军打成3万了，拎着破枪还爬雪山过草地，吃的有一顿没一顿，被人家打得到处跑，但是坚持下来了。今天强大的中国人民解放军是当年那穿着破衣烂衫的3万人爬雪山过草地坚持下来的。其实将来历史能记住的也未必是我们这些人做了什么,但是知道有一条,在5000年文化的人治土壤里头,生长出法治的土壤,与我们这一代人坚持下来有关。我们所坚持走下来的,无论我们今天的力量多弱,屡败屡战顽强地坚持着,这可能是将来我们能留给后代法律人最值钱的东西,就是链条在我们这里没有断掉。

那么,在这样的情况下,我在这里说出三条,那就是说作为法律人,我们坚持法律思维,在当今社会,要忍得了失败挫折,耐得住孤独无助,受得了指责怒骂。

我们中国古人有一句话,叫"举国皆吾敌,而不改其度",就是当一个国家都站到我的对立面的时候,我也不改变我的度。为什么?因为有一种信仰,有一种法律人的信仰。我们中国传统文化里头培养出一批硬骨头的人,其实我们今天,历史要求我们做一些有点儿硬骨头有点儿钙的人,那就是坚持一个法律人的职业思维。

我认为这种法律思维在今天面对着政治思维和道德思维的时候,更要显示出我们的一种底线的坚守。这是我想讲的第一个问题。

问题2　就法律思维本身来讲,我们追求的是客观事实还是法律事实

这个问题其实很简单,客观事实+证据=法律事实。法律事实永远小于等于客观事实。

香港律师界有一句名言"法庭从来不是搞清客观事实的地方"。我觉得这句话老百姓听不懂,我们能听懂。胡乔木同志对律师的评价,大家都耳熟能详的那一段话"你戴着荆棘的王冠而来",大家读法律的时候都看过这句话,都有很深的理解。但是这里头,他只说了一条"法律事实是我们追求的目标"。

追求法律上的公正,这是法律人思维的基础。

问题3　今天真正在追求程序正义还是情理事实

这样的一个选择,实际上就意味着我们要为真正有罪的人作无罪

辩护，为的是保护我们的司法程序不受破坏，不会因为一条鱼而撕破一张网。宁可司法程序不够完善，我们亡羊补牢通过司法解释、立法解释再来完善它，但至少我们不会因为一个案件而把整个程序搞乱了、搞错了。

这方面的例子不少。刘涌案件，我们认为是为了抓住一条鱼而撕破一张网，开了非常可怕的先例。无论实体上多么正确，情理事实多么真实，一个坏人绝对不能让他逃脱法网。但是，坏人虽然没能逃脱，法网被撕破了，需要重新补。

“两害相权取其轻，两利相权取其重”。你去问问在海边捞鱼的渔民，是一张渔网重要还是一条大鱼重要？渔民永远在做的一件事是什么呢？答案是补渔网。渔民下海以后，不会因为一条鱼丢掉渔网或者不惜把渔网撕破去捕一条鱼。他要保持渔网的完整，每次打渔回来都要检查哪个网破了，他先要修补渔网然后才去处理鱼。

生活告诉我们，一个案件的公正和一张法网的维护之间的关系。如果老百姓对一个法网不再信任，而只信任个案，那么其实危害的是他们自己。

好，这是第三个问题。

问题 4　辩护人的职责是求真还是证伪

从一审的角度来讲，我们辩护人的主要工作确实是“证伪”。

德肖维茨在给辛普森作辩护时，并没有说出谁是真正的杀人犯，他并没有举出其他相反的证据来证明辛普森不是杀人犯。他没有做这个“求真”的工作，只做了一个“证伪”的工作，那就是指出警察造假作假证。

警察在袜子上沾了点儿血，这个认定辛普森有罪的假证据成如同狗尾续貂。为了证明被告人有罪，恰恰使得陪审团对警察证据失去了信任。所以“求真”还是“证伪”，我们律师必须特别明确的一条。

在二审中，既然我们针对的是一审判决书提出的上诉，我们的工作对象当然不再是一审的起诉书，而是一审的判决书。在这个时候我们是可以考虑“求真”的。换言之，如果有可能，我们要举证的话，举的是什么?答案是“事实不清,发回重审的新证据”。这个证据不是用来证明这个被告人杀没杀人,而是证明一审认定的事实不清。所以,在二审的时候,我们要推翻一审事实认定的模糊点,我们是可以做这项工作的。

这些都是我的一家之言,每一句话都可以展开来在个案中进行深入的讨论。

问题5　辩护人是应该“用心办案”还是“用情办案”

最近这几年,我注意到网上报道的很多案件,我们的辩护律师并不是消极怠工,而是积极进取。办案非常认真,一丝不苟,为客户的案子可以说是呕心沥血,到当事人家里头去关心家属,看到有经济困难的还要给人家钱,有的时候甚至感动得潸然泪下。

有的律师非常重感情,可是这是我们职业法律人应该有的职业心态吗?在我看来,他是个好人,但是戴着感情的有色眼镜办案,会让我们对案件本身在认识论上产生错误,且不说方法论。

认识论是方法论的基础,首先要看清楚这是一杯茶,然后再举方法论,用什么手拿,拿了以后怎么喝。如果说认识了半天这是一杯汽油,你就不能这样拿来喝,所有的错误的事情中,其实一半以上不是发生在方法论上,而是发生在认识论上。方法论的问题需要经验的积累来解决,这个方法错了咱就换个方法。这杯茶滚烫,小孩子没经验直接去拿杯子,把手烫着了,哇哇一哭,下回他拿个杯托就成了,这只是方法论的问题。如果认识论有错误,明明是一杯汽油却当成茶了,我放不放杯托喝进去都要出问题。所以认识论的解决靠的是端正的态度,冷静的心态,一丝不苟的精神,仔细看、凭心想,解决的是认识论的问题。

你戴着感情的有色眼镜来办案,我担心的是这副感情的有色眼镜会使你产生误判,会使你低估了自己当事人的错误而扩大了对方的错误。

无论是被告人还是被害人,在一个案件的攻防中,双方都你来我往各有短长。就如同在战场上一样,一个聪明的军人首先知道自己的短处是什么,首先要明白木桶短板。把自己的短处认清楚了,接下来再来发挥自己的长处。同时要找准对方的短处,避开对方的长处。这样的一个冷静分析判断需要的是端正的态度,冷静的心态,不能戴感情的有色眼镜。

在座的,有一些年龄大一些的人,可能看过80年代的一本书。我们受大学教育的那个时代,有一本非常风靡的小说叫《教父》,里面那个黑社会老大,给他的三儿子麦克说了一句话:“不要仇恨你的敌人,他会影响你的判断力。”说这句话,他是在告诉自己的孩子要解决认识论问题,你一定要客观冷静地看待问题,解决了认识论问题后面什么问题都好解决。

方法是可以变的,可以靠经验的。医生没法给自己的孩子治病,原因就是自己的亲生骨肉,自己戴着感情的有色眼镜是摘不掉的。你让一个外科医生为了保住自己儿子的命把自己儿子的那条腿锯掉,这个医生下不了手,只能换别人来做,就是这个道理。

我们刑事辩护律师在办案的过程中,我们的定位是要“用心办案”,认真仔细地研究,这是我们的“心”。但是该不该用“情”?“情”转化为工作的动力,可以,能转化。但是,“情”使得我们在工作中没有把握住度,到位了又越位了,所以我们需要的是一个度的把握。刑事辩护律师所受的教育是理性的、逻辑严谨的、一丝不苟的、思维缜密的,所有这些都要我们学会一个度的把握。所以我认为“用心而不要用情”,自己不是第二个当事人。

这是我提出的第五个问题。

问题6 “合法手段”维护“合法权益”

民间有一句话叫“受人钱财,与人消灾”。

刚才的课上,一位法官也讲过这句话。这句话不是法言法语,这句话是市场经济中的一种伦理。你拿了我的钱,你要为我服务。可是,我们律师和当事人之间实际上是存在一个差异的,也就是说,当事人的想法是“我把钱给了你,你要不惜一切手段来维护我的一切权利”。他们不会有这样一个理解,就是说你律师是一个职业法律人,我们之间签了合同,律师是在合同的范围内履行保护被告人的权益,而且保护的是被告人的合法权益。

到看守所会见被告人,被告人有漏罪,他把这个漏罪悄悄地告诉你:“你能不能帮我把银行密码转告家人?我昨天伤害罪被抓起来了,可是我还有贩毒的事，还有诈骗的事，有巨额款项还在我的银行卡里。银行卡密码只有我知道，律师你来了，我告诉你密码，你转告我家属。”在家属那边很简单，他们出20万元都愿意，请你去见我们的家人一面，只需要你给我带出这个密码就够了。所以，当事人并没有真正意义上要有求于你的个案服务，重要的是漏罪。

我们律师能不能维护这种不合法的权益？同样，我们律师要调查取证，证明自己当事人无罪或罪轻，需要开一份证明。工商局、国家档案馆、有关部门明明该给我们配合调查取证的材料，找出各种理由就是不给，我们的正当权益得不到实现，我能不能夜里头跑到档案馆撬开窗户爬进去把这个材料偷出来？可是这两类活，如果我们做了，那么我们的委托人都很高兴，“你真是个好律师，受人钱财，与人消灾。你不惜一切手段维护了我的一切权益，这是我对你的期望值”。

所以我们律师的自律，不仅表现在合同的甲方乙方列得清清楚楚上，更表现在工作中我们自己用合法手段维护合法权益，而不是用一切手段来维护一切权益。

我认为，这是我们需要思考的一个问题。

问题7　法律规则遵守的底线到底是什么

有的案件，我不想说具体是哪个案件了，说出来估计大家也都知道。被告人发烧生病，这个时候法官决定开庭。我们的律师提出建议不可以开庭，因为被告人身体情况不合适。

我们律师提得非常正确，因为被告人从公民的角度讲，他在法庭上要陈述自己的意见，但这时候他在发高烧肯定是有影响的。在这种情况下，法院强行开庭。我们律师是不是可以因为认为法官不讲理作出了错误裁定，就有理由不出庭辩护？

换句话说，当司法机关作出一个决定，而我们对这个决定的结果不能接受的时候，我们有很多条非常义正词严的理由来反驳法官的时候，我们是不是就可以拒不执行。我们律师相对于法庭，是有建议权还是决定权？

在法庭的规则上，我们跟法官探讨时，因观念不同而发生碰撞的

"点",是实体问题还是程序问题。我就这些问题提出来,包括像律师过安检,有的律师说:"我们不能接受过安检,你非要过安检我就不进法庭了。"于是法庭照常开庭,当事人在法庭上没有得到律师的法律帮助,而我们的律师理直气壮:"不进法庭的原因是要安检,而我们认为这样做是错误的。"

司法机关、审判机关在履行职责的过程中的瑕疵、错误甚至违法,是不是我们可以接着违法的理由呢?我们可不可以用一个错误来压另外一个错误呢?

如果是我的话,我在当时按照标准走,事后用法律救济的手段来提出我们的意见。

比如说一审判决,刚才我举例的那个案子。判决下来,二审上诉的时候,我作为辩护人提出对一审不服的若干个理由中的一条就是被告人在发高烧的情况下一审法院强行开庭,影响被告人在法庭上的正常发挥,程序上存在重大瑕疵。这同样可以作为上诉的理由,要求二审法院对一审法院在审理案件中是否存在这样一个程序瑕疵作出一个裁定。

就是说,我们的这样一个上诉的理由,这样的救济手段是可以提出来的,但是我们是不是可以就不去开庭?

很简单,如足球比赛,裁判发现某个球员违规了就红牌罚下场,回放录像一看是裁判看错了,而运动员很清楚自己没有违规,但当他被红牌罚下场的时候,他能不能跟裁判说你错了,所以我绝不下场。这就涉及实体正义和程序正义,我们律师应该遵守哪一个。我们经常发现自己站在实体正义那一边而忽略了程序正义,也就是说我们应该遵守规则。这种规则的遵守是不是我们法律思维的一个组成部分?我们也提出这样一个问题。

问题 8　客户利益最大化和公平正义的矛盾

今天上午,陈瑞华教授讲到了对客户的忠诚与沟通的问题,这是一个法治最发达国家——美国律师界的一种状态。

那么我们经常看到的是,有些案件为了实现公平正义,这个案子应该作无罪辩护,我拿出疑罪从无的各种证据,但是作无罪辩护的情况下这个人可能判3年徒刑,可能就判3年实刑;如果他低头认罪,可能判缓刑,人马上就放出来了,或者10年以上有期徒刑改成10年以下。这个时候,作为职业律师我们经常受到很大的压力,有的时候家属就跟我们妥协了,“哎呀,不管怎么样人已经关了两年半了,您赶紧作个罪轻辩护让人快点儿出来。”有的被告人也是这么想的。

这个时候,我们是不是应该坚持公平正义无罪的观点?如果坚持,其结果是被告人实实在在的实刑坐牢到头。我们还是跟客户沟通作罪轻辩护。

反过来,还有的被告人坚决要作无罪辩护,以我们职业法律人的经验,我们觉得做无罪辩护是有问题的。实际上是应该做罪轻辩护,刑期反而能降下来,因为他的犯罪事实是构成的。但是被告人不是学法律的,或是他怄了一口气,他觉得我绝对不能承认,他觉得从一种公平的角度看:“我是坏人,那个整我的人比我更坏,为什么不把他抓进去?所以我得作无罪辩护。”在这个时候,最科学的方法仍然应该是罪轻辩护。

我们如何求得客户利益的最大化和公平正义的关系?

这个客户利益的最大化又表现为两个方面,一个是他刑期利益的最大化;另一个是心态的最大化。如果客户这样说:“我甘愿把牢底坐穿,律师,你一定给我作无罪辩护。我们坚决抗着无罪,不就是顶格判吗,我认了。”面对这样一对儿矛盾,在座律师一定都非常纠结,我相信你们都遇到过。而我们辩护律师收费,为客户提供服务,我们卖的是什么?卖的是经验,不是卖法条,卖法条的话,买一本法律书给他看就好了。

我们在实操中,多年的办案经验在积累。“法律生命在经验而非逻辑”这句话大家都听过,那么这个经验的东西实际上是我们最宝贵的东西。

我们的经验表现为对一个复杂案件的提炼,一只鸡一把把鸡骨头架子拎出来了,鸡毛、鸡肉、鸡皮先放下,这是一种方式;第二种方式是预判,走一步看三步想到了五步。这件事今天是这样,三天后将会是怎样,五天后又会怎么样,经验的积累告诉我们可能会出现几种情况,所以提炼和预测是我们法律服务的精髓,客户需要的也是这个。

但是,有的时候客户把我们律师不当作一个经验来使用,而有其他一种方式的使用,或者说有些客户非常武断,非常有自己的主意,根本就不把律师的话当回事,使得我们纠结于客户利益“明明这样做是最好的,却不得不那样做”;或者为了实现公平正义,我们所做的事情被扭曲。这就回到陈教授上午讲的“忠诚于客户及与客户沟通”这是一个大难题。

这个问题，萦绕在我脑子里不下5年了。

问题9 尊重法律和尊重法庭(法官)的关系

这几年，无论是小河案件还是别的案件，所有这些案件我们看到的是法庭审判长的名字在微博上被透露出来，然后被“人肉”，然后方方面面被网民围剿。

我就在想，作为一个法庭，它是法律在司法实践中的一个体现，而法庭中的审判长，无论谁坐在这个位子上，在特定的时间和特定的环境下，他是这个法庭的主宰。从程序上讲，他走进法庭的时候全体起立，不管下面坐的是院长、部长还是比他官大得多的人，只要书记员一声喊：“请审判长、审判员入庭，全体起立。”然后审判长说“坐下”，审判长先坐下，然后全体才能坐下。

这个规则制定的本意是什么？是在特定的刑事审判环境的框架下，审判长坐的这个位子，无论他是谁，他的素质的高低、人心的好坏、水平的参差不齐，他都是国王。对他的尊重是对法庭的尊重，是对法律的尊重，不是对个人的尊重。

那么，法官在职业行为中做的事情令律师或者被告人不满意了，对这种行为提出异议、提出不同意见的渠道和对他个人的人身进行“人肉搜索”，这之间是什么关系？换言之，我们律师在法庭上为自己的当事人作辩护，这是我们的职责，这跟我的家人没关系，如果对方由此把我家的地址，家庭成员的名字、所在学校、年龄等所有这些都搜索出来，我是什么感觉？因为这不是个人行为，是职业行为。

我个人认为，任何一个法官的水平都可能参差不齐、可能高、可能低，但是他们所做的这些行为中，你对他们行为所提出异议的方式，我个人认为不应该涉及他个人的人身。他的水平不够高由此提出异议，可能法院以后把他免职了或者他再也不能当审判长了，或者调到其他庭里了，这都有可能。他的职业行为中的能力不足以达到担当这份责任的程度，但是这跟他个人的私生活，跟他个人的人身有关吗？我们律师是不是应该把矛头这样指向个人？我们这样做，突破了职业行为的边界。

这就涉及尊重法庭、法官和对他个人尊重的关系。这也是我想到的一个问题，这都是我这些年做这些案件想到的一些不成熟的问题。

问题10　司法人员违规在先是否可以作为律师违规的合理理由

这个问题，我刚才讲过了。

人家偷了我一个钱包，我是不是一生气可以找别人再偷一个钱包?

说得直白点儿就是这样。我们认为公权力违法，我们提出的救济的方式和渠道是不是应该在规则的范围内走？有的人说，那规则不健全，规则不健全那是动用下一个方式，以弥补规则作为我们法律人在司法实践中完善的一个理由。

我始终在考虑的是，我非常能理解某些律师心里的怨愤。因为我也是律师，我也一次次受窝囊气。包括对我直接进行身体检查，在法庭上，有的法警直接伸手上来就摸，很不礼貌。我事后回过头来给法院院长写信或者给有关领导打电话，我说你们这样做不对，这种情况我说出来，但在当时是要忍的。

换言之，我们律师维护的是法律的尊严，这是第一位的，个人的尊严是第二位的。为什么？因为客户服务至上。所以，不要把个人的尊严和职业的尊严混为一谈，这是我们法律职业人思维中应该有的素养。自己个人，我们就是一个普通公民，但是今天我在特定的位置上履行我的公职，这是另外一回事。

在执业中，对法律职业共同体的尊重，对法官、检察官、警官的尊严(的维护)，对法律职业人的尊重和我个人喜欢不喜欢这个法官，喜欢不喜欢这个公诉人是两码事。包括我喜欢不喜欢被告人，跟我如何为他辩护是两码事是一个道理。所以，作为法律人我们应该一刀劈下来，把这种职业行为中的观念、理念和个人的喜好和个人的尊严分开。

问题11—12　辩护意见中是否包含“对立法的异议”和“律师个人的政治主张”

辩护词是什么？辩护词是作为辩护律师，我们对指控的罪名的犯罪构成、证据在我的当事人的个案中是否能够成立、是否能够经得住推敲、证据是否确实充分所提出的辩护意见。

我的辩护意见是说服法官，让法官理解辩护人的辩护意见是什么，但同时我是不是要带出别的问题？比如说，我给一个涉嫌违反《刑法》第306条“律师伪证罪”的人作辩护。我们所有的法律人都知道，我们律师都不喜欢第306条，喊了这么多年第306条也没有被改掉，那是立法中存在的困难和问题，但如果我给《刑法》第306条指控的被告人作辩护，我是不是要否定，要大骂一通第306条？法官听得进去吗？这是我们在法庭上能说清楚的问题吗？法官认为辩护律师的意见有道理，第306条就不该存在，所以公诉人你换一条公诉吧，可能吗？

对立法的不满是你的学术观点，你可以写学术论文，可以报到全国人大，可以在各种研讨会上发表你的观点，认为这一条就不该有，但是在个案的辩护中，只要它今天是个有效条款存在，是不是我们就应该尊重它的存在，无论这一条款我喜欢还是不喜欢。

那么，同样的问题，我们现在越来越多的走到这个时代了，最近这两年出了不少案件，比如“颠覆国家政权罪”。关于这个罪，涉及很多被告人的言论自由是否触犯刑律的问题。这是一个在刑法专业角度非常值得研究的问题，就是如何处理保护公民的言论自由和今天还存在的颠覆国家政权罪(以前叫反革命宣传煽动罪，后改成了颠覆国家政权罪)之间的关系。就颠覆国家政权罪这个罪名来说，无论你喜欢或不喜欢它，无论它将来会不会存在，截止到今天它还是一个有效的法律条款，是个有效的罪名，那么你的辩护应该是把你对个案中的证据是否确实充分的意见提出来，至于你对刑法犯罪构成的理解以及而对这个罪本身存在的有效性，我认为谈的意义就不太大。

至于说个人的政治主张、言论自由，咱们在座的都是法律人，我们的权利意识是非常强的，我们的民主的意识也是非常强的。在我们看来，言论自由是一个公民最基本的权利，我们所受的教育给了我们这样一种权利意识。你个人是不是喜欢、赞同、认可被告人的政治观点，和你在本案中给他所作辩护的切入点，我认为不应该混为一谈。

换句话说，为了保证最好的辩护效果，扬汤止沸不如釜底抽薪。你与其在理论层面上支持他的政治观点，不如在证据层面上砍断控方

"证据确实充分"的这只脚,使得这个证据悬空,使得犯罪不能认定。

而我们注意到,有很多律师会把更多的篇幅花在他对政治主张的认可上而忽略了他自己的真正的职责所在。包括像我们这样回到家父母都说:"哎呀,你给这么坏的人辩护。"老百姓都这么看,因为你给坏人辩护,恨不得你就是第二坏人。我们是在给公民辩护,是把《宪法》里公民的辩护权这块最短的人权木板拉长,而他个人是好还是坏,我喜欢他还是崇拜他或是厌恶他,个人喜好在这里不要超过5%的比例,这是对职业律师的要求。

我办完这个案子就拿得起来放得下,打心眼儿里恶心这个被告人,我签完合同收了费履行了职责办完了案转身就走。但是我的法律服务质量不会因此降低,因为这显示出我的职业水准,无论我作的是无罪辩护还是罪轻辩护。可是如果我太喜欢他了,以至于我拼命地一审、二审、申诉一口气干下去,没问题,这是你的职责。做到后来,你成为了当事人政治观点的扬声筒,政治同盟军,我认为那就走出格了。

等到案件结束了,你愿意参加什么样的沙龙,愿意跟他们怎么样去交朋友那是你个人的行为,但是在合同履行完毕之前,我们作为职业法律人,律师服务的边界是为他的犯罪行为是否构成犯罪在证据上拿到最足够的理由,而不必在思想意识层面上来说太多的话,这是我的一个感受。

问题13 辩护词是说服法官还是宣传辩护观点与学术、道德及政治观点的关系

第一个,刚才我已经引申到这里了,我们有些律师确确实实是有宣传自己的想法,我认为这也是天经地义的。每个律师都希望自己出名,将有更多的客户,这些都无可非议,包括你写的书里援引了某些案件,然后这些案件很精彩,结果也很好,这些都没有问题。但是,这种宣传恰恰是审判长最反感的,包括你在辩护词里面的某些比较煽情的内容。

今天你们没有问刚才讲课的周庭长这个问题,这个问题不用问也有答案。如果你是审判长你也不喜欢有宣传或者带有普法性质的东西,因为大家都是职业法律人。所以我们的辩护词简洁、干净、准确说服法官就是最好的辩护词。辩护词之外,我写的学术论文或者我把它放进书

里头有声有色地描绘这个案件，那是我的文采，这和我履行职责的时候说服法官的辩护词是完全不同的两个概念。

从这个意义上讲，我个人认为关于辩护词，在律师职业行为中应该是有更加高的标准来要求自己的写作能力，而不是完全放开去写。将来你写到书里的时候，讲这个案例作为你书中的一个章节，这个时候月黑风高啊什么的你都可以往上写，都没有问题。

第二个，我们在辩护观点里面，是不是要放进道德评判、政治评判？这就是刚才说到的这些思维，公众舆论经常会影响我们的思维，我们会不会不自觉地也在辩护词里头放进一些道德评判的东西。这些东西是否有助于我们说服法官，我不敢想象。

相反，有一天中国出现陪审团制度，真的是12个或21个没有学过法律的大陪审团成员坐在那里，由你来讲，由他们来决定有罪没罪的时候，和今天一个受过良好的职业教育的法官坐在那里，我们的辩护词应该是完全不同的两个风格。到那个时候，你可以有道德评判、有情感、有伦理等让他们更听得进去，因为你单纯说的很机械、干巴巴的证据问题他们可能不一定听得懂，什么叫"非法证据排除"他们根本就听不懂。但今天我们并没有确立陪审团制度，我们要达到最好的辩护效果，我们要理解的是法官想听什么，或者说什么是我们说了他能够接受的东西。

在这方面，我觉得应从增强辩护效果的角度来看这个问题。

问题14　案件公开审理和媒体披露案情的关系

现在，有很多律师在思考这个问题，但没有一个结论。因为是公开审理的案件，所以每一个环节我都可以用博客把这个内容披露出来，然后有的律师连续开若干天大庭就非常辛苦，辛苦到白天开庭晚上写博客，写了博客以后太累了第二天上午就不开庭了，睡觉了，然后下午再开庭，开完庭晚上又挑灯夜战写博客，然后第二天上午又睡觉，所以每天都只是开半天庭，上午不开庭下午开庭，这样做妥当不妥当？即使家属、被告人不提出异议，该出庭的时候不出庭，然后每天像现场直播一样来把前一天的庭审披露出来吸引很多粉丝妥当吗？

司法部的规范也好,其他规范也好并没有涉及这么细,因为没有想到我们今天已经走进微博时代了,所有的东西都可以现场直播了。但是,我们该不该这样做?

我有一种担心,即使是公开审理的案件涉及的内容,也有风险。因为旁观者不能做笔记。今天的法庭规则里,你除非是有记者身份的旁听者才可以拿出笔和本做记录。如果是普通旁观者不许照相、不许鼓掌、不许做笔记,公开审理的普通案件中旁听是不允许这样做的。

为什么这套规定到今天还存在?对于案件的社会披露是不是因为公开审理就可以完全袒露。如果可以这样做,证人的家庭住址、孩子的年龄、名字、所在的小学、父母是否离异等这种个人隐私,法庭上都会问的,公安的预审笔录里也都会问的。这些东西会不会披露出来?无论是被告人、被害人还是证人都有自己的家庭生活,都有自己的私生活,这些东西未必是由于涉及个人隐私而不公开审理。

公开审理的案件中仍然会涉及这些问题,律师会本能地保护自己当事人的隐私,因为这是我们的职业道德。但是我们一般不会保护被害人的隐私,特别是被害人还骂辩护律师,律师更不会保护他的隐私。可作为作证的第三人他们的个人的隐私我们是不是应该保护?我们是不是可以把证人笔录上网公布出来?

因为今天这个媒体已经太容易了,因为是微博时代了。这个问题是我们职业法律人在履行职责的过程中对公民个人隐私权的保护的一个挑战,我们是不是会忽略了这个问题。

问题 15　辩护的过程和结果,我们在追求哪一个法律价值

作为老百姓的当事人可以这样想,我给你律师钱你给我一个结果,把脑袋保住给你 200 万元,脑袋没保住怎么怎么样。我们无法对他们提出“不能这样处理问题”的要求。

但是,作为职业法律人,我们的法律思维应该是什么?

其实刚才周庭长在讲,他作为庭长所有审理把关的这些案件,哪个排除哪个没排除,讲到底一句话,判决书要讲理。他作为一个优秀的法官,在实际上努力实现的还是一份讲理的判决书。而我们作为辩护律师

经常非常气愤地看到一个判决书里头有“辩护人的辩护缺乏法律事实和证据，本院不予采信”的话，一句话砍掉，根本就没有具体论理的过程，甚至我提了5个辩护意见，一看判决书里怎么就只有3个啊，连我的辩护意见都没有充分反映出来，也更没有一个一个地驳倒，就把我的观点给否掉了。所以很多辩护律师生气就生气在这里。

同样，那些没有律师的被告人，当家属拿着判决书来找我们的时候，我们有的时候一看要二审，他这个罪从犯罪行为到结果我认为是合理的、是正当的，不存在更多的上诉的理由，但是差在哪里？差在判决书没讲理。就是说我认定你判12年有期徒刑，你说出了这些理由，哪些我是可以采信的，哪些是不能采信的，理由是什么？一条一条驳，可法官没有做到。

在一个法治比较健全的国家，判决书厚厚的一本主要是论理的过程。更多的时候，老百姓以为在追求结果，其实他们最后追求的还是一个论理的过程，所谓“程序抵消不满”。就是民主选出来的你当头儿那大家就服，因为是一人一票投出来的；要是上面直接任命你当头儿，大家会想“凭什么是你呀怎么不是我呀”，肯定你使了钱了所以上面直接任命你了，会有各种猜测。其实，把我们两个拉出来各自演讲一番，最后大家选的还是你，但是走的程序不同，效果就不同。

我们的判决所追求的一个高水准的审理过程和判决过程说到底仍然是一个通过程序论理的过程，这个论理的过程是我们律师必须追求的。相反，那些个通过关系给院长、庭长送钱，送完钱就给当事人一个满意的结果的，这不是我们法治社会的方向，这是我们法治的蛀虫。所以，我们真正所需要做到的，实际上是追求的是一份“讲理”的判决书。这个过程，我个人认为比结果更重要。

当你的过程一环一环都把我说服了以后，最后的结果无话可讲。

记得我刚当律师的时候，我现在是只办刑事案子不办别的案子，我当年还办过仲裁案件。申请人、被申请人双方仲裁，结果遇到了一个仲裁员，我现在都记得，当年已经70岁了，姓曹的一个老头儿。我们双方当事人都叙述完了以后，最后这个老人家发言把我们双方谁的观点成立，谁的观点不成立娓娓道来说得非常有理，驳也驳得非常让人心服口服，因为他水平确实比你高。而认可你的理由也认可得很客观、很实事求是，最后作出这样一个裁决，当时无论是我的当事人还是对方的律师都说就是一种享受，像上了一堂高素质的法学课。

仲裁庭开完以后，我们就直作揖，觉得真服了。我提出的五个要求被驳掉三个还剩两个，驳得我心服口服。我当时的水平不到，水平要到了，我不会提那三个要求。而我那两个站得住脚的对方曾经完全不能接受的，最后对方也心服口服接受了。我这辈子办的案件中很少遇到确确实实坐在高位的人又确实水平比我高，以至于我心服口服，那位老先生，他“断案”就是一个娓娓道来的论理的过程。

实际上，我们所追求的程序正义，是一份通情达理的判决书。在这方面， 我建议大家有时间到网上搜一下台湾陈水扁那个案件的判决书，现在还能搜到。他的那个法官姓蔡吧？写了一份长长的判决书，这份判决书有点儿半文言文，跟我们比不那么直白。他所判决的这些内容，我觉得让人看了以后心服口服。作为总统你应当什么什么样，但是你怎么怎么样，你的职责是什么，但是你没有履行；作为法律人你非常清楚什么，但你却如何罔顾法律；作为公民你又怎么怎么样。入情入理入法，我就觉得是一份非常好的判决书范文。

我觉得我们职业法律人，我们所共同追求的应该不是一个简单的官司的胜败、赢输、刑期的高低，而是追求一个共通的、讲理的判决书，这个才体现我们司法公正的理念。而这和当事人之间是需要有沟通的，因为当初他拿钱来的时候他不并想上法律课。人家说：“我拿钱不是来交学费的，我是要我家兄弟少判几年赶紧被放出来。”人家不是来读大学来上课的，但如果最后我们给人家一个结果的同时还给人家一个过程，出现了普法的效果，我觉得我们职业法律人的目标也就达到了。

这是我个人对这 15 个问题的一点儿看法，很不完整，供大家批判。还有一点儿时间，我简单说一下我们做律师的一些思考。

演讲 7 法律人思维的局限性

——人大律师学院第二届“思维班”讲座(2014 年)

各位同行,大家下午好!

非常荣幸,又到第二届法律思维班来滥竽充数当老师了。实际上,我觉得大家都是同行,更多的时候,是大家对我们国家面临的法治问题的一种探讨,相互的启迪、启发,所以也谈不上是个讲课,是同行之间交流而已。

我今天的讲课,我没有用 PPT,没有讲稿,甚至连预告也没有。实际上,我想讲的题目是《法律人思维的局限性》。

我们作为律师,我们在社会上走,人家但凡找到我们,一定是在法律上有问题、有麻烦。所以,总是以人家之短来比我们之长,我们也习惯于拿自己法律的一技之长,来面对客户。所以我们经常听到的是夸奖:“哎呀,你的思维逻辑太严谨了、太缜密了、太周严了,真的很了不起。”

我们每个人在办理案件的过程中,由于我们跟当事人之间是这样一种“以长比短”的关系,所以我们经常会沉迷于自信、自负、自豪之中。但是我们想过没有,辩证地看,我们有长处的同时,我们有没有短处?

其实老一点儿的律师都会发现,当我们最初接一个案子的时候,我们是以自己的长处比别人的短处,所以对方无论是家属还是委托人,还是公司老板、董事长都对我们彬彬有礼、心服口服、赞赏有加,“你真是我见到的最棒的律师”。但是,这一切其实很“次要”,根本就不能代表全部。随着合作时间的增长,别人的长处越来越显示出来,我们的短处、我们的不足越来越凸显出来。比如说,对方是出国留学很多年的人,人家在经济领域有很深的造诣,人家在其他各行各业本身就是大专家,是在特定的法律这个方面遇到了麻烦了来找我们而已。

但是我们又很难听到、看到自己的短处，还没轮到显示出我们的短处呢，这个案子结束了，各走天涯了。下一个又是恭维我们的人……

我一直在想，我们法律人在与社会各方力量的博弈中，我们的这种特定的教育背景、职业环境、职业方式给我们带来的短处是什么？

“木桶理论”告诉我们，水有多少是由最短的那块木板决定的。我们律师的职业形象在市场经济社会里并不是最高的，并不是最好的，并不是最优秀的，并不是最有实力的群体。

律师群体比起企业家群体来怎么样？比起艺术家群体来怎么样？我们律师群体有多大的力量？为什么一群最聪明的人搁在一起，却不是最聪明的、最有实力的群体？我们的问题出在哪里？出在我们的“木桶”的短板上。那短板是什么？没有人给我们指过，我们是不是转过头来该看看我们的背影和足迹，我们的短处是什么？我们的特定的行业局限性带来的短处是什么？

这个题目从来没有讲过，我今天是试着讲。我也不知道讲得对不对，拿出来供大家参考，是一些很不成熟的想法。

问题 1　我们的思维，局部严谨缜密有余，大局宏观不足

我们谈一个案件，谈一件事情，从法律上我们逻辑推进的速度极快，一环一环丝丝入扣地往里推进，局部思维非常缜密完整。但是我们看到宏观了吗？我们以法律的视角看一件事情，这是看这件事情的全部视角吗？我们能不能从社会学的角度、从经济学的角度，甚至从历史学、哲学的角度，我们从多个角度来看待一件社会发展的事情，而不是仅仅从法律角度？

就像一座山，如果坐在哪里，你看得再细永远只能看到 50%，你看不到山背面是什么，对吗？你所看到的这座山的每一个石头、每一棵树、每一棵草，你都看仔细了，你仍然不足以看到山背面。我们是不是应该有一个大局观、宏观换位的考虑。这个时候，我们能不能从严谨的逻辑问题中摘出来，这是我说的第一个问题。

就是说当我们被别人夸奖，我们也很擅长做局部缜密思维的时候，往往对宏观忽略，或者以经验主义窥一斑而知全豹，其实不尽然。

大家都是执业多年的律师,其实我们仔细想一想……例子我等一会儿举。

问题2 戴着自己愿望的有色眼镜看待客观事物

不仅是法律人,也是知识分子普遍容易犯的错误,就是戴着愿望的有色眼镜看事物。

我希望陈海阳(编辑注:律师学院教师)今天穿一件白衬衫,所以我远远一看不是黑颜色的而是浅颜色的,就确定一定是白的!我绝不仔细看衬衫是不是蓝色,因为我太希望他穿白色的了,他不要穿黑的,虽然他平时穿黑的,但今天他一定不能。所以我远远一看果然不是黑的,马上戴着有色眼镜看他今天穿的是一件白衬衫。

我们的很多律师受了完整的法律教育,我们非常希望我们的国家走上法治道路。所以当国家发生了每一点儿可能跟法治方向吻合的变化时,我们不考虑背景,我们直接下结论,我们的法治又进步了。大家都希望法治进步,但是有的往前进是真的进步了,有的未必。因为每一件事情我们看到结果的同时,背后都是有原因的。而这个原因是千差万别的,这个原因是各不相同的。这个原因可能来自于法治的进步,也可能相反。这个时候,我们为什么要过早地下结论?中国的法治一定就在进步了,我们大家都希望它进步。

我们经常发现,我们在跟客户谈的时候,家属是容易犯这个错误的,每当看到一点点对自己有利的证据或者被认为对自己有利的证据马上提供给律师,由此说明我们家人是冤枉的、是无罪的。我们作为律师是不是要被牵着鼻子走?我们是不是一听说有利的马上也跟着去相信?有经验的律师都知道再等一等,再看一看。我们今天所看到眼睛里的东西,眼见真的为实吗?"耳听为虚,眼见为实",这句古话在今天真的适用吗?

知识分子容易轻信和激动。我们律师作为法律人,作为知识分子中的一员,同样容易戴着有色眼镜的愿望看事物。但是从哲学的角度来讲先要解决认识论,再要解决方法论。先要解决"这是什么",然后再解决"我该怎么办"的问题。如果我们认识论是错的,方法论怎么都是错的。认识论对了,方法论可能对、可能错,错了还能改。但如果认识上是错的,什么方法都是错的。这个时候,我们怎么解决认识论问题?我们看的角度不同,我们可以换角度。但是如果我们戴着有色眼镜看,怎么看颜色都是错的。你戴着墨镜看五颜六色得出的结论,你看什么都是有偏差的。哪怕是白色的,你戴着茶色眼镜看也不是白的。所以,要客观冷静地来看待事物。

举个例子,陈有西大律师讲的念斌案。从昨天早上发出新闻,大家看了新闻都沉迷在一片快乐之中。"无罪释放了!8年,张燕生律师真的了不起。"我相信这个案子结果出来了后,张燕生律师是多次潸然泪下。张燕生律师我们也很熟。但是,在想这个的时候,我提两个问题,大家想一想。

第一,本案真凶没抓到,要公安去抓,公安会真去抓吗?公安真要是把真凶抓出来了,再一次证明了自己的错误,那么他们这样破案抓获真凶的动力在哪里?这个案子福州的检察院和公安局肯定是不服的,官员的面子丢光了。我相信公安部、公安厅、福州市公安局压力都山大,有关领导一定是气得拍桌子,在一个真凶没有抓到的情况下,这个命案从"已破"又变成了"未破",怎么办?

我不知道福州公安局接下来会做两件事中的哪一件,50%的可能继续为证明念斌有罪找新证据。50%的可能去抓新的犯罪嫌疑人。会出现什么情况?我们社会大众都在为法治进步欢呼的时候,我们作为法律人,是不是应该冷静地想一想后续的事情。

我们通过这件事情反映了一个机制体制上的问题,也就是说公安机关的案件,只能成功不能失败。破了案他就是对的,口供有了那就是对的。浙江叔侄案或其他案件,刑讯逼供以后,供出来的只要是真话,就 OK。现在被认为是刑讯逼供逼出假话了,错案追究机制怎么办?我们有没有给公安机关一个掉头的空间,让公安机关把接下来的侦查工作的注意力放到抓获真正罪犯的上面去,而不是花在抱残守缺——"我要继续证明念斌这小子有罪,再把这小子抓回来,由此说明我没办错案"。我不知道这两种情况接下来会发生哪一种,因为真凶没有抓住啊。

如果像别的案子,赵作海案啊,真凶都出来了,那这件事也就到此结束了。咱们想过没有念斌的案子根本没有结束,一起已破的命案变成末破挂起来了。如果公安机关重新调集侦查力量,重新整理证据寻找新的犯罪,这个力量有多大？这个案子做成了以后,公安局在社会上是给自己添彩还是打自己耳光?公安侦查的相关负责人,包括检察院的相关负责人会不会因此受处分被调离？带来的是更加的抱残守缺。

我们能不能通过这个案子提出一个有切实可行性的办法，让公安局有改正错误的余地?现在公安局这辆汽车开进胡同里调不回头来,没有给他一个掉头回来,错了就往回改的机会。

我们能不能抓住这个机遇，在侦查制度上提出一个能掉头的空间的方案来?而不是简单地去指责公安局,指责检察院,指责一审法院的错误。

如果我们能够冷静下来想这件事情后续的事情，如果这个问题由于这个案件使得全国的公安机关在侦查办理案件的过程当中，不再会被被告人的口供牵着鼻子走,会从此在制度上有了一个纠错的机制,有了一个可以调头的回旋余地,这才是对法治的莫大的贡献。

第二,在目前的情况下怎么解决公安的工作积极性问题,这是需要冷静考虑的问题。当所有人都在欢呼胜利和指责(办案机关)的时候,我们律师是不是要“后天下之乐而乐”?我们先想一想,能不能通过这件事情改变一些制度上的缺陷。这是一个我现在也没有想清楚的问题,我不知道公安机关在这个方面能不能做调整。但我担心这个案子可能永远破不了。

当初李庄这个案子,供出李庄以后,龚刚模就不执行死刑了。当时我的第一担心就是,如果这个形成了判例,以后被告人面临死刑实在找不着辙的时候,就可以把律师出卖了从而换得自己一条命,我当时就担心这个。结果不出半年,江西高院一起毒品犯罪案件,一审死刑,二审开庭审理的时候,审到最后一个死刑被告人时,他突然改口说:“审判长,我错了,我认罪,是我的律师不让我认罪的。现在我全都认罪,请法庭饶我一命。”说着,他拿出一张纸条来。一瞬间,他的辩护律师衬衫的后背全湿了,这到底是怎么回事？怎么会有一张纸条?

法庭马上休庭，把那张纸条拿过来看是不是律师给被告人写了什么。一问才知道是律师在会见他的时候,他自己拿笔和纸条记录的什么东西,并不是律师写了个纸条送到他手里。而律师否认了这样的行为,所以对我们那位律师后来没有处理,不然的话又有一个律师被抓了。

这就是“榜样”的力量,龚刚模给全国的死刑犯树立了一个出卖律师以求活命的榜样。好在后来这个事情发生了逆转，没有再推而广之地扩大。但是今天，一方面，我担心福州公安系统被处理的太重，其实办侦查工作错误都是正常的。另一方面，我担心没有人再真正花工夫去侦破真的罪犯。所以这件事情我担心的是，只有前半截没有后半截。推翻了一个冤案，没有人花精力去找出真凶。

我个人认为，我们在今天不要戴着太大的有色眼镜来看问题，这是第二个问题。

问题 3　应然性太强，实然性太弱

应然性太强，实然性太弱，也是书生身上共同存在的问题。

我们受过高等法律教育，法律是什么样的，一个法治健全的国家应该是什么样的，法学书上写得清清楚楚。所以对我们现实制度的缺陷，我们一步到位地要求它，我们实然性不够，我们对中国社会的了解不够。为什么？我们广大律师号称是精英阶层，最大的问题是不接地气。

我们其实仔细看一看，今天网上这些所谓的知识精英、精英阶层，上不接权力的“天气”，下不接百姓的“地气”，横向也不接财团的“实力”。实际上，他悬在中间。他根本就是通过网络在那里进行无效的空气震动。为什么？你要是独立地看这些律师也好，这些精英也好，他们提的所有观点都是对的，但却无法嫁接到社会实践中，是悬空的，是空中楼阁，他不接中国现实社会的地气。

我非常希望中国的社会有所变革，让一部分律师去到中国最贫困的县里头，去当 3 年副县长、副乡长，去直接了解中国社会的现实。因为中国基层社会是“一大坨”，那里集中了十几亿人的中国社会最现实的问题。我们不能凭空想当然就认为应该一步到位。毛主席有一句话：极“左”思想是葬送革命的。当我们在迈步的时候，在现在的基础上往前迈一步你就能站住，但你想一次迈五步，你只能劈叉摔倒，最后你一步都走不了。这就是我们把握的这个度。我们今天大量的律师，从课本到课本，从网络到网络，我们没有真正想一想这些社会的弱势群体，他们思考问题是什么。所以提出的建议不接地气，实然性太强，这是第三个问题。

问题 4 重主讲,轻倾听

我们讲得太多,倾听得太少。

作为律师,人家来找你,我们当然要讲话。人家也乐此不疲地愿意听,听多少遍他都不觉得有问题。但实际上还是我刚才说的,你解决了认识论再解决方法论,你先要听,先要学会倾听。我们往往是经验主义,刚听完"一、二、三",就说"哎,我知道了,四、五、六、七、八、九,肯定是这样的!"事实的确是这样,以你的经验你听了"一、二、三"你已经知道"七、八、九"了,可"九"以后呢?"十、十一、十二",是你根本想象不到的事情。但是客户还没有来得及说这些问题呢,你已经把"四、五、六、七、八、九"说完了,以至于客户就根本不认为还需要跟你讲。

我们律师经常发现,客户讲的一些自认为很重要的问题,我们听了觉得根本就没意思;而他们无意中说的一个问题,我们会突然发现:"哦,还有这么回事啊?还有这么一个证人啊?还有这么个证据啊?这太重要了。"可是客户是无意中说的。律师过于霸占和客户沟通的主动权,这样的一种语言习惯和方式是我们的思维的一个很大的局限性。

我有幸因一个案件到香港去了几次,跟梁爱诗律师有过"零距离"接触,我们在一起探讨问题。她让我看到了另外一类法律人,梁爱诗大律师 70 多岁了,她在英国受过最好的法律教育,然后从事多年职业律师,又当过香港特别行政区的第一任律政司司长。

和梁爱诗交流时,我注意到这样几个细节:第一个细节,当她在听当事人或我们的律师发言的时候,安安静静一言不发,谁讲话她就盯着谁,静静地在听绝不打断。我们的律师往往不耐烦,因为你说了"一、三、五",我就知道"二、四、六"和"七、八、九"了,所以我根本没耐心听。其实很多东西她都是知道的,但是她的修养表现为安安静静地坐在那里听。然后在不打断的同时,当你问她问题的时候她的回答极简洁。什么意思?她只回答接下来我们应该做什么事。第一,我们准备什么材料;第二,找谁谁沟通;第三,去什么部门;第四,做什么鉴定。她说话非常简单不啰唆,只说要你马上去做的结论性的东西,她不说为什么。然后只有当我们律师、当事人不懂问她为什么要这样做时,她才给你解释为什么要这样做,理由是什么,你不问她不说。

这反映出一个成熟律师的思维方式，梁爱诗不是来给客户讲课的,她不具有讲课的功能。

“好,这个案子我接下来了,我们要一起合作,请你准备这样的几个方面的材料……”梁爱诗说。为什么要准备,客户提不出问题来,我们律师有的时候要问一下,她回答得也很简单,“因为什么,所以必须怎么做。”一句啰唆话没有,你听得很清楚。她很有耐心,而且非常节省时间。这是她“听”和“说”表现的习惯。谦和、认真、非常礼貌。

我们几个律师当时就说:“这才是法律贵族。”这才是一个成熟的法律环境中培养出来的法律人,绝没有侃,绝没有广告,绝不谈自己怎么怎样。而且你能够感觉到她绝不是把特别的爱给了特别的你,她就是一视同仁,她对谁都这样。我今天对你这样,明天这个客户来我还这样。认真听、简洁回答,到此结束。这是我看到的第一个细节。

第二个细节,会见结束后,我们律师同行送了几本自己写的书给梁爱诗。梁大律师是什么表态?她说:“噢,好,非常感谢,我最近很忙在开几个会,等我开完会后,我一定会认真看您的书的。”你看她是这样表态的。咱们是怎么表达的:“哎哟,海阳你出了书了,给我签个名吧。”然后,回家往书架里一放,再也不翻了。她这样讲,让人家感觉非常实在。告诉你最近我非常忙,我可能没有时间看,等我忙完了这一段,我是一定会看的。这是她的第二个表态。

第三个细节,当这个案子的会见工作结束后,我们的当事人(客户)拿了一些茶叶送给梁大律师。她的表态是这样的:“哦,谢谢,第一次我就收下了,你以后来就不要再带东西来了啊。”

你看,就这么简单,这显示出如同国家公务员那样的廉洁性,照理说律师行业嘛,互相来了见面礼送一点儿很正常。她就很简单地讲第一次见面就算了,她不好驳回去,然后你以后来就不要再带东西来了。她很认真地跟当事人讲的,不是任何客套的礼貌,客套的虚的东西。

就这三条,我真的觉得那个下午我在香港上了一堂法律课。我们几位律师都有同样的感受。这个大律师气场逼人,这种逼人的气场来自于什么?不是来自于咄咄逼人,而是来自于谦和、大气。所以,她只要一说话所有人都听,而且一点儿都不啰唆,就这么简洁。所以说好几点就是几点会见，会见了以后一握手“拜拜”，送到门口走人，这让客户的感觉很好。而我们有的律师拿了名片还拿简介，这边大吹了一番这个律师是如何伟大，二者完全不一样。好，这是我讲的第四点，重主讲，轻倾听。

问题5 重本位，轻换位

我们容易犯本位主义的错误，想当然地认为“我天然就是正确的”，因为我是受过专门教育的，我是有丰富经验的，所以我的话当然就是正确的。没有换位思考。这个问题，今天上午陈有西律师和徐建院长多少都提到了，我们律师容易主观、容易武断、容易自负，没有换位思考。

换位思考，换什么位？

首先，你换到客户的位置。

假如你是当事人，你的家属犯罪了，或者你的家属被害了，你是什么心情？需要倾诉、需要倾听。这个时候，你听他讲，就已经对他是一个安慰了。虽然客户跟我们讲的话“干货”连10%都不到。大家都有体会，客户经常鼻涕一把眼泪一把地在你面前一口气讲2个小时。这个时候换位思考，如果你是他的话，你也没那么理性。这种换位思考的结果，我们会注意到一个问题，那就是换了位以后，他的很多你不理解的问题都理解了。你是他，你也会这样。

其次，换位思考，换到被告人、看守所。

当事人见了你如见到亲人，希望你多会见他几次，让他从看守所走出来。所以有的时候，你明明跟他谈的都是废话，都是对案件本身没有用的话，但是无用之用本身就是作用。他需要这样一种抚慰，所以在座各位都是自己律所、自己团队的主干律师，我现在越来越感觉到主刀医生是需要有护士长来配合的。

就是说，你如果没有时间，要由你的助理代表你多长时间要到看守所会见一次被告人。不能一搁就三四个月、五六个月不理人家，因为当事人需要有一个心理抚慰的。这种就办案来讲一点儿用都没有的“无用之用”，就是服务的真谛、核心。所谓治病三分治七分养，我们今天所为客户提供的这些东西，其实是一个服务的过程，不是一个简单的结果。因为我是刑事律师，对不起我只举刑事案例，在座民商律师多包涵。

客户来找律师,他花钱请你做律师,他的本意是什么?是买一个结果,希望我们家的人无罪,如果说非要有罪希望能够缓刑;如果非要实刑,希望是轻刑至少不能掉脑袋,最次也要死缓,是吧?客户本意来找我们律师的时候是本着“买结果”,但我们律师能“卖结果”吗?我们卖不了结果,我们作不了判决,我们能作判决就成了腐败的贪官了,我们卖的是服务的过程,而他要买的是案件的结果。这两者其实是矛盾的,是搭不上的。

刑事辩护不许风险代理,不像民商案件,民商案件还好,银行贷款案件 1000 万元的标的,我 0 收费,我办不成我认了;办成了 30%,300 万元归我。没问题,这倒是可以。但刑事案件不能说:“保住脑袋了,你给我 100 万元。保不住脑袋了,我免费。”不允许,刑事辩护律师卖的是一个服务的过程。刑事辩护律师经常被投诉,就是因为甲方(当事人)乙方(律师)的内心诉求并不一致。

在诉求不一致的情况下,我们刑事辩护律师怎么才能做到最好?其实,我们让他看到的是我们的服务过程、我们的敬业精神和我们的职业经验。

我们的职业经验和敬业精神,实际上是我们真正卖出去的“标的物”,而当事人没感觉,当事人就只要结果。后来他之所以接受了,并认为你是个好律师,哪怕最后被告人被判了死刑了,家属都感谢你,是因为他看到了你的敬业精神,看到了你的服务水准,他相信换任何一个其他律师,结果都不会比这个好,他就不后悔请你做律师。这就是说,你在服务的全过程中,向他展示了你兢兢业业的敬业精神,向他展示了你丰富的职业经验。

这是什么?是对方只为自己想到“3”,你给他做到了“5”,你给他做得比他希望的更多更好。如果他希望“3”,你给了他“2.5”或“1”,他心里总有一种缺憾。当最后死刑结果出来的时候,他内心会觉得“我当初要求你做三件事,你看你只做了两件,如果你第三件事也做了,也真找了某人去取证了,说不定这个证据提交到法院,我弟弟就死不了,我弟弟可能就有救”。他也许话不会说出来,但他的内心深处会有这样的声音。但如果他让你取 3 个证,最后你帮他取了 5 个证,这 5 个证最后还是没起到作用,他内心也无话可讲。

所以,客户对我们的服务满意不满意,从合同搭建之初的矛盾到最后被我们律师的服务给扭过来,形成一个没有被投诉而是被感谢的这个过程,是律师法律服务的精髓。而这个精髓是需要我们换位思考,而不是自己一拍脑袋说:“反正我已经尽力了。”

最近网上那个湖南产妇事件,羊水栓塞一下就死掉了。为什么后来变成爆炸性的新闻?是因为最后家属冲进去以后,发现自己的家人躺在那里已经满口、满身是血,是赤身裸体的尸体躺在那里,却在尸体和家属之间没有任何医生和护士来告知、来缓冲、来解释,是直接让家属看到了自己亲人的尸体。

这就是咱们法律上常用的一句话,“正义必须以看得见的形式表现出来”。你服务的过程没有被用看得见的形式表现出来,而是“没看见”。不让我看见这过程就给我一个结果,这个结果是我不满意的。如果是满意的还好,我可以不问过程,你给我一个不满意的结果,我一定要知道过程,一定要知道问题出在哪里?所以,后来之所以矛盾有所缓解,告诉他是羊水栓塞,20 万分之一的机率啊,但是无法预测,讲了一大堆专业的东西,好歹算是缓过来。但在此之前如果有一个预判呢?所以我们律师卖给客户的是我们的职业经验,这个经验不是说能通过一本法学书买到的。

这个职业经验内涵是什么?

那我告诉你,律师职业经验的内涵就是“提炼+预测”。

一方面,是提炼。人家给你哇哇哇讲了一大堆,两个小时,你一下就把问题提炼出来了。如同一只鸡,你把鸡毛、鸡皮、鸡肉都拿掉,提炼出来的是鸡骨头架子,就是一个脑袋、一个脊椎、两个翅膀、两条腿。

另一方面,就是预测。“以我的经验,目前案情是这个。明天将会怎样,后天将会怎样,到了大后天可能会发生三种情况。第一种情况会是怎么样,第二种情况最好的会是怎么样,第三种最差的会是怎么样。我们怎么样努力争取往最好的方向发展,防止最坏的结果的发生,我们目前是怎么考虑的”。这就叫预测。

如果你是客户,你遇到的律师给你一个这样的预测,你会什么感觉?你会对很多问题心里会很踏实。说白了,死知道怎么死的,这比知道怎么活还重要,这对客户来讲就是这样的。所以,我说为什么一定要换位思考。如果你是客户，你遇到的律师走一步说一步，一拍脑袋："嗨，这个事回头再说吧。"你不替他的这个位子考虑，怎么能令他满意？

这就是我认为的"换位思考"，这是第五个问题。

问题6 我们重反驳，轻隐忍

我们律师，尤其是诉讼律师非常会反弹、会反驳，你说了"1、2、3"，他说："不对，应该是4、5、6。"针锋相对，一看是错的马上就要驳回去。这是我们的职业训练练就的一种职业本能，尤其是大学生辩论赛更是强化了这种本能。就是一定要让选手思维清晰、逻辑清晰干练，马上就要挡回去。

作为比赛选手，我不做评价，他们愿意这样做。但是现实生活中，作为律师，对方的观点明明是错的，明明是误解的，明明是扭曲的，明明是荒诞的，我们真的需要立即反驳吗？我们能不能隐忍一下？话到嘴边能不能让自己的话在嗓子眼里多一个回旋余地？等他说完，全说完了再想一想，什么时间以什么方式反驳、纠正？还是不反驳、不纠正？索性让他留着。

为什么？因为反驳，尤其是当场反驳，你说得再对，可能让对方下不来台没有面子。最后对方抱残守缺，不是跟你进行真理标准的讨论，而是跟你进行面子有无的保卫战。

"你居然敢当着这么多人的面说我，说我无知，我这个面子都没有了，我怎么是无知啊，我是博士学位啊，我是双博士学位啊，我怎么能无知呢？"实际上，对方在攻击你的时候，他的最大的要害是自尊心。是他要通过他对你的攻击，可能在说明真理的同时想向第三人、旁人显示自己的伟大光荣正确。他是要一个面子，尤其是在谈话的场合中学历低、职位低这样的人，他有一种自卑，内心深处的自卑。所以，他突然跳出来说的话很可能有很多是不着调的，是冤枉的。

"陈海阳，你今天这个怎么是领带啊，这明明是抹布条嘛。"这个时候，你真的需要通过反驳我来证明你系的真是一条领带而不是一个抹布条吗？你根本不需要这样做。所以有的时候，人家说的话表面是一个意思，内心可能是为了突出自己，为了显示自己。这个时候我们的反驳，为了真理进行的讨论，恰恰伤了对方的面子破坏了大局。而且我们容易没有听懂，没能听全。他表面是这个意思，内在也可能他不是冲我来的。他真正指责我的目的可能是冲着我背后那个人来的或者我旁边那个人来的，并不一定冲我来。

我们真的要立即反驳反击吗？

这个时候，我们思维敏捷、语言犀利的法律人，能不能懂得一点隐忍，懂得一点克制？给自己的思想多一点儿回旋的余地。这是我认为干我们这行的人容易出现的一种反弹。

还有干律师这一行，说得难听点儿追名逐利。你不出名谁来找你？你不获利，市场经济中怎么养活自己？你不能什么案子都化缘对不对？那么正因为是这样，名和利一定是我们这个行业不可或缺的东西，默默无闻你就饿死了。

对名利的追逐应该摆在一个什么位子？法律人的习惯思维是什么？通过每一个案子给自己做广告出名。“你看，某某案子是我打的，某某案子多有名。”这样名有了，利就有了，这是几乎所有律师的特点。

我告诉你，我受过一次隐性的伤害，但是人家都不感觉。在一个场合，我跟人家握完手以后，我的手几乎都要伸到口袋里去拿名片了，有一个人说了一句：“哎，钱律师你跟别人不太一样啊，你也不给我们名片，我们遇到的所有律师都是上来就给我们名片，要我们有事就找他。”我的手其实已经本能地伸到口袋里了，但是我一下就忍住了。我真的能够感觉到那个人说这些话的时候，带着对律师这个职业的轻蔑。

“你不就想做生意吗？你跟我认识，赶紧给我一张名片让我有事找你，你不就是想挣钱做生意吗？你不就是一个为生活而拼杀的社会层次吗？”他说这句时候的那种轻蔑，那种居高临下的神情，我当时感觉真的是受了一种很重的羞辱。从那以后，我名片越带越少，后来有时候索性就不带名片。普遍反映的是，咱们这个桌上 10 个人，只要有 1 个律师，那个律师一定拿出来给那 9 个人每人发 1 张名片。你想过没有，换位思考，那个接到你名片的人真的希望要你这张名片吗？真的会把这张名片很好得保存吗？

“下次有事我找你啊，陈律师。”“高律师，我下次一定找你。”他真会这样吗？这张名片瞬间就变成废纸了。你想想你送出了多少名片？人家真要找你人家会主动找你要，你给人家留个电话这可以。但是当人家没要你上赶着给的时候，人家很礼貌地接过来，接过来以后会扔掉。我相信各位的名片 90%以上都是这样消耗掉的，对吗？问题在于，送出一张无用名片我们得到的是人家内心对我们的轻蔑。这种感觉我们换位思考过吗？我们想过吗？所以在这个上面，我觉得更是把名和利、发名片宣传自己放在一个适当的位置。

无论人民大学律师学院的刑辩班，还是法律人思维班，我对所有给律师讲课的老师的要求，我跟徐建院长讲过，我说："请他们注意，人大律师学院不是主讲老师做广告的广告台，不是拿来宣传你的。""我是哪个所的，我做过什么什么。"不需要的，我们大家就是来做经验交流的，做广告你另外找地方去做，这里不要做广告。越做广告越掉价。

好，这是第六个问题。

问题 7 重投入，轻超然

我们做一个案件，认真、执着，晚上睡不着觉整天地想。我相信张燕生律师，就念斌这个案子，对她的健康都有很大的影响。她非常投入，所有场合都讲念斌案。

我那天跟燕生开玩笑说："你都快成祥林嫂了。"她是坚持正义，坚持投入。我们法律人谁都不缺投入的执着，我们缺的是在投入的同时还需要有一种超然的心态。

"心在案里，情在案外。"我们要用心办案，我们不能用情办案。因为情是当事人的东西，情是一副有色眼镜，我们律师戴上了情的有色眼镜就影响了对一个案子的客观判断。所以，我们要从案子里超然出来，你永远是甲方乙方中的乙方。你再怎么做，你不是甲方。我相信张燕生再怎么做，也不是念斌的二姐，她只是念斌的辩护律师。

在这个时候，作为律师要有一种投入的心态办案，要有一个超然的心态看案件。要让自己跳出案外，更宏观地看案件。

比如说李某某案件，辩护律师在为李某某辩护的时候，他看案件是一个角度。无论是一审的兰和律师还是二审的周翠丽律师，甚至从法院出来以后在法院门口对着记者大哭一场,这样做对不对?你是职业律师,你如果是李某某的亲戚,是他亲妈,你对着记者对自己的亲人被判刑了痛苦地哇哇大哭可以理解,但作为律师,我相信在座没有人认可周翠丽律师对着记者在那里大哭这件事。她只有超然出来,她才能看得更客观更全面。这就是"情在案外",这是第一个层次。

其他律师如何看待李某某案件,这是第二个层次。我们更关心的是这个案件的证据,真的有罪吗?是否足以构成犯罪?而当时的辩护律师定位在"当然是无罪的"。我们其他辩护律师就会问:"证据是否足以支持有罪?"这是第二个层次。

第三个层次,法律人、民商律师、其他司法人员、法学教授,他们怎么看李某某案件?他们认为这个案件发展成了一个闹剧,这可能是法治的悲哀,媒体上这样的炒作对律师形象损害很大,对当事人可能也不利,这是第三个层次。

第四个层次,社会大众怎么看李某某案件?是不是认为这个案件好玩,闹剧,看热闹。社会大众又是以如何一个心态来看李某某案件的?"啊,'星二代',你看这样那样。"其实,我们作为职业法律人应该把这四个层次都想到、都看到、都思考到,而不是只局限在我是第几个阶层就是第几个阶层。

作为辩护律师、办案人,你的看法一定要摘出来,摘到案外其他律师角度来看,摘到社会大众的角度来看,一定要换几个角度,然后你再办理这个案件和面对媒体的时候,你的心理定位会更加准确,更加客观,这是非常重要的。所以,我们作为职业律师,一定要能够拿得起来放得下,以一种超然的心态来看待这些问题。

这是我说的第七个问题。

问题 8 诉讼律师多一针见血的精明,少一针不见血的智慧

咱们看问题往往很犀利,一步到位直指圆心,为什么呢?

因为我们有经验。我们有这样的法律思维训练和专业的锻炼,所以看问题一针见血。但是,我们能不能做到"一针不见血"?既提醒了对方让对方感到了痛,又没有把对方扎出血,这个度的把握是不是更高

层次的要求？给对方留出面子，留出改错的空间，这种“一针不见血”的拿捏可不可以？

举个例子，杨氏太极拳的鼻祖杨无敌有一天待在家里，有一个人敲门，一看是一个武功很高的人，说：“杨先生，我武功很高，我想跟你比试比试武功可不可以？”杨先生把他请进门来，这时候正好有一只鸟飞进房间，杨先生一把就把那只鸟抓住拿在了手里，然后他就让家里人上茶，和这个武士面对面。这时候，那只鸟在杨先生的手里头扑打着翅膀就是飞不起来飞不走。为什么？因为我们大家都知道，鸟要想从树杈上飞走，它要做的第一件事是脚要蹬一下树杈，然后再一扑棱翅膀才能飞走。冬天树枝上光光的时候，当我们看到鸟要飞走的时候，树杈一定在颤抖，就是因为它有一个蹬力，蹬一下，鸟就飞走。但是，当这只鸟在杨先生手里的时候，这只鸟的脚每次要蹬他的时候他的手都软下去，他对这个鸟的力量的把控非常敏感，手柔软得像水一样，所以每次鸟一蹬都没有一个回力，所以这个鸟的翅膀就扑棱不起来，鸟就飞不走。每次它蹬一下，他的手就软下去。

杨先生的手能够柔软得像水一样，这个武士一下子就看出来了，说：“杨先生，不用比了，我知道我的武功不如你。”至柔达到至刚，你的内功能够练得像水一样柔，那你发出的力是力敌千钧，势不可挡的。我的内功不到，咱们不用比，我自然知道不是你的对手。这是最高层次的比武，而不是把对方打得鼻青脸肿。所以，如果说我们双方在较力的时候不伤到对方的情况下让对方退却，这个时候内行当事人知道我们的法学功底如何，外行可能看不出来。孙子兵法说：“不战而屈人之兵，善之善者也。”这个不战而屈人之兵，其实指的就是这种内功上的比较。

我们给对方提出法律意见，如果我们保住了对方的面子和自尊心，保住了对方的尊严，在这个基础上我们如果能够点到为止，是一个什么样的感觉。我们不需要说对方错，反而让对方心服口服。“哦，你可能忽略了这个问题”“有另外一个问题，我可能没有来得及告诉你。”把一些他没想到的，不知道的，完全不懂的东西，我们以这样的方式委婉地告诉他，我们如果起到了这样一个作用，对方的面子和尊严留住了，是不是可以“一针不见血”。

在这里，我想提一下律师和法官的关系。我们的法官的素质参差不齐,就像我们的律师的素质参差不齐一样。但是,陈兴良教授有一句名言说:“律师不像律师是因为法官不像法官。”这句话被一些律师拿来做自己“死磕”的理论基础,但是我想说的是“法官不像法官的时候,我们律师仍然应该像律师,因为我们真的是一个律师”。

对方犯错误不是我可以犯错误的理由。小偷偷了我的钱包,我应该报案而不是去偷小偷的钱包,因为我不是小偷。不应是简单意义上的“实体同态复仇”,我们更要遵守的是一个程序,你偷了我的抢了我的,实体上我的财产受到损失了,但作为法律人我应该干吗?我应该向公安机关报案说明我的权利。这是什么?这是程序,没有程序的正义就没有实体的正义。而正相反,他偷了我的我就把刀拔出来说:“把刚才的钱包还给我。”从实体来讲,你完全是对的,你把你丢掉的钱包拿回来了,但是程序上这是什么行为?抢劫。

我们律师跟普通非法律人的差别在于,我们更懂得程序正义的真实含义,程序正义凌驾于实体之上。当我们遇到一些素质很低的法官的时候,他有一些很不讲道理的言行举措的时候,作为一个职业律师,我要遵守他的程序上的权利。在实体问题上,我们该投诉就投诉,该以什么方式来处理就以什么方式来处理。但是我们的所作所为仍然应该是在律师的法庭的职业行为的边界以内。不是他“违法在先”,我就可以“违法在后”并认为这就不算违法。

这个问题,必须看得很清楚。

问题9 要懂得“无用之用”

最后一个问题,德国哲学家康德有一句话,就是我刚才已经提到的“无用之用”。

“无用之用”是什么?空间。这就是我要讲的我们法律人思维的第九个局限性。我们需要懂得“无用之用”的核心:空间。

什么意思?房子是什么组成的?墙、屋顶、地板。我们今天能坐在这里,是因为有墙、有屋顶、有地板,但是并不全是墙和地板。墙在四周,屋顶在上面,地板在下面,这中间是个空间,有空间我们才能够坐在这里。如果全是墙、屋顶、地板,我们怎么可能坐在这里?

从表面看,空间是没有用的,墙是有用的,是墙把屋顶支撑出来的。可正因为有了墙的支撑以及一个地盘里并不全是墙,有一个空间,我们才能用这个地方,所以这就叫“无用之用”的作用,空间。

这个空间在我们日常生活中、工作中,像刚才我讲的给对手留空间,给法官留空间,给你自己的错误的改正留出空间。不要把话说绝,不要把事情做绝,给同行之间的相互尊重同样留出空间。就像书法家的毛笔写出“飞白”来,这种“飞白”也是一个空间。

两个优秀的武术选手面对面的时候, 一个选手总是往后退半步,要留出空间。任何一人拳击运动员不会靠着墙跟人打,因为身后面没有空间,没有把对手逼到墙角让对手没有后退的空间。每个人都需要空间。所以一个优秀的战术家,他永远给自己留空间。

我们律师要懂得,有时候“此时无声胜有声”。有时候空间大的压力,能够大到什么程度?当年我在江西南昌代理的“德国牙医案”,我申请了一个警察出庭,问警察是否对被告人有刑讯逼供。他说“没有”。我问:“为什么?”他说:“我是看守所警察。”那我说:“这个被告人离开看守所若干天以后回来,你是不是找他取了一份笔录?”他说:“是的。”我说:“你找他取笔录的目的是什么?”他不回答。我说:“我替你回答,因为他身上有伤。你记录下他身上的伤是为了一旦被追究责任的时候,你可以洗清自己的责任。所以当这个被告人还押看守所发现身上有伤的时候,你专门做了记录。”我问他:“是不是有这份笔录?这份笔录在哪里?”他说:“丢了。”我说:“是不是有。”他说:“有。”我说:“你做这份笔录的目的是什么?”他不回答。然后我给他讲:“事实上,你做这份笔录是为了洗清自己的责任。你只需要回答是,还是不是?”

到此,我一句话也没有了,我再也不问第二个问题。我们之间产生了他看着我,我看着他,四目相视的一个空间。整个法庭上下掉一根针都能听见,所有人的眼睛都看着这个警察,我也看着他,然后他就定住了。他不知道该回答“是”还是“不是”。60 秒,警察的脸从黄变红,从红变紫,从紫最后又变成煞白。

最后,检察官给他一个台阶:“证人,你如果要记不清楚那就回头再说。”最终是给他这么解的套。但是留出的这个“此时无声胜有声”的空间,让所有人都明白的确当时被告人被刑讯逼供了,然后这份笔录要起到的就是洗清冤枉的作用,不回答的回答也就已经是回答了。也正因为如此，所以当时法庭上大家都认可了被告人有被刑讯逼供了这样的一个过程。

这就是空间的作用,这就是我们留出了空间,给对手的压力有时候比满嘴话要重的多。所以为什么在人大律师学院“刑辩班”,我们有时候讲到举证啊，对证人发问只问对方一个问题，只让对方做简单的回答“是”或者“不是”就可以了,这个往往是最犀利的提问。如果一次问三个问题,五个问题,证人往往捡好回答的做长篇大论的回答,而难以回答的问题的空间已经被挤掉了。所以,你跟你的对手的 PK 某种意义上讲是争夺空间的一个 PK。把对方逼到没有空间而你有空间的时候,你其实已经占上风了,你其实已经赢了。

康德曾举了一个例子,就是车轮间的距离。两个车轮能够自由地旋转,他们之间是空心的,这种空间确保了这个车轮能够快速旋转履行职责。如果两个车轮紧紧贴在一起旋转,马上就出问题。所以,在律师的思维中,我们在缜密的同时给自己留出一个“飞白”,留出一个空间,我认为是非常重要的。

最后,我提一个问题大家思考。这个问题是我今天上午听了陈有西律师讲课以后受到一个启发,我没有答案。从西方哲学的角度来讲,政治和真理是两码事。真理是对人类社会正义的一个思索,一个探讨。政治是力量的拥有,我的力量大你的力量小,我就把你打倒了。文明社会那叫选票多,其他社会是枪杆子里出政权,我们武力消灭了你的武力,最后我就赢了。这样的胜败,成王败寇。这个政治与真理无关,与正义无关,只是胜利者往自己脸上贴了个商标说这是正义。你不是被我打败了吗,邪恶这张商标贴在你的脸上。

在这种情况下,真理和政治是分开的。我们从小受的教育说,这两者是一体的。但当这两者分开的时候,法律是干什么的?大家想一想第三个概念,叫法律。法律和政治之间的关系,像今天上午陈有西的话“法律是政治的工具”,法律是维护政治的一个工具。那么我们在大学所受的法律教育,法律代表的是什么——公平、正义。那么这个正义是怎么体现出来的?真理和正义是要通过法律来体现的。

那么,在这种情况下,法律左边是和政治的联姻,显示出它工具的职能;右边是和真理的联姻,体现出了它正义的精神。这个时候的法律是脚踩两条船的,这边具有工具的职能,那边具有体现公平正义的人文的职能。在这个时候,在今天中国社会里头,法律应该是一个什么样的定位和体现?这就是我们法律人思维的边界。

我们今天的法律人的思维有局限性,最终的边界是我们生活在今天这样一个社会制度下,50 年、100 年以后是什么样咱们那个时候再说,100 年前什么样我们今天可以说,但没意义。我们生活在今天这样一个政治和权利、真理、正义都发生联系的社会,夹在中间的法律人,我们应该让自己形成什么样的法律文化,什么样的法律伦理,什么样的心理定位?

我没有标准答案,我只是把问题提出来,请大家有个思考。

我就讲到这里,谢谢大家。

陆 附录 诗词·报道

附录1 钱列阳诗词三首

破阵子·中国律师执业随想

夜里挑灯看卷
梦回争讼法庭
多少案庭辩是非
多少卷案牍劳形
法外尚有情

笔作得马蹄快
文如雪片厚平
了却客户心中事
求得公平争议赢
可怜白发生

一剪梅·川中震摇

一线地裂神州摇
汶川地动,华夏惊扰
抢险救灾举国焦
大震潇潇,余震摇摇
军民拦阻奈何桥

生命为要，魂牵梦绕
赈灾托孤同怀抱
裂了地表，连了心桥

——零八年五月

念奴娇·回眸北大

十年磨一剑，何惜三五载，韶华未付流水。
图法治，意阑珊，拔剑也曾心茫然。
幸北大，入学苑，未名塔影烙心田。
桃李名师无南北，同道共校是前缘。
最喜事，诗兴依然，豪情不减，扁舟一叶梦江南。
把酒临嘘，江湖醉千年。

——二零零八年四月三日　于北京

附录2 从抓“坏人”到替“坏人”辩护

采访人:《人民公安报》记者 刘元林

关于被告人权利

被告人权利,就是中国公民权利中“最短的木板”,我们做律师的,就是要将这块“最短的木板”拉长。

记者:我所以选择采访您,不只因为您是一位知名律师,还因为你曾当过警察。以前是警察,现在是警察的“对立面”,由你来说警察,说法制,一定有独到的感受。您是哪一年参的警?

钱列阳:1981 年,高中毕业考取了北京市人民警察学校。1983 年 7 月毕业后分配到北京市公安局海淀分局北太平庄派出所,当了 3 年片警。1986 年 9 月,脱产至北京大学分校法律系学习,两年后回海淀分局法制科。从 1981 年上警校到 1991 年 10 月离开公安,前后整 10 年。

记者:你从 1994 年考取律师资格,转入律师行业迄今,也已 10 年。现在回头看自己的从警生涯,有什么感慨?

钱列阳:人生确实没有几个 10 年。19 岁到 29 岁,我有幸作为一名光荣的公安战士。我很感激这一段人生经历,它让我了解了公安工作的酸甜苦辣。我所在的北太平庄派出所地处城乡结合部,内有北京市当时最大的农贸市场,治安状况复杂。基层民警那种不怕苦不怕累、不分白天黑夜的工作状态,磨炼了我。那时,辖区护城河里,不时有落水淹死的,饭吃到一半儿,通知去捞死尸,撂下碗就去。没有手套什么的,直接抓那个尸体,回来酒精消毒后洗洗手,接着吃饭。这种苦和累,在年轻时尝过,终生受益。

记者:除了这种“强化训练”,还有别的收获吗?

钱列阳：在派出所时，我分管马甸居民区，打交道的，有修鞋的、摆摊儿的、居委会的小脚老太太，可以说都是社会底层的。这让我对于老百姓的生存状态、他们的期望和心态、社会的各色人等和复杂的人性，有了切身的体会和了解。总之，10 年警察履历，是我人生金字塔最底层的石头，既培养了我对刑事司法的兴趣，也使我对公民人身权利的关注超过了其他。从某种意义上讲，这实际上部分奠定了我做刑事律师的基础。

记者：那后来为啥要改行呢？是不是因为警察太累了？

钱列阳：我后来到了法制科，法制科的警察已经不那么辛苦了，既不用熬夜，值班也不多。我离开公安机关不是怕吃苦——其实做律师也很辛苦，而是 20 世纪 80 年代年轻人大都具有的对自我价值实现的渴求。法制科比派出所更对我的胃口，但我仍不满足。好比一匹马，我不太安心于跑马场，我渴望大草原。

记者：警察是抓“坏人”的，刑事辩护律师却是为“坏人”说话的。你人生的这个弯儿拐得不小。是什么样的因素促使您选择了当律师？

钱列阳：我并不是一开始就想当律师。刚才说过，警察经历培养了我对刑事司法的兴趣，培养了我对老百姓人身权利的关注。这里还有一个重要因素，就是我的学习，如果说北大分校两年大专的法律学习对我是一个法治思想的启蒙的话，那么中国政法大学四年成人本科的学习，以及北大法学院三年研究生的学习，让我成为一个法制主义者。

记者：法制主义？

钱列阳：应当是与“专制主义”相对应的一个概念，一种文化形态。法制，我国传统文化中是没有的，“法家”不是法制，仍然是专制。法制是近现代中国从西方引进来的一种文化观念，主要的内涵就是制衡达到公正，包括对强大公权力的制衡和对脆弱的私权利的侧重保护。在专制主义文化形态下，公权力是绝对的，不受制约的；私权利是没有约定的，是不受保护的，民众的幸福、社会的平安寄托于“明君”、“青天”，维系于个人的道德、素质。包青天治理下的百姓是幸运的，但并不是所有的老百姓都那么幸运。于是，中国历史上，更多的是杨乃武和小白菜，是窦娥冤，是杨三姐告状。

人之为人，既有对正义真理的渴望，也同时具有自私贪婪的弱点，把社会的公平正义完全托付给官员的个人素质，事实证明是靠不住的。法制主义主张把体制和制度的架构放在首位，对公权力进行制衡，即使是“坏人”在位受体制的制约也没法干坏事。法制主义就是为社会生活铺出铁轨来，让所有人事的“火车”都必须这么走。

记者：“依法治国”已写进宪法，是全民的共识。您怎么评价律师在其中所起的作用？

钱列阳：律师目前在我国是构建法制社会的一根根“枕木”。与其说律师是为“坏人”辩护，不如说是为法制理想辩护。我们常说“法网”，如果法网仅指司法权力，那这张网就只有经线没有纬线，是不称其为网的。坏人再坏，他也是人，既然是人，就有宪法赋予他的基本权利。不是说“木桶效应”吗，即木桶装水多少是由最短的木板决定的，被告人的权利，就是中国公民权利木桶中“最短的木板”，是权利的底线。他们的权利得到保障了，各位好人的权利就有充分保障了；他们的权利得不到保障，各位明天的权利能不能得到保障，就很难说。我们做律师的，就是要将这块“最短的木板”拉长。律师既担负着在个案上维护公平正义的职责，同时也在司法体系中发挥着健全法制的功能。

记者：当委托人的利益与社会利益发生冲突时，你站在哪一边？

钱列阳：律师的职业道德要求把维护当事人的利益放在第一位，但那是第一，不是唯一，你还应该为社会做贡献，为社会法制的完善做贡献。在世界范围内，律师都存在这样一个问题：当犯罪嫌疑人向自己的律师说出自己的其他严重犯罪行为时，律师有无检举揭发的义务？现在达成的基本共识是：作为律师，对已发生的事件，鼓励当事人向司法机关坦白，自己不承担检举揭发的义务；对将要发生的可能威胁到无辜者生命安全等重要情况，有检举揭发制止危害结果发生的义务。当然对此问题还在争论。

“有错”不等于“有罪”

犯罪嫌疑人并不必然等同于犯罪人；有错但不一定就有罪。刘晓庆被取保候审、不予起诉是法制文明的进步。

记者：2003年，你与许兰亭等三位律师联手组成四人律师团，为轰动一时的刘晓庆涉税案辩护，使这个几乎被舆论"判定"的案件峰回路转，你也因此被评为2003年度"中国律师界十大新闻人物"。"刘晓庆税案"可以说是您律师职业的重要一页。您是什么时候介入这个案子的？

钱列阳：刘晓庆是在2002年6月22日被北京市公安局刑事拘留的，随后就进入侦查阶段。大家知道，侦查阶段拖得时间比较长。等到2003年1月3日，北京市朝阳区检察院正式受理了刘晓庆案件，算是侦查阶段结束，转入审查起诉阶段。家属就开始请律师，北京的四个律师许兰亭、李肖霖、张青松和我本人就此介入了这个案件。之所以要四个律师，是因为被逮捕的有刘晓庆、她的妹妹、妹夫，因为是单位犯罪，所以还有一个主体就是晓庆文化公司。我正好负责有关刘晓庆本人的法律事务。

记者：你接手这个案件时，刘晓庆已经被关押了近半年，网上说她"一夜之间满头白发"什么的。你第一次会见她时，她的状态怎么样？

钱列阳：那时传闻就多了，还有人说她要被判死刑呢。第一次见到这个名满天下的当事人以前，我们准备了很多鼓励的话，可是还没等我们把这些话说出口，刘晓庆却说："即使我被判有罪，让我去服刑，去摘棉花，我也会是摘得最多的那一个。"这句话让我对她刮目相看。作为律师，最需要的是当事人的不放弃希望的信念，在押时间越长，保持这种信念就越难。

记者：刘晓庆起初是不是也认为自己有"罪"？

钱列阳：应该说刘晓庆是一个很有悟性的人。开始的时候，可以说她对自己的法律前景一无所知，但在案件的办理过程中，她学习了大量的法律知识，培养了很强的法律观念。会见时，我们向她表明：犯罪嫌疑人是被怀疑有罪但不一定确实有罪。事实证明她很快就接受了这个观念。

记者：生活中很多人不这么认为，既然被抓起来了，还能没有罪？有犯罪嫌疑和有罪不就是一回事吗？

钱列阳：有犯罪嫌疑和有罪是完全不同的两个概念，这对于学法律的人来说简单得不值一提，但生活中很多人却将两者混为一谈。这也难怪，这么多年来，高官、名人被抓的不少，几乎没有一个最终不被判刑的，这就给大家造成一种印象：被抓起来的就一定有罪。其实不然，公安机关立案抓人,是因为他构成了犯罪嫌疑人的条件,但她有没有罪,则不是公安机关说了算。所以,刘晓庆的案子给我们上的第一节法治课就是:抓进去的不一定都要被判刑,犯罪嫌疑人并不必然等同于犯罪人!

记者:我们都知道,刘晓庆起初是以该案的主要犯罪嫌疑犯被抓进去的,后来被取保放了出来,再后来是不予起诉。那晓庆文化公司偷税的事,真的跟刘晓庆本人没有干系吗?她可是公司的法人代表!

钱列阳:许多人都对此都有疑问。但逮捕并不意味着必然要起诉啊。关键的问题是,刘晓庆到底该不该承担责任?要承担的是什么责任?

《刑法》第211条规定得很清楚,单位犯罪追究的是"直接负责的主管人员和其他直接责任人",未必就是法人代表。犯罪构成的要件得有行为,就是她对每一个偷税行为有命令、指使、暗示、默许等行为或意思表示。可我们了解,刘晓庆没有这样的行为。实际上,她对公司经营是大放手的,到处走穴、拍片子,没有用心管理公司。靖军(她的妹夫)才是这个公司的实际指挥者。她曾跟我说:这么多年,公司财务部的门她都没有进去过。

但并不是说跟她一点干系没有。我的观点是:刘晓庆在公司偷税案中有过失,但不构成犯罪,即有错不是有罪。我从来没有说过她没有错误,作为企业领导,疏于管理、领导不力就是她的错误。但她要承担的不是刑事法律责任,而应该是行政责任、经济责任。这就是她放出来后要拼命挣钱补交税款,这是她作为公司法人代表应当承担的相应责任。

记者:您认为刘晓庆税案的社会意义在哪里?

钱列阳:刘晓庆税案向社会昭示了两个基本的法律观念:犯罪嫌疑人并不必然等同于犯罪人,有错但不一定就有罪;刘晓庆被取保候审、不予起诉是法制的胜利,也是法制文明的进步!

法律制约公权力

法律除了打击犯罪的功能,还有一大功能是代表国家限制强大的公权力对脆弱的公民私权力可能形成的伤害,这是法制的重要内涵。

记者:关于沈阳黑社会老大刘涌的案子,我想听听你的看法。这个案子一审判处刘涌死刑，二审死缓，最高法院提审又判处死刑并立即执行，可谓一波三折。围绕这个案子有两个热点，一个是所谓“专家意见书”，二是所谓“刑讯逼供”。许多人认为，刘涌由一审的死刑改为二审的死缓，那份由14名著名法学家出具的专家论证意见书起了重要作用，有的人甚至说专家意见书是对司法独立的公然干涉。您是怎么认为的？

钱列阳：首先，我国现行的司法文书中没有所谓“专家意见书”这一项，也就是说，它不是必备的法律文件。此案中的专家意见书是法律专家基于辩护律师提供的证据材料而发表的一个意见，是学术化的对于个案的评论，仅供司法机关作参考。再者，判决的目的是为了公正，公正的基础是讲理，讲情理，讲道理，讲法理，需要正确的法律观念和法制思想。

专家意见书如果不讲理，法官可以弃之如废纸，根本不看。如果法律意见书是讲理的，则可以填充、弥补司法人员在法律专业知识等相关方面的不足。

法官如果讲理，就不会盲目排斥这份讲理的专家意见书，顶多说他讲得不全面。不就是多了一本教科书吗？怎么可能影响司法公正？在司法实践中，真正可怕的不是所谓专家意见书，而是领导的条子和招呼。

记者：再就是所谓“刑讯逼供”。到底警察有没有刑讯逼供？

钱列阳：本案的田文昌律师收集了大量证据证明警察曾经刑讯逼供，二审法院就判处死刑缓期执行，原因语焉不详。由于改判激起了民愤，最高法院提审了这个案件，但也没有对此作出解释。这里有这么几个问题：一、如果有刑讯逼供，那么口供能不能作为定罪的依据？二、如果有刑讯逼供，对相关干警应该追究什么责任；三、如果干警没有刑讯逼供，而律师捏造了“刑讯逼供”的证据，干扰了司法工作的正常进行，那么律师该当何罪？

记者：这些问题好像不了了之了？

钱列阳：法律的精神在于分辨是非，这也就是人们为什么用黑白两色来象征法律。法律的概念是清晰的，是非必须明辨，不是平衡。这个搞平衡经常被有关部门称为“协调”。什么是“协调”？协调是在分清是非的基础上各部门运作上的同步，而不是不分是非地把一件事情糊弄过去。

记者:众所周知,以刑讯逼供等手段非法取得的证据,为法律所不容,刑法还规定了刑讯逼供罪。但在我国的司法现实中,刑讯逼供却屡禁不止,这几年影响较大的就有陕西的“处女卖淫案”,湖北的“佘祥林杀妻案”、“滕兴善杀人碎尸案”等。您认为根源有哪里?

钱列阳:所谓“刑讯逼供”就是使用暴力强迫的方法获取口供,这是一种行为犯。什么是行为犯?举例说,盗窃罪必须达到法定的数额才能构成犯罪,而抢劫罪即使一块钱没有抢到也构成了抢劫罪;盗窃罪就是一种结果犯,而抢劫罪就是一种行为犯。从法律规定上看,“刑讯逼供”是一种行为犯,即只要警察刑讯逼供,所得口供就应当排除,警察就要承担刑事责任。在我国,刑讯逼供为什么屡禁不止?关键的原因就是刑讯逼供在司法实践中被扭曲成了结果犯。所谓结果就是必须出现犯罪嫌疑人被打死、致残或最终导致冤假错案,就像云南杜培武案件一样,口供全是逼供得出来的,但是法院根本不采纳杜武培的申诉,直到真凶归案才真相大白。

记者:为什么司法实践中“刑讯逼供”变成了结果犯?

钱列阳:我认为主要在于我国司法机关为了保护干警的工作积极性,提高破案率,并没有从根本上诊治“刑讯逼供”这一顽疾。只要是犯罪嫌疑人说了实话、真话,没有被打伤、打死,口供就会被采纳。我国《刑事诉讼法》第43条只是粗略地规定“严禁刑讯逼供和以威胁、引诱、欺骗以及其他非法的方法收集证据”,没有对非法证据的效力做出任何规定;高检和高法的有关司法解释虽有对非法证据的排除规定,但规定得并不彻底。而且在司法实践中,强势的侦查机关完全可能对非法证据进行“合法”转化,造成对非法取证行为很难追究。

记者:现实中,公安机关案件多、警力少,调查取供难度大。如果我国警察也像西方警察告诉犯罪嫌疑人“你有权保持沉默”,不但会增大侦查工作的难度,也会造成对犯罪打击不力。

钱列阳:这很可能就是迷恋口供、搞“刑讯逼供”的借口。“刑讯逼供”反映的是一种落后的司法观念,就是“有罪推定”,先把你当罪犯了,有罪就得招供,不招就打。而无罪推定的理念是“宁可错放三千,也不枉杀一人”,因为错放可能是放纵了一个真正的罪犯,而枉杀不仅放纵了一个真正的罪犯，而且冤枉了一个好人。

我们可以看一看美国的辛普森案。辛普森当然杀了人，但是为什么逍遥法外？辛普森的律师在辩护中没有证明辛普森没有杀人，他只证明了在侦查阶段警察确实制造了假证。他引导陪审团首先审查警察是否有非法的侦查行为。陪审团知道，如果允许警察制造假证打击一个真罪犯，明天警察就可能用同样的手法打击罪犯旁边的人，就会伤及无辜。从这个角度上讲，法律除了打击犯罪的功能，还有一大功能是代表国家限制强大的政府公权力对脆弱的公民私权利可能形成的伤害，这是法制的基本内涵。

记者：我们常听到“不能打人，打人要出冤假错案的”，刑讯逼供的危害就是这个吗？

钱列阳：刑讯逼供之所以屡禁不止，一个重要的原因，就是人们对它的认识不到位。“打人要出冤假错案的”，这个认识，只是工作层次的、刑法层次的认识。

我们必须从人权层次、宪法层次来认识刑讯逼供的危害。如果刑讯逼供的后果仅仅是会产生冤假错案，那么“刑讯逼供罪”应当像伪证罪、窝赃罪一样，归入“妨碍司法类罪”里，事实上，它却是放在“侵犯公民人身权利、民主权利类罪”里，可见“刑讯逼供罪”的设立，是宪法对公民人身权利的保护在刑法上的体现，而绝不仅仅是为了维护司法公正。不刑讯逼供，破案率可能受影响，坏人可能逃脱法网，但如果刑讯逼供，执法机关就违反宪法了，你说对社会的危害孰轻孰重？

记者：你认为我国会推行“零口供”制度吗？

钱列阳：迟早的事。“非法证据排除规则”已经开始进入立法程序了。所谓非法证据排除，就是你获取证据的方式、人员、时间、地点等相关要素，一个不合法，这个证据就不能用，证据获取方式、程序运作的合法性成为这个证据是否被采用的先决条件。

孔子所谓“席不正不坐”，强调的就是形式的重要。

法制越健全，程序的意义就越重要，因为没有程序的正义，就不会有实体的正义。同时，正义也必须以看得见的方式，及时地而不是事后表现出来。只有这样才能真正起到程序抵消不满的作用，这就是程序的价值吧！一个社会的和谐在很大程度上仰仗的就是程序的透明、公正。

记者:谢谢你接受我的采访。

(本文根据录音整理,并经钱列阳本人核定)

钱列阳如是说

——稳定来自公正

司法实践中,效率和公正是一对矛盾。司法机关往往更重视效率,开口就是破了多少案,抓了多少人。但社会的稳定和谐则主要来源于公正。只有公正,他才不会上访,不会跳楼,不会静坐,不会自焚。

每个人心中都有对于公平正义的渴望,也有占了便宜就跑的投机心理,所谓既有天使,也有魔鬼。一个好的制度能扼制住人心中的魔鬼,唤出天使,一个坏的制度则相反。你偷了一个碗,依法就该打两下手,但却剁掉了你一只手。这种不公正的后果是什么?就是可能激起你内心的"魔鬼"——报复心理,等你伤愈出来以后,你完全可能用那只完好的手来报复社会。

1983年"严打",有人可能就是偷了几个西瓜,但"从重从快"搞一刀切,被吊销了城市户口,发送到青海、新疆,这些人回城以后,没有工作,娶不上老婆,父母、兄弟不待见,同学、朋友看不起,于是重新走上犯罪道路,做了大量的恶性案件。这是用政策代替法律的严重后果。

我在派出所工作时有一个切身体会,我发现一些犯罪嫌疑人,打人打得很狠,一出手就把别人的鼻梁打断,把眼睛打瞎。一了解,发现他们有一个雷同的经历,就是他们小时候,曾经被父亲、哥哥或其他人打得很惨。不信你到看守所、劳改场所看看,那些暴力犯罪的人,小时候脑袋上大多被开过瓢。在暴力环境下长大,暴力就种在了他的心里,这就是人性的恶性循环。所以,我儿子今年14岁了,我从来没有动过他一个手指头,虽然有时候他让我很生气,我可以拍桌子,但不会拍他的脸。

对于不法人员的处理,刑事处罚是不得已的手段,不可滥用。当罪罚不当,罚大于罪,就会激发人的逆反心理,形成社会新的不安定因素。律师为"坏人"辩护,就是为司法公正辩护。从这个意义上讲,律师和警察一样,也是维护社会稳定的重要力量。

(原载《人民公安》2005年第24期,小标题为编辑所加)

附录3 刘志军案律师自辩：我不认为在表演

文/刘长　胡馨以

编者按：因为被指派参与刘志军案的辩护，律师钱列阳面临千夫所指。与十年前律师田文昌为“黑老大”刘涌辩护遭受的怒骂不同，这回批评者多来自律师，多数人不反对“替坏人辩护”，而是质疑审判本身。这究竟是一场怎样的审判？律师是不是在真辩？听听辩护律师自己怎么说——

“其实正是因为没表演才是三个半小时。我担心以后有此类案件，法院为了避免被说庭审太短，还真的表演了。开一个礼拜，反正外人进不去。”

“律师的第一职业伦理，是保护当事人的利益。医学专家可以洋洋洒洒说，但是主刀医生有责任把这个病人救好。学者的话都没错，但是他们不担负具体的人的责任。”

“如果那天庭审时现场直播，就能免去很多误解，透明度还是需要进一步加强。”

2013年6月9日6点15分，囚车缓缓驶入南二环附近的北京市第二中级法院。消失两年零四个月后，前铁道部部长刘志军再度回归公众视野。

庭审于8点半开始。中央电视台的画面显示，身着深蓝色夹克的刘志军被两名法警带入法庭，头发稀疏，面容憔悴而消瘦。

这是一起事先张扬的审判。指定审理的法院和辩护律师提前曝光，开庭日期也通过媒体提前两天预告。

大批媒体记者一直在法院门口守候。只有几家中央媒体进入法庭。庭审后,法院召开了五分多钟不设提问环节的通报会。庭审中的细节,外界知之甚少。

刘志军被控两项罪名:受贿和滥用职权。检方认定他利用职权,为女商人丁书苗及其亲属实际控制的公司提供帮助,致使公共财产遭受特别重大损失;他涉嫌受贿 6460.54 万元,按照中国刑法,这个数字将有可能导致其面临极刑处罚。

在法庭上,对于起诉书指控的事实和罪名,刘志军本人没有异议。最后陈述时,刘志军掏出写满好几页纸的悔过书,念到声泪俱下。

刘志军甚至"不愿自行委托辩护人"。由于此案有判处死刑的可能,依据法律规定,北京市法律援助中心指派了北京市天达律师事务所律师钱列阳、娄秋琴为其提供辩护。

12 时许,庭审结束,法庭宣布择期宣判。律师易胜华中午看到钱列阳发了微博,便觉得很奇怪,等到晚上他才知道,庭审只进行了三个半小时。时间之短,出乎外界意料。

一场激烈的辩论在法庭外展开,话题人物不是刘志军,而是他的辩护律师。

上海律师斯伟江撰文认为,律师要维护当事人的利益,也需要维护社会正义。山东律师李金星发文质问:"该案有没有真正的辩护?"

斯、李两文引发了法律界对律师职业伦理的广泛讨论,也让两位辩护律师陷入了从业以来前所未有的质疑声浪中,尤其是钱列阳。

钱列阳在业内成名已久,他曾是北京市律师协会刑诉法专业委员会主任,参与过刘晓庆涉税案、厦门远华走私案、上海社保案的辩护工作,早年被称为刑辩律师界"京城四少"之一。

微博上活跃的律师纷纷跟进讨论,几乎是"一边倒"的质疑。焦点在于:律师是否尽到了律师职责?三个半小时的庭审是否足够?由此延伸出的问题是:参与审判的律师是否有违职业伦理?

几经推辞之后,2013 年 6 月 15 日下午,钱列阳、娄秋琴接受了《南方周末》记者的采访。

钱列阳表示,作为职业法律人,他们没有理由拒绝指派的任务;他说自己确实不清楚为何被指派,否认签过任何保密协议。他们在审查起诉阶段介入,翻阅了 477 本案卷,会见刘志军六七次。

关于三个半小时，钱列阳解释说，在庭审之前，法院已召开过庭前会议，庭审主要针对有争议的部分展开；由于刘志军身体原因，庭审时间不能太长，但“该做的还是没有省略”。两位律师为刘志军作的是罪轻辩护，他们从刘志军主动坦白、主观恶性不深、损失已挽回等方面，希望法庭对其从轻处罚。钱列阳说，这是尊重当事人刘志军的意见；尽管刘志军认罪，但律师的独立意见仍须得到刘的许可。

据律师自述，法庭的辩论仍然是激烈的，尤其是至关重要的刘志军受贿金额问题，双方进行了 3 轮辩论。律师们坚持认为，指控的 6460.54 万元受贿金额中，有 4900 万元属于他人花钱帮助刘志军疏通关系，是否属于受贿，在刑法理论上值得商榷。

两个多小时的采访期间，钱列阳不时打开 iPad 浏览微博。与他名字联系在一起的讨论，还在不断增加。他在微博上少数的几次直接回应，把荣誉放在次要地位，强调当事人委托的职业责任更重要，“这是职业良心”。

“宣传法治的公平、正义理念、树立司法形象都是必要的，作为律师，在合法范围内求得当事人利益最大化是刑辩律师的第一责任，第一职业伦理。”钱列阳说，这如同主刀医生和医学专家的区别。

指派辩护：否认签保密协议

南方周末：两位律师是在何时接受指派介入刘志军案，做了怎样的工作？

钱列阳：我们在审查起诉阶段介入。接到北京市法律援助中心的指派通知书是在 2013 年 2 月 1 日。拿着指派通知书到检察机关办理相关手续后，2 月 6 日前往秦城看守所第一次会见了刘志军，总共会见了不下六七次，整个案子案卷很多，要复制、拍照、整理，这都是常规工作。

南方周末：刘志军为什么不自己聘请律师？

钱列阳：他觉得没必要，他完全认罪，不需要律师辩护。

南方周末：你们介入有签过保密协议吗？

钱列阳：没有。我之所以在开庭前没有跟媒体透露，第一，即使公开审理的案件，在开庭前，案卷材料也是国家机密；第二，当事人也不希望庭前有任何社会反响，这点儿我们也要尊重当事人的意见。

南方周末：案子开庭前有被谈话吗？

钱列阳：没有人找我谈话。在开庭前，与其他任何案件一样，我们向办案机关递交法律手续，依法交流一些律师意见和建议。

南方周末：为什么指定你们来办案？

钱列阳：真的不知道。

南方周末：刘志军对于你们的介入是什么态度？作罪轻辩护是你们的辩护思路还是刘志军本人的要求？

钱列阳：在他知道我们是因为法律要求介入，而非他自己家属聘请的时候，他知道他必须接待我们。在这个前提下，他要求作罪轻辩护，而非无罪辩护，我必须尊重他的意愿。最后我们达成两点共识：第一，作罪轻辩护；第二，在事实层面的基础上，法律上的不同看法，由我们律师进行独立辩护。

我们需要应有的辩护权利，这个他也不能干预。包括已经确认的受贿的6000多万元中的4900万元，他认罪了。但他不是学法的，我作为律师，独立地阐述我的观点，我认为在现行法律框架下尚不构成受贿罪，我就在法庭上进行了充分的阐述，这方面刘志军并没有阻拦我。

娄秋琴：庭审前一天，我还专门去见过刘志军，跟他整理了辩护思路，告知他整个庭审的程序和每一个环节他所享有的权利。

作罪轻辩护除了是尊重他本人的意愿外，也是根据本案的具体材料，综合判断后确定的辩护思路。在4900万元的争议上，律师行使了独立辩护的权利，不能简单地说律师完全依附于被告人个人的意见，这是一个综合判断的结果。

三个半小时：真辩还是假辩

南方周末：外界普遍质疑这么重要的庭审只进行了三个半小时，你们是真辩还是假辩？

钱列阳：这是一个很真实的审理过程。这个案件中，我其实做了一部分的无罪辩护，我们质疑的4900万元占了受贿款的3/4，我们认为这是核心问题。

娄秋琴：这次庭审的辩论，我们就4900万元的定性就打了三个回合，原计划是两轮，(法官)希望大家不要重复观点，捡重点去讲。

钱列阳：但在法官打算宣布结束辩护时，我又要求再加一轮辩论，就再加了一轮。

社会上普遍诟病为什么只有三个半小时，实际上，这三个半小时是把这个案子重点和有争议的问题进行仔细审理。在此之前的庭前会议，我们主要是筛选那些无争议的问题，庭审时举证、质证可以简化。我们不希望庭审的时候眉毛胡子一把抓，一会儿要回避，一会儿要通知证人出庭，我们希望这些问题在庭前会议解决，整个庭审围绕一个核心问题展开。

当然，对整个法庭程序的设定和走向，包括三个半小时，这并不是我接受委托的时候就知道的，这是在那天开庭进行中，由法官主导的，我左右不了。庭审快，主要是节约了举证的时间，其他时间都很充分，包括律师的辩论和被告人最后陈述，法官事先都没做任何限制，只是希望大家不要来回重复观点。

南方周末：我们也是后来才知道，之前在看守所开了庭前会议，是怎么开的？

钱列阳：庭前会议是在5月底开的，法院通知了刘志军参加，开了整整一天。这个工作量很大，公诉人通过投影把证据一一播放，让刘志军本人和我们律师逐一确认。

娄秋琴：庭前会议上，公诉机关根据指控的犯罪事实把证据分成好几组，一一罗列和展示，然后问刘志军的意见，他认可，就pass，然后问律师意见，我们根据此前阅卷的情况和辩护思路，对有异议的证据提出意见，审判人员在一旁进行记录。有的虽然证据本身的合法性和真实性没有异议，但是律师认为该份证据对当事人是有利的，我们会要求检察院在庭审时着重出示。该案涉及一些公司，有大量的工商登记，有的对我的当事人没有多大关系，就不需要在庭审时详细出示了，但即使如此，也没有省略举证、质证。

钱列阳：比如个人的履历，证明刘志军一级一级往上升，他的铁道部部长是真的，这些证据就不需要一一宣读和详细出示了。

南方周末：公众常常怀疑高官职务犯罪的审理会不会是“走过场”。

钱列阳：如果这个案件真的是“走过场”，带表演性质，开两三天没有问题，可以表面上看起来非常无可争议，现在争议恰恰在三个半小时。其实正是因为没表演才是三个半小时。我担心以后有此类案件，法院为了避免被说庭审太短，还真的表演了。开一个礼拜，反正外人进不去，证据一个一个念嘛，我认为反而影响庭审质量。大家都认为庭审要突出重点，我们考虑到了被告人的身体情况，就是没考虑到该表演一下。

没有调查研究就没有发言权，我认为一些同行没有真正旁听这个案件，不了解刘志军是怎么嘱托律师的，他们看到了大案要案只审了三个半小时，没看到刘志军的具体要求、本案的具体情况和证据，以及律师在法庭上的表现，就得出“表演”的结论，我觉得过于草率。

娄秋琴：这种案子如果真的表演，如果真的只是根据刘本人的意见，我们直接说认罪态度好，悔罪态度深就行了。但是我们真的是认真研究了整个案卷，最后把重点锁定在了4900万元的定性上，也请教了法学专家，这4900万元在法律上和理论上，能不能定性为受贿。

南方周末：有媒体报道说庭审时间长短，也考虑到了刘志军的身体原因？

钱列阳：这也是他对律师提出的特别要求，希望庭审不要太长，他的身体不好。但是该做的还是没有省略。

南方周末：有没有哪些批评，你们认为是批得有道理的，是真问题？

钱列阳：有。这次讨论让我们思考，庭前会议到底可以让审判“简化”到什么程度，在个案中，对于“简化”，控辩审和被告人四方，是否有权达成一致意见？这倒是一个学术问题。法律没有规定，司法解释也没有具体说明。我认为被告人在场与否，有本质区别，被告人在场的话，决定权应该是有的。刘志军案的庭前会议当天，因为刘也在场，我们认为我们是有决定权的（决定哪些可以简化）。

当事人利益 Vs 公平正义

南方周末：有律师认为，你们应学梅兰芳蓄须明志，拒绝这样的案件。

钱列阳：这个案子不是我去拿来的。作为职业律师，我对自己工作的基本标准是不伸手、不推手。我不知道法律援助派到头上能不能拒绝。收钱的事，可以拒绝；没钱的事，这是义务。作为职业法律人，我也没有回绝的理由。

当我第一次得到消息要去给刘志军作辩护时，我脑子里立刻想到那位没有律师肯为之辩护的印度强奸犯，那件事给我印象很深。刘志军案，有经验的律师都知道，谁辩护，谁挨骂。如果刘志军被判死刑，业界会骂钱列阳无能；如果没死，老百姓会骂我坏人，保护了这么一个贪官。我敢肯定，今年是我的挨骂年。我相信刘志军案一审判决之后，又会掀起骂我的高潮。我在微博上还收到私信：给这样的人渣作辩护，你本人就是人渣。

看到这些人的指责，其实我心里挺高兴的，民众至少是善良的，律师同行对我们的批评，至少说明他们是爱护我们这个行业的。包括伍雷的批评，我上来就感谢，他没有冷冰冰地事不关己高高挂起，而且在宏观上来说也没什么错。但我谈了我的一个狭隘的意见：律师的第一职业伦理，是保护当事人的合法利益。医学专家可以洋洋洒洒说，但是主刀医生有责任把这个病人救好。学者何兵、徐昕的话都没错，但是他们不担负具体的人的责任。

南方周末：批评的观点中，有一种比较有代表性：律师的职业伦理，除了维护当事人利益，也要守护社会公平正义、推进法治，一旦当事人利益严重背离了这一点，律师应该对正义和法律负责。

钱列阳：我坚持认为，我们对被告人，只做法律评价，不做其他的任何评价。我们的第一天职，就是在合法的范围内，使我们的当事人利益得到最大范围保护。我们是一个成文法的国家，“法无明文规定不为罪”的原则，我必须坚持。

律师的职业荣耀、职业尊严、社会责任，都是通过每一个案子兢兢业业地办理，最终形成的，就像万里长城是靠每个人搬一块砖。法治长城的每一块砖，就是每个个案，我们的职业伦理就在于我们把每一块砖搬好。

南方周末：你认为在此案中，“当事人利益”和“公平正义”这两个伦理价值之间，是否产生了冲突？

钱列阳：我作为律师，我没有感觉到冲突。我不认为这是一场表演，我更不会参与表演，我在做的事情，在法理上是站得住脚的，而且，我所做的所有工作，是和被告人充分沟通的结果。如果被告人认为无罪，我认为被告人有罪，那我不成了第二公诉人了吗？

庭审透明度有待加强

南方周末：这几年有不少刑辩律师纷纷“死磕”。律师选择死磕，常常是迫不得已。两位律师在办案时，有“死磕”的时候吗？什么情况下“死磕”？

钱列阳：有啊。我认为无罪就会坚持，譬如张福林(温州担保巨头，涉嫌非法吸收公众存款)那个案子。

娄秋琴：有个故意伤害致死的案件，一审判了五年，我们一直坚持无罪，后来发回重审，改判了三年半，6 月再开庭，其实 8 月份就该刑满释放，即使如此，我们还是在作无罪辩护。其实刘志军这个案子，我们也在坚持，不是说一上来就要申请回避，就要说这些证据非法。

我们觉得有道理的才坚持，主要是为了实现当事人的合法利益。

南方周末：这次引发法律界如此广泛的讨论，也许跟整个司法环境的沉闷有关系？

钱列阳：张思之时代、田文昌时代、我们这几个人的时代、李庄案之后的时代，时代的发展很像是西周、东周、春秋、战国。在此之前，田文昌和张思之是一个标准，在游戏规则之内，做得好还是不好。现在是百家争鸣，有多项标准，“死磕”有“死磕”的标准，技术有技术的标准。但接下来，是否就别谈技术，别谈法律了？

沉闷了几年，大家都痛苦，但这不是走向另一个极端的理由。我们法律人要知道我们的度，我们的行为边界是在框架范围内进行的，不能走出基本的槛，所以这方面我一直在想，如果这个国家真的从治世走向乱世，我们这些人真的要退出历史舞台了：我们转型不了，我们只是切菜刀，厨师不能当屠夫使。

南方周末：你之前也做过很多高官职务犯罪案件，刘志军案有什么特殊性？

钱列阳：社会关注度高，进入了微博时代，现在每个人都可以发言，可以理解。我们律师也无法回避媒体，对于不涉及国家机密和个人隐私的案件，律师在不影响审判的前提下，应满足公民的知情权，但是不可能披露案件细节。

这个案子进入审判阶段，法院4月初就公布了，所以媒体就盯上了。开庭时间也提前说了，之后是记者招待会，这比起我了解到的以往类似案件的公开透明度，是有进步的。

南方周末：这次引发这么大的争论，是否跟高官审判的神秘有关？

钱列阳：是，这说明我们的庭审还是有待于进步，如果那天庭审时现场直播，就能免去很多误解，透明度还是需要进一步加强。

南方周末：你会给自己在刘志军案的辩护工作打几分？

钱列阳：我不给自己打分。现实的分是一个分，历史的分是另一个分。

（原载《南方周末》2013年6月23日）

后记 | 只想说感谢

这本书到此终于能够和读者见面了，我为之感到非常高兴。高兴之余，最主要的事情是表达感谢之情。在此特别感谢《法律与生活》主编李秀平对这本书的力促和付出的巨大而辛勤的劳动。没有她的督促，我这个懒人很可能迟迟下不了决心去完成这本书。

这本书能够出版，我要感谢的人还有不少。

首先，感谢陈海阳律师对此本的帮助和促进。作为年轻律师代表，他和其他年轻律师提出的很多具有代表性的问题，成为开启此书内容库府的钥匙。

其次，感谢我的行政助理李金鑫律师。她在接受与本书相关工作不久，就把我的大量讲课录音资料进行了完美的文字编辑，其中的辛苦我是心中有数的。在此，对她表示最衷心的感谢。

还有武文昭、刘敏律师。在成书的过程中，他们在文字整理等方面为此书付出了巨大的努力和辛勤的劳动，我在此一并表示感谢。

在此还要感谢我多年工作的搭档娄秋琴律师。在成书的过程中，她提出了宝贵意见并提供了大量帮助。她出书的经验远远比我丰富，使我在整理本书书稿的过程中节省了很多时间和精力，也避免了一些错误。提供了非常好的建议和素材。

这本书只是我做了 20 多年律师职业工作的一点点感想，还很不完善，很多地方还有偏颇之处，所以可能会引起同行的讨论和批评。在此，非常期待广大同人提出批评修改意见——这会是我继续努力的动力。

我认为，一个人最大的力量来自于他的思想。我们律师作为法律服务人员，在进行了若干年的耕耘之后也要有自己的思想，能够形成我们前进的力量源泉。至于说不完善之处一定会很多,所以我也期待大家共同来补充和完善。

终极目的,是希望对行业内的年轻律师有一点启迪与帮助。

钱列阳

2015 年 7 月 29 日

后记2 竹杖芒鞋轻胜马，何妨吟啸且徐行

钱列阳老师是我特别敬重的大哥，我们在许多平台均有接触，我对他精湛的办案技巧和正直的人品早就仰慕已久，恰逢这次合作，更是让我感受到了他作为资深的优秀刑辩律师对年轻律师的关爱和提携之情。秀平大姐是《法律与生活》的主编，因报道刘晓庆涉税案件时采访钱老师与之结缘。秀平大姐是一位对辩护律师极为关心的媒体人，总想为律师朋友们做点什么，再做点什么，因而萌生了将钱老师对刑辩事业的真知灼见整理出版的构想。应邀参加书稿整理和访谈，我感到无限荣光。

作为一名律师，我的刑辩之路才刚刚开始，但是却已经感受到这条道路的艰辛与曲折。“士不可不弘毅，任重而道远。”既然已经选择刑辩，就不顾风雨兼程。

选择刑辩事业，需要勇气。刑辩律师不是一个被大家理解的职业，有时甚至会遭到误解与冷嘲。我们是一群替“坏人”说话的人，我们是一群与“正义”抗衡的人。在一个不尊重法律与权利的时代里，对辩护律师的注解难免离不开这些字眼。坏人的合法权益也需要有人替他们维护，更何况谁都有可能被冤枉成为“坏人”；正义也有可能只是暴权的借口，需要有人为失控的“正义”把握方向。刑辩律师是一群敢于说“不”的人，也是一群法治道路上的勇士。

走好刑辩道路，需要技巧。刑事业务不好做，罪名众多、司法解释繁杂，还有六部委的规定和各种会议纪要，对刑辩律师来说熟悉法条还只是最基础的技能。律师是和人打交道的行业，而刑辩律师是和最难对付的一群人过招的人。在案件当事人中，有企业高管、有政府官员、有高校老师、有文盲地痞，他们有着不同的教育背景和社会阅历，要想读懂他

们并非易事。读人读心,律师工作是一个不断获取当事人信任的过程。当人处于危险和不安定的环境中,本能地怀疑一切、抵制一切,刑辩律师要想和各式各样的当事人建立信任关系就需要技巧。钱老师在书中与大家分享的技巧都是他多年办案经验的提炼和升华,小到如何递送一张名片,大到如何做好死刑辩护,钱律师将办案过程中涉及的大大小小的问题事无巨细地总结归纳,给青年律师提供最具有实操性的理论指导,这份关怀是难能可贵的。

坚持刑辩事业,需要恒心。没有任何一个人可以随随便便成功,律师行业是残酷而艰辛的,刑辩事业更甚。经验的积累需要岁月沉淀,没有两个完全相同的刑事案件,也没有两套完全相同的辩护思路。好酒需要时间发酵,好的刑辩律师则需要时间历练。钱老师在书中提到。当事人给律师付费,买的是律师的执业经验和敬业精神。执业经验只有通过大量承办案件获得,敬业精神也只有在对案件中法律事实孜孜不倦的追求中体现。坚持刑辩道路不容易,在坚持的同时时刻严格要求自己更加难得。这是一条少有人走的坎坷道路,同时也是一条磨砺人心智的成长之路。将近 20 年的执业道路,钱律师还在不断吸收、汲取养分为案件服务,他对刑辩事业的坚守让人感动。

走好刑辩道路,需要强大的内心。和公权力打交道并非易事,律师根据职业经验可以预测案件走向,但是不可能保证案件结果。面对不想听懂案情的法官,面对执意起诉的检察官,面对当事人及其家属殷切的眼神,律师处在多方关系之中,个中滋味只有经历之后才能知晓。近年来许多陈年错案、冤案步入人们的视野,大家在为曲折的申诉过程揪心的同时也为其中坚守的辩护律师感动。念斌案件前后 8 年,4 次被判死刑,律师是这个风雨飘零的家庭唯一的依靠和希望。当一个职业需要承载一个人的生死,一个家庭的幸福,一代人的生存,想必只能步履维艰踽踽前行了。这些能够呈现在公众面前得到重视的案件已经是不幸中的万幸,而那些至今不为人知无人过问的错案冤案,也就只有承办律师自己承担其中的无奈与悲情。

承办刑事案件,需要敏锐的戒心。刑辩律师是刀尖上的舞者,为被告人争取权益的同时更要注意保护好自己。在刑事案件中,因为各方利益汇集,矛盾争议特别突出。被害人认为律师是替被告人开脱的讼棍，天然带有敌意；公诉人认为律师是与之对抗的敌人，不会甩来好脸色；法官是公权力的代表，对律师保障私权的行为难以认同；甚至连站在同一战壕里的被告人，有时也要对律师捅刀子。李庄案件让广大刑辩律师引以为戒，也真正开始关心自己的执业安全问题。《刑法》第306条始终是悬于刑辩律师头顶的达摩克利斯之剑，时刻提醒着威胁着我们。《刑法修正案草案》第35条拟在《刑法》第309条之后新增两个条款，特别限制律师在法庭上的行为。立法本意没有问题，所有人都应该遵守法庭秩序，尊重法律共同体中的每一位同人。但是这些增设的条款难免成为加害、胁迫律师的工具，更使得刑辩律师在承办案件时如临深渊如履薄冰。这是我们每天所处的环境，也是我们必须面对的现实。注重执业安全，需要警钟长鸣。

虽然刑事辩护的道路曲折坎坷，但是我们永远心存希望。暗夜需要燃灯者，取经需要远行僧，一路上我们的队伍日渐庞大，也逐渐得到了更多的认可和关注。在这个队伍中，有钱律师这样身体力行为大家传授技能、鼓舞士气的前辈，还有秀平大姐这样关心、爱护、理解刑辩律师的热心人士，前行的道路上我们不曾独行。“竹杖芒鞋轻胜马，何妨吟啸且徐行”，刑事辩护是我们共同的事业，我们怀抱希望，永远前行。

陈海阳

2015年7月31日

后记3 钱列阳本人就是一本妙趣横生的书

钱列阳本人就是一本妙趣横生的书。

因为职司法治新闻之故,我自1990年代后期通过关注“德国牙医案”结识钱列阳。在2002年岁末至2003年年尾采访刘晓庆税案期间,我作为记者对作为“采访对象”的钱列阳有了更多了解。既“有想法”又“有趣”,是我对他的基本认识。后来,我们之间的联系一直不曾中断,他则一如既往地“有想法”和“有趣”。

如今,作为记者的我已经和作为律师的钱列阳交往近20年。更多的时候,我对他的关注已不是为了“采访”,而是想“听一听”他在想什么。这个时候,我成了一名旁观者。

我被钱列阳吸引的原因,一大半是因为他的“比方”——我天天与之打交道的法律是一门“板着面孔”的学科。当这门严肃的学科和钱列阳这个特别会打比方的人相遇,出现了奇妙的“化学反应”。那些在法律书本上被绕来绕去“绕”了半天的东西,他用一个人人能懂的比喻就能“轻松”抵达问题本质。

换句话说,对那些在外行或初入行者眼里生涩的东西,钱列阳都能通过“形象化”而使之“有趣”。比如,他用“不做‘拳击手’而做‘田径运动员’”来给刑辩律师做法庭定位;在谈到资深律师和年轻律师的关系时,他主张前者做后者的“铺路石”而非“绊脚石”。

当这样的比方到了不胜枚举的程度,我便产生了约请钱列阳写一本书的想法——让那些“拳击手”一类妙喻像珍珠一样在文字的贝壳里闪亮。

写书是一件“外耗”大量时间、“内耗”大量元气的事情。君不见,有不少才俊因为写书而"受内伤"被迫改变了职业规划。虽然消耗巨大,有些人可能还是为了工作之需或有可能的"名"和"利"而为之。但是,对钱列阳这样的当红刑辩律师来说,早已不需要通过出书来扬名,更谈不上用巨大的付出来追逐微小且不确定的利益。触动他出书的唯一"武器",是通过"出书"的方式把 20 年宝贵的执业经验"归拢一下",对年轻律师"有所启发"。

2013 年的某个日子,我把请他写书的想法告诉了他。他有些犹豫,原因在于忙。后来,他虽然说了"可以",但因一个"忙"字而难以抽出写书需要的时间和精力。在他忙得几乎让我"有些绝望"的时候,他突然有了个解决问题的方法——以访谈的方式来写这本书。由我提问,他来回答。

对我而言,这真的是个难题。一方面,我每天必须用 12 个小时才勉强能做完工作中的大事小情,也是困于一个"忙"字;另一方面,于刑事辩护而言,我是个外行。最终,因为不能食言,我决定学着做一个适格的提问者。

转眼之间,2014 年到了。

2014 这个年份,对钱列阳来说非同寻常。这一年,他的律师职业生涯年满 20 年。这一年,他作为铁道部前部长刘志军的辩护律师继续站在刑事辩护的"巅峰"之上——也已因为经过之前的"挨骂年"而深切体味了"高处不胜寒"的滋味。

这一年的 4 月 17 日,我在法律出版社组织了一场《钱列阳律师刑事辩护执业感受交流座谈会》。在此之前,我已经读了包括钱列阳所著的《道与术》在内的一些刑事辩护专著。这一次,我想听一听年轻的刑事辩护律师向钱列阳提些什么问题。

座谈会上,来自北京多家律师事务所的 30 多位年轻律师可谓"求知若渴",而钱列阳在答问时也将自己的经验"倾囊相授"。在"专业的问"和"精彩的答"之间,原定的 2 个小时"座谈"变为了 3 个小时。

在这 3 个小时里,我从钱列阳答问的"谈笑风生"中看到了"专业范儿"。这里的"范儿"二字既指"专业风范",更指骨子里透出来的规则意识。比如,在谈到律师与法官的关系时,他引用了"法官是法庭的国王"这样的国际通行的规则并用足球比赛来阐释自己的观点:"我们对法官的尊重实际上是对法庭的尊重，是对法治理念的遵守，而不是对法官个人的尊重。在法庭的运行过程中，即使法官是错的，我们也必须遵守法庭秩序。这就如同足球比赛，当裁判亮出红牌罚球员下场时，哪怕他吹错了哨子，球员也要遵守规则离场。因为，对程序的遵守远远重于对实体的是非判断。”

在法律职业共同体之间有“裂隙”的背景下，需要有人告诉年轻律师，规则意识是法律职业共同体的黏合剂。钱列阳适合也乐于做这样的传道者。

事实上，钱列阳不仅“乐于传道”，而且“善于传道”。加上法律出版社座谈会这次，我几次见证了他传道时的“盛况”。他布道之时，台下年轻律师的眼睛是发亮的；因为珍惜当面求教的机会，年轻人会在台下把他团团围住，“中间休息”的时间也变成了答问的过程。

这是法治社会需要的“正能量”。

作为出版人，我们有责任把这种能量传播出去。换句话说，这是我做好“提问者”的动力之源。为此，我一边读中国的张思之、田文昌，美国的德肖维茨、法国的佛洛里奥等大律师的著述“恶补”刑辩专业知识，一边从钱列阳的记忆里和网络的汪洋大海里打捞其“思想碎片”。

在渐渐变得“内行”之后，我突发奇想——在访谈中，加入一个“青年律师”的角色。因为，他们更明白自己的内心需求。最终，我选中优秀刑辩律师、人大律师学院教师陈海阳为“青年律师”代言。

钱列阳曾做过10年警官，陈海阳曾做过10年刑庭法官。这样的经历，对于刑事案件中的“换位思维”的建立或者说“知己知彼”是一笔财富。此外，陈海阳是钱列阳在人大律师学院的同事，他既了解钱列阳，也了解年轻律师的需求。

这样一来，我和钱列阳律师之间的“两人谈”就变成了钱列阳、陈海阳和我之间的“三人谈”。我的定位，陈海阳代表刑辩律师提专业性问题，我从律师业和社会的结合点上提问。我和海阳作为“绿叶”来衬托钱列阳这朵“红花”——只为他的思想火花迸发得更灿烂。

问题在于，我们三人一个比一个忙。

在近一个年度内，我们在“百忙”的缝隙之间多次聚在一起“对话”。因为更重要的事情突然出现，中间至少有三次，说好的三人“对话”变成

“我和陈海阳”或“我和钱列阳”之间的“两人谈”。2015 年 7 月初，这场马拉松一样的“三人谈”终于完工。

“三人谈”的内容只是这本书的半壁江山，另外的“半壁江山”是钱列阳近几年的讲座和授课内容——自人大律师学院成立以来，钱律师在“刑辩班”的 5 次授课内容和“思维班”的 2 次授课内容是这部分内容的主体。之所以做这样的安排，是因为这 7 次授课内容各不相同，把它们集纳在一起就能基本完整地反映钱列阳律师在刑事辩护方面的所思所想和所作所为。

因而，在“三人谈”马拉松“跑着”的同时，被我称为“演讲录”的授课内容也在准备之中。熟悉钱列阳的人都知道，他讲课用的是“习总”倡导的脱稿方式。这种即席分享的方式意味着既没有讲稿留存，更没有现在各类讲坛上流行的 PPT。

万幸的是，人大律师学院保留了钱律师自 2010 年以来那 7 次课的录音资料。

两个“半壁江山”，一个是“访谈录”，一个是“演讲录”。两者之间，存在一些话题“重叠”的问题。在统筹整本书稿内容的过程中，曾为之纠结过。最终，选择性了保留了这种“重叠”。之所以这样做，是因为虽然问题是同一个问题，但是因为钱律师在不同时空进行的“解读”，让同一问题具有了不同的“神韵”。

钱列阳的前一本书叫《道与术》。“术”可以理解为办案技巧，“道”则可以理解为一种与修为有关的功夫。他说，“术”是学出来的，“道”是悟出来的。

每当年轻律师表示想从他那里取一些“道”与“术”的经时，钱列阳都会说一句“每个人办案的手法不同”。在他看来，年轻律师具备了“道”的素养，加上经验就形成了自己的“术”。

这本《三思而行——钱律师与青年刑辩律师的谈话》，在集中展示了钱列阳作为一名成功刑辩律师的“道”与“术”的同时，也在字里行间展示了他的修炼历程。

唯愿钱列阳其人其书，有助于读者形成自己的“道”与“术”。

顺便说一句，在“三人谈”期间，陈海阳已在创办一家专业从事刑事辩护的律师事务所。在本书即将付梓之时，他的上海行仕律师事务所已在“核名”中。

顺便再说一句，在7次律师学院授课讲稿齐备、最后一次访谈“收工”后，钱列阳请我和他的助理李金鑫律师吃饭。饭前，他和我开玩笑：“这本书一路做到现在，你也‘刑事辩护硕士’毕业了。”这种认可和信任，让我深感欣慰。

我也是钱列阳的“粉丝”。在一路策划、推动并统筹这本书的过程中，我“累并快乐着”。因为，在参与本书成稿的过程中，我不仅读了“刑事辩护”这本大书，更透过本书的大量素材和与钱列阳的交流读了他这个人。

文如其人。书如其人。

钱列阳，这位善于从实践中提炼真知灼见的刑辩律师，本身就是一本妙趣横生的书。

李秀平

2015年7月30日

图书在版编目(CIP)数据

三思而行:钱律师与青年刑辩律师的交谈 / 钱列阳著. -- 北京:法律出版社,2015.9(2019.10 重印)
ISBN 978-7-5118-8383-4

Ⅰ.①三… Ⅱ.①钱… Ⅲ.①刑事诉讼-辩护-研究-中国 Ⅳ.①D925.215.4

中国版本图书馆 CIP 数据核字(2015)第 200759 号

三思而行:钱律师与青年刑辩律师的交谈
SANSIERXING:QIANLÜSHI YU QINGNIAN XINGBIAN LÜSHI DE JIAOTAN

钱列阳 著

责任编辑 杜智娜 铁 铮
装帧设计 王卫平

出版 法律出版社
总发行 中国法律图书有限公司
经销 新华书店
印刷 永清县金鑫印刷有限公司
责任印制 张建伟

编辑统筹 法律与生活
开本 710 毫米×1000 毫米 1/16
印张 22.75
字数 315 千
版本 2015 年 9 月第 1 版
印次 2019 年 10 月第 3 次印刷

法律出版社/北京市丰台区莲花池西里 7 号(100073)
网址/www.lawpress.com.cn
投稿邮箱/info@lawpress.com.cn
举报维权邮箱/jbwq@lawpress.com.cn
销售热线/400-660-8393
咨询电话/010-63939796

中国法律图书有限公司/北京市丰台区莲花池西里 7 号(100073)
全国各地中法图分、子公司销售电话:
统一销售客服/400-660-8393/6393
第一法律书店/010-83938432/8433　西安分公司/029-85330678　重庆分公司/023-67453036
上海分公司/021-62071639/1636　深圳分公司/0755-83072995

书号:ISBN 978-7-5118-8383-4　**定价**:68.00 元